互联网＋创新型高职高专规划教材

U0732547

新编普通话水平测试与训练教程

主　编　任丽英　于　瑜

副主编　乔　芳　吴媛媛　毛素文

编　委　刘　佳　刘春丽　孙　维

湖南师范大学出版社

·长沙·

图书在版编目（CIP）数据

新编普通话水平测试与训练教程 / 任丽英，于瑜主编 . -- 长沙：湖南师范大学出版社，2018.8

ISBN 978-7-5648-3247-6

Ⅰ . ①新… Ⅱ . ①任… ②于… Ⅲ . ①普通话—水平考试—教材 Ⅳ . ① H102

中国版本图书馆 CIP 数据核字（2018）第 151924 号

XINBIAN PUTONGHUA SHUIPING CESHI YU XUNLIAN JIAOCHENG

新编普通话水平测试与训练教程

◇主编　任丽英　于　瑜

◇责任编辑：郝纪晓　黄　林
◇责任校对：张鸿韬
◇出版发行：湖南师范大学出版社
　　　　　　地址 / 长沙市岳麓山　邮编 /410081
　　　　　　电话 /0731-88873071　88873070　传真 /0731-88872636
　　　　　　网址 /http://press. hunnu. edu. cn
◇印刷：三河市华东印刷有限公司
◇开本：787mm×1092mm　1/16
◇印张：13.5
◇字数：328 千字
◇版次：2018 年 8 月第 1 版　2018 年 8 月第 1 次印刷
◇书号：ISBN 978-7-5648-3247-6
◇定价：39.00 元

前 言

普通话是我国规范化的现代汉语，也是我国各地区、各民族之间交流的通用语言。说一口流利的普通话不仅是生活、工作的需要，更是一个人形象与素质的体现。因此，目前大部分高职院校都在原来师范、文秘、旅游、营销等传统专业要求普通话必须达标的基础上，对所有专业的学生提出了普通话达标的要求。

为适应这种需求，我们编写了这本书，旨在为学生或读者提供一本既科学严谨又简练实用的普通话学习和训练教材，帮助广大学生切实提高口语表达水平并顺利通过普通话水平测试。本书可作为高职高专学生进行普通话训练时的通用教材，也可作为有普通话等级需求者的辅导资料。

本书由郑州财税金融职业学院任丽英、于瑜担任主编，平顶山工业职业技术学院乔芳、吴媛媛、毛素文担任副主编，平顶山工业职业技术学院刘佳、刘春丽、孙维等教学经验丰富的一线教师任编委。全书依据国家语言文字工作委员会印发的《普通话水平测试大纲》和《普通话测试实施纲要》，确立教学目标和教学内容，共包括十个教学模块，具体内容和编写分工如下："知识帷幕""模拟测试题"由于瑜编写及整理；"知识风暴一普通话测试简介"由任丽英编写；"知识风暴三声母""知识风暴五声调"由乔芳编写；"知识风暴七音变""知识风暴十说话训练"由吴媛媛编写；"知识风暴二语音""知识风暴六音节"由毛素文编写；"知识风暴四韵母"由刘春丽编写；"知识风暴八河南方言与普通话辨正"由刘佳编写；"知识风暴九朗读训练"由孙维编写；全书由任丽英和于瑜负责统稿。

在编写过程中，我们参阅借鉴了诸多文献资料，在此，向这些文献资料的作者致以深深的感谢！由于编写时间仓促、编者水平有限，书中难免有疏漏之处，恳请各位专家、同仁和广大师生不吝赐教。

编 者
2018 年 6 月

目 录

知识帷幕

一、普通话概述

1. 普通话的形成

普通话是汉民族的共同语，是规范化的现代汉语，是我国的通用语言。它的科学定义是这样的：普通话是以北京语音为标准音，以北方话为基础方言，以典范的现代白话文著作为语法规范的现代汉民族共同语。所谓普通，不是"普普通通"，而是"普遍"和"共通"的意思。它既是我国各民族之间的交际用语，也是我国对外进行国际交流的标准语。

普通话成为汉民族的共同语，有它的历史渊源。早在汉代以前，人们就使用着一种在口语基础上形成的统一的书面语——文言文。到了唐宋时期，在北方方言的基础上又逐渐产生了一种接近口语的书面语——白话。宋元以来的白话文学使白话取得了书面语言的地位。同时，白话小说、戏曲、话本等文学作品形式的流传，大大加速了北方方言的推广。

金朝以后，全国历经战乱。元、明、清、民国都曾建都北京，北京成了政治、经济、文化的中心，各民族的交往融合促进了北京话的完善和发展。从元朝开始，北京话已作为"官话"在官方或非官方的交往中使用，元末音韵学家周德清所著《中原音韵》一书证明了这一点。到了明、清，由于政治力量的变化，经济文化的发展，白话小说、戏曲受北京话中词汇和语法的影响很大，"官话"随着白话文被传播到各地。至此，北京话在整个社会交往中已处于非常重要的地位。

到20世纪初，特别是五四运动以后，民族民主革命运动高涨，"国语运动"和"白话文运动"的浪潮被掀起，提倡白话文，反对文言文，大量优秀的白话文文学作品涌现出来。在口语上，"国语"代替了"官话"。那时的国语实际上已经成为以北京语音为标准音的汉民族的共同语。

中华人民共和国成立以后，各民族之间加强了团结和交往，经济和文化不断向前发展，确立规范的民族共同语成了迫切的需要。在党和政府的领导下，20世纪50年代中后期，我国正式确定普通话为汉民族的共同语，并制定了方针和政策，采取了一系列的措施向全国推广普通话。

2. 普通话的标准

（1）以北京语音为标准音

普通话以北京语音为标准音，首先是因为北京自辽金以来一直是我国政治、经济、文化中心，其语音在全国各地传播的速度快、范围广，容易被大众广为接受。其次，北京语音本身的音素、声调和音节都比其他方言简单而且容易掌握，发音、语流显得清晰而具有韵律美。这两个条件使北京语音理所当然成了普通话标准音。

（2）以北方话为基础方言

普通话以北方话为基础方言，是指在词汇方面以北方词汇为标准词汇。这是因为北方话在汉语七大方言中分布地区最广，使用人口也最多，具有广泛性和普遍性。这样，普通话以大多数人惯用能懂的北方话词汇为主要来源、构成基础，自然也就很容易通行了。

根据方言形成和发展的历史与方言的结构特点，现代汉语的方言大体可以分为七个大类，即七种大的方言。每种大方言还可以分出若干次方言。方言之间的差异主要表现在语音方面，词汇次之，语法的差异最小。七大方言的概况如下：

①北方方言

北方方言，旧称"官话"，是现代汉民族共同语的基础方言，以北京话为代表，内部一致性较强。它在汉语各方言中分布地域最广，使用人口占汉族总人口的73%。

北方方言可分为四个次方言：

A.华北、东北方言

分布在京、津两市以及河北、河南、山东、东北三省，还有内蒙古的部分地区。

B.西北方言

分布在山西、陕西、甘肃等省以及青海、宁夏、新疆、内蒙古的部分地区。

C.西南方言

分布在四川、云南、贵州等省及湖北省大部分地区（东南部、东部地区除外），广西西北部、湖南西北部等地。

D.江淮方言

分布在安徽、江苏两省的长江以北地区（徐州、蚌埠一带的方言属华北、东北方言），镇江以西、九江以东的长江南岸沿江一带。

②吴方言

即江浙方言，典型的吴方言以苏州话为代表，从发展的趋势看，也可以以上海话为代表。分布在上海市，江苏省长江以南、镇江以东地区（不包括镇江），以及南通的小部分和浙江省的大部分地区。吴方言内部存在一些分歧现象。使用人口约占汉族总人口的7.2%。

③湘方言

即湖南话，以长沙话为代表，分布在湖南省大部分地区（西北部除外）。湘方言内部还存在新湘语和老湘语的差别。新湘语通行在长沙等较大城市，受北方方言的影响较大。使用人口约占汉族总人口的3.2%。

④赣方言

即江西话，以南昌话为代表，分布在江西省大部分地区（东北沿长江地带和南部除外），使用人口约占汉族总人口的3.3%。

⑤客家方言

以广东梅县话为代表。客家人分布在广东、福建、台湾、江西、广西、湖南、四川等省和自治区。历史上客家人从中原迁徙到南方，虽然居住分散，但客家方言仍自成系统，内部差别不太大，使用人口约占汉族总人口的3.6%。

⑥闽方言

现代闽方言主要分布区域跨越六省，包括福建和海南的大部分地区、广东东部潮汕与雷州半岛部分地区、浙江南部温州地区的一部分、广西的少数地区、台湾省的大多数汉族人居住地区。闽方言使用人口约占汉族总人口的5.7%。

闽方言可分为闽东、闽南、闽北、闽中、莆仙五个次方言。其中最重要的是闽东方言，分布在福建东部闽江下游，以福州话为代表。闽南方言分布在闽南二十四县、台湾及广东的潮汕地区、雷州半岛、海南省及浙江南部，以厦门话为代表。

⑦粤方言

以广州话为代表，当地人叫"白话"，分布在广东中部、西南部和广西东部、南部的约一百个县。它也是香港、澳门同胞的主要交际工具。使用人口约占汉族总人口的4%，客家方言、闽方言、粤方言都随华侨传遍海外。

北方话虽然具有普遍性，但这并不是说，凡是北方话词汇都可以算是普通话。北方话词汇不等于普通话词汇，普通话词汇不包括北方话当中的土语。例如：北方话中的"老爷们""老姑娘""堂客"等，很难让其他方言区的人弄懂，所以不能进入普通话，不能作为普通话词汇加以推广。为了丰富词汇，普通话也要从方言、古代汉语和外来语中吸收必需的词语。

（3）以典范的现代白话文著作为语法规范

现代白话文是以北京方言为基础的。在白话文著作里，由于书面语是经过作者反复推敲而提炼加工得比较成熟的语言，具有很强的普遍性、确定性和稳定性，不但语法有很明确的规范性，词汇有广泛的通用性，而且文字简练明白，修辞恰当，逻辑性强。

二、学习及推广普通话

中华人民共和国成立以来，党和政府非常重视推广普通话，相继制定了一系列关于推广普通话的规定和条例。尤其是近20多年来，国家部门将推广普通话工作列入重要议事日程。

1982年《中华人民共和国宪法》第19条规定："国家推广全国通用的普通话"，明确了普通话的法律地位。1992年，国家把推广普通话的十二字方针调整总括为："大力推行，积极普及，逐步提高"，把工作重点放在了普及方面。1997年，国家提出推广普通话的新世纪目标：努力使普通话成为教学语言、宣传语言、工作语言、交际语言——"四用语"。这一年国家还把普通话宣传周定为每年九月份的第三周 1999年，国家制定了《普通话水平测试等级标准》。

2000年，第九届全国人大常委会第十八次会议审议通过了我国第一部有关语言文字的专项法律——《中华人民共和国国家通用语言文字法》，并于2001年1月1日起实施。它确立了普通话、规范汉字和《汉语拼音方案》的法律地位和使用范围。2003年，国家语委规范（标准）审定委员会审定通过了《普通话水平测试大纲》，同年10月，该《大纲》由教育部、国家语委正式公布，并于2004年10月开始实施。当前，推进语言文字规范化、标准化的最核心工作是大力推广全国通用的普通话。

1. 推广普通话的意义

语言是人类最重要的交流工具。一个国家、一个民族是否拥有统一的语言，是关系到国家和民族凝聚力的具有政治意义的大事。《中华人民共和国宪法》第19条规定："国家推广全国通用的普通话。"使用国家通用的语言文字，是每个公民应当履行的权利（非义务）。正确地使用语言，推广普通话，对于社会中的每个成员，对于我们国家各个方面的发展都具有十分重要的意义。

首先，我国是一个多民族的国家，普通话不仅是汉民族与兄弟民族进行交流的工具，也是各兄弟民族经常使用的交流工具。普通话对促进我国各族人民相互了解、相互学习，增进我国各民族之间的交流与往来，增强中华民族的凝聚力，起到了根本性的作用。

其次，我国是一个多方言的国家，随着改革开放的深化和社会主义市场经济的发展，全国各个经济行业之间形成了一个紧密的整体，这必然要加强各地商品的流通和人员的往来，普通话的推广和普及能够保证交流的顺利和畅通。

再次，世界发展已经进入自动化和信息化的时代，利用计算机进行信息处理，实现生产、办公、日常生活、图书情报和印刷出版工作等自动化已经逐步成为现实。为了更好地发挥高新科技的作用，必须逐步在全国建立计算机使用的网络化系统，这就必须要掌握好普通话，大力推广和普及便于计算机处理的普通话。

最后，随着我国国际地位和综合国力的提高，汉语在国际交往中的重要作用越来越引起人们的高度重视，汉语已经成为联合国法定的六种工作语言之一（另外五种是英语、俄语、法语、西班牙语和阿拉伯语），推广和普及普通话必将更好地促进国际的合作。

社会各行业对从业者普通话水平的要求在不断提高，普通话等级证书成为越来越多行业的准入证。学好普通话对保障大学生就业也具有重要的现实意义。

2. 学习普通话的方法

（1）提高认识，激发兴趣

首先，要对学习普通话有明确而深刻的认识。语言交流的是经验，是技术，是理念，是意识，甚至是财富。普通话不仅是汉民族共同语，也是全国各民族共同语，甚至是走向全世界的国际交流用语。在当前全面开放的时代背景下，置身于社会生存竞争的大环境中，普通话的水平关系着一个人在竞争浪潮中的搏击力。

另外，从感官上讲，普通话语音柔和，于人于己都是一种美的创造和享受，词汇、语法的规范使用避免了晦涩难懂的表达。所以，只要明白普通话于生存是关键，于生活是必需，就自然找到了学习的第一老师——兴趣，兴趣是学习普通话的钥匙。

（2）利用资源，坚定信心

普通话的学习与日常生活息息相关。学习普通话是一个累积和提高的过程，更是一项长期的工程。普通话的学习资源大量存在于现实生活中，学习者应在日常生活中留意使用普通话的人群，从中去捕捉感悟；在电视、广播等用语规范的媒体中去得到熏陶；利用现在流行的网络聊天、电话聊天的机会去领会不同地区的用语，比较辨析各种方言，力求自己的用语标准。所以，要学好普通话，就要利用好生活的既有资源，通过细心、耐心去树立信心，信心是普通话学习得以持之以恒的有力保证。

（3）巧用方法，突破难点

从普通话的语音、词汇、语法三方面来看，普通话与方言差异最大的是语音，所以学习普通话的难点主要在语音方面。发音准确是语音学习最基本的要求，而发音是否准确与听音、辨音的能力有关，所以首先要掌握普通话汉字、词语的标准读音，纠正受方言影响而产生的偏离普通话的语音习惯，提高语音的分辨能力。

其次，要明确发音、正音是两个不可分割的环节，是相辅相成的。例如，学习普通话里的前、后鼻音，首先是通过学习普通话语音知识，逐一找准它们的发音部位和发音方法，然后纠正方言中的前、后鼻音误读现象。因此，在学习语音的过程中要把发音、正音结合起来，运用发音、正音的有效工具——《汉语拼音方案》《3000 常用字表》等，找到方言与普通话的对应规律，通过声旁类推、列辨音字表、编辨音字歌诀等方法，真正突破普通话语音这个难点。

（4）持之以恒，贵在坚持

学好普通话不在朝夕之间，只有在生活中常听、常说，持之以恒地练习，才能说好普通话。

知识风暴一：普通话测试简介

要点梳理一：普通话水平测试大纲

一、测试内容和范围

普通话水平测试的内容包括普通话语音、词汇和语法。

普通话水平测试的范围是国家测试机构编制的《普通话水平测试用普通话词语表》《普通话水平测试用普通话与方言词语对照表》《普通话水平测试用普通话与方言常见语法差异对照表》《普通话水平测试用朗读作品》《普通话水平测试用话题》。

1. 试卷构成和评分

试卷包括 5 个组成部分，满分为 100 分。

（1）读单音节字词（100 个音节，不含轻声、儿化音节），限时 3.5 分钟，共 10 分

目的：

测查应试人声母、韵母、声调读音的标准程度。

要求：

① 100 个音节中,70%选自《普通话水平测试用普通话词语表》"表一",30%选自"表二"。

②100 个音节中，每个声母出现次数一般不少于 3 次，每个韵母出现次数一般不少于 2 次，4 个声调出现频率大致均衡。

③音节的排列要避免同一测试要素连续出现。

评分：

①语音错误，每个音节扣 0.1 分。

②语音缺陷，每个音节扣 0.05 分。

③超时 1 分钟以内，扣 0.5 分；超时 1 分钟以上（含 1 分钟），扣 1 分。

（2）读多音节词语（100 个音节），限时 2.5 分钟，共 20 分

目的：

测查应试人声母、韵母、声调和变调、轻声、儿化读音的标准程度。

要求：

①词语的 70%选自《普通话水平测试用普通话词语表》"表一"，30%选自"表二"。

②声母、韵母、声调出现的次数与读单音节字词的要求相同。

③上声与上声相连的词语不少于 3 个，上声与非上声相连的词语不少于 4 个，轻声不少于 3 个，儿化不少于 4 个（应为不同的儿化韵母）。

④词语的排列要避免同一测试要素连续出现。

评分：

①语音错误，每个音节扣 0.2 分。

②语音缺陷，每个音节扣 0.1 分。

③超时 1 分钟以内，扣 0.5 分；超时 1 分钟以上（含 1 分钟），扣 1 分。

（3）选择判断，限时 3 分钟，共 10 分

A. 词语判断（10 组）

目的：

测查应试人掌握普通话词语的规范程度。

要求：

根据《普通话水平测试用普通话与方言词语对照表》，列举 10 组普通话与方言意义相对应但说法不同的词语，由应试人判断并读出普通话中的词语。

评分：判断错误，每组扣 0.25 分。

B. 量词、名词搭配（10 组）

目的：

测查应试人掌握普通话量词和名词搭配的规范程度。

要求：

根据《普通话水平测试用普通话与方言常见语法差异对照表》，列举 10 个名词和若干量词，由应试人搭配并读出符合普通话规范的 10 组名量短语。

评分：搭配错误，每组扣 0.5 分。

C. 语序或表达形式判断（5 组）

目的：测查应试人掌握普通话语法的规范程度。

要求：

根据《普通话水平测试用普通话与方言常见语法差异对照表》，列举 5 组普通话和方言意义相对应，但语序或表达习惯不同的短语或短句，由应试人判断并读出符合普通话语法规范的表达形式。

评分：

判断错误，每组扣 0.5 分。

选择判断合计超时 1 分钟以内，扣 0.5 分；超时 1 分钟以上（含 1 分钟），扣 1 分。

答题时语音错误，每个错误音节扣 0.1 分；如判断错误已经扣分，不重复扣分。

（4）朗读短文（1 篇，400 个音节），限时 4 分钟，共 30 分

目的：

测查应试人使用普通话朗读书面作品的水平。在测查声母、韵母、声调读音标准程度的同时，重点测查连读音变、停连、语调和自然流畅程度。

要求：

①短文从《普通话水平测试用朗读作品》中选取。

②评分以朗读作品的前 400 个音节（不含标点符号和括注的音节）为限。

评分：

①每错 1 个音节，扣 0.1 分；漏读或增读 1 个音节，扣 0.1 分。

②声母或韵母的系统性语音缺陷，视程度扣 0.5 分、1 分。

③语调偏误，视程度扣 0.5 分、1 分、2 分。

④停连不当，视程度扣 0.5 分、1 分、2 分。

⑤朗读不流畅（包括回读），视程度扣 0.5 分、1 分、2 分。

⑥超时扣 1 分。

（5）命题说话，限时 3 分钟，共 30 分

目的：

测查应试人在无文字凭借的情况下说普通话的水平，重点测查语音标准程度、词汇语法规范程度和自然流畅程度。

要求：

①话题从《普通话水平测试用话题》中选取，由应试人从给定的两个话题中选定 1 个话题，连续说一段话。

②应试人单向说话。如发现应试人有明显背稿、离题、说话难以继续等表现时，主试人应及时提示或引导。

评分：

①语音标准程度，共 20 分。分六档：

一档：语音标准，或极少有失误。扣 0 分、0.5 分、1 分。

二档：语音错误在 10 次以下，有方音但不明显。扣 1.5 分、2 分。

三档：语音错误在 10 次以下，但方音比较明显；或语音错误在 10-15 次之间，有方音但不明显。扣 3 分、4 分。

四档：语音错误在 10-45 次之间，方音比较明显。扣 5 分、6 分。

五档：语音错误超过 15 次，方音明显。扣 7 分、8 分、9 分。

六档：语音错误多，方音重。扣 10 分、11 分、12 分。

②词汇语法规范程度，共 5 分。分三档：

一档：词汇、语法规范。扣 0 分。

二档：词汇、语法偶有不规范的情况。扣 0.5 分、1 分。

三档：词汇、语法屡有不规范的情况。扣 2 分、3 分。

③自然流畅程度，共 5 分。分三档：

一档：语言自然流畅。扣 0 分。

二档：语言基本流畅，口语化较差，有背稿子的表现。扣 0.5 分、1 分。

三档：语言不连贯，语调生硬。扣 2 分、3 分。

说话不足 3 分钟，酌情扣分：缺时 1 分钟以内（含 1 分钟），扣 1 分、2 分、3 分；缺时 1 分钟以上，扣 4 分、5 分、6 分；说话不满 30 秒（含 30 秒），本测试项成绩计为 0 分。

二、应试人普通话水平等级的确认

国家语言文字工作部门发布的《普通话水平测试等级标准》是确定应试人普通话水平等级的依据。测试机构根据应试人的测试成绩确定其普通话水平等级，由省、自治区、直辖市以上语言文字工作部门颁发相应的普通话水平测试等级证书。

普通话水平划分为三个级别，每个级别内划分出两个等次。其中：

97 分及以上，为一级甲等；

92 分及以上但不足 97 分，为一级乙等；

87 分及以上但不足 92 分，为二级甲等；

80 分及以上但不足 87 分，为二级乙等；

70 分及以上但不足 80 分，为三级甲等；

60 分及以上但不足 70 分，为三级乙等。

各省、自治区、直辖市的语言文字工作部门可以根据测试对象或本地区的实际情况，决定是否免测"选择判断"测试项。如免测此项，"命题说话"测试项的分值由 30 分调为 40 分。评分档次不变，具体分值调整如下：

1. 语音标准程度的分值，由 20 分调整为 25 分

一档：扣 0 分、1 分、2 分。

二档：扣 3 分、4 分。

三档：扣 5 分、6 分。

四档：扣 7 分、8 分。

五档：扣 9 分、10 分、11 分。

六档：扣 12 分、13 分、14 分。

2. 词汇语法规范程度的分值，由 5 分调整为 10 分

一档：扣 0 分。

二档：扣 1 分、2 分。

三档：扣 3 分、4 分。

3. 自然流畅程度，仍为 5 分

各档分值不变。

三、普通话水平测试评分标准

普通话水平分为三级六等：一级甲等、一级乙等、二级甲等、二级乙等、三级甲等、三级乙等。

一级甲等：朗读和自由交谈时，语音标准，词汇、语法正确无误，语调自然，表达流畅。测试总失分率在 3% 以内，也就是 97 分以上。

一级乙等：朗读和自由交谈时，语音标准，词汇、语法正确无误，语调自然，表达流畅。偶然有字音、字调失误。测试总失分率在 8% 以内，也就是 92 分以上。

二级甲等：朗读和自由交谈时，声韵调发音基本准确，语调自然，表达流畅。少数难点音（平翘舌音、前后鼻尾音、边鼻音等）有时出现失误。词汇、语法极少有误。测试总失分率在 13% 以内，也就是 87 分以上。

二级乙等：朗读和自由交谈时，个别调值不准，声韵母发音有不到位现象。难点音较多（平翘舌音、前后鼻尾音、边鼻音、fu—hu 不分、z—zh—j 不分，送气不送气、i—u 不分，以及保留浊塞音、浊塞擦音、丢介音、复韵母单化音等），失误较多。方言语调不明显。有使用方言词、方言语法的情况。测试总失分率在 20% 以内，也就是 80 分以上。

三级甲等：朗读和交谈时，声韵母发音失误较多，难点音超出常见范围，声调调值多不准。方言语调较明显。词汇、语法有失误。测试总失分率在 30% 以内，也就是 70 分以上。

三级乙等：朗读和自由交谈时，声韵调发音失误较多，方音特征突出。方言语调明显；词汇、语法失误较多。外地人听其谈话有听不懂的情况。测试总失分率在40%以内，也就是60分以上。

要点梳理二：普通话水平机测注意事项

一、机测步骤

1. 总体流程

（1）考生候考

测试当天，应试者应提前30分钟到达考试地点。到达考点后，请先进入检录室报到，在"信息登记表"上核对个人信息并签名确认。

（2）考场叫号

考场工作人员会根据测试站点测试机的数量和应试者报到的顺序编制测试组。

（3）考生准备

应试者根据所在测试组的序列编号进入相应的备考席进行备考。

（4）上机考试

应试者根据所在测试组的序列编号到达相应机位进行测试。

2. 上机考试

（1）佩戴耳机

智能测试软件启动之后，系统将弹出佩戴耳机的提示（见图1-1）。应试者戴好耳机，并将话筒置于口腔前方，单击"下一步"按钮继续。

图1-1

（2）应试者登录

进入用户登录页面（见图1-2），应试者输入自己的准考证号的后4位数。确认准考证号无误之后，即可单击"进入"按钮。如输入有误，应试者可以单击"修改"按钮，重新输入。

图1-2

（3）信息核对

信息核对界面如图1-3所示，界面上显示的应试者姓名、准考证号如果准确无误，应试者本人即可单击"确认"。

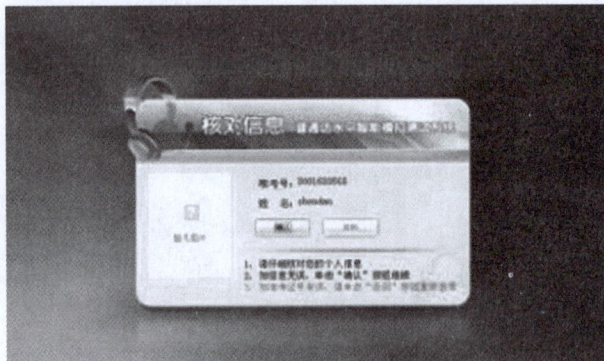

图1-3

（4）系统试音

正式测试之前，系统将对应试者的音量进行调节（试音），应试者应按要求配合试音。系统试音界面如图1-4所示。

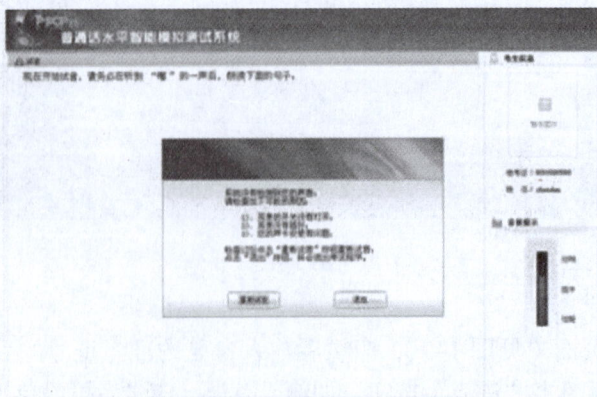

图1-4

（5）考试测试

第一题界面如图 1-5 所示。应试者应依据电脑提供的测试内容横向逐行朗读。朗读完毕后，单击右下角"下一题"按钮，进入第二题测试界面。需要指出的是，第一题和第二题字词通常是一行黑字、一行蓝字，以示区别。

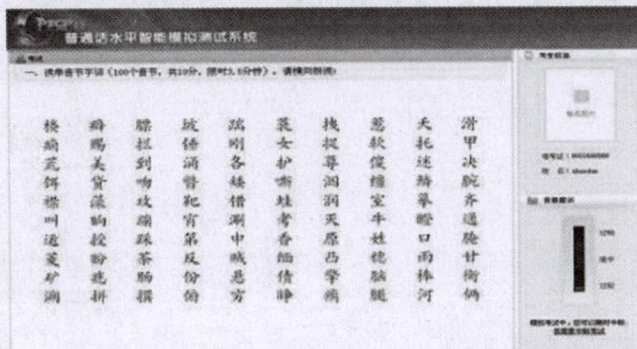

图 1-5

第二题界面如图 1-6 所示。应试者要根据电脑提供的测试内容横向逐行朗读。朗读完毕后，单击右下角"下一题"按钮，进入第三题测试界面。

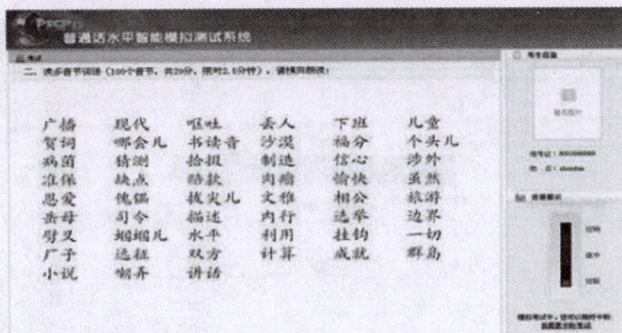

图 1-6

第三题界面如图 1-7 所示。朗读过程中不可回读、重读，要注意语速和节奏。朗读完毕后，单击右下角"下一题"按钮，进入第四题测试界面。

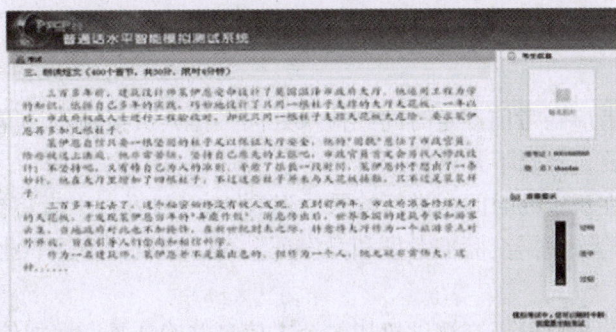

图 1-7

第四题界面如图 1-8 所示。第四题有两个题目可供选择，考生一定不要单击题目，而要直接朗读出自己选中的题目。命题说话时要说满三分钟。在说话过程中，考生要注意查看屏幕下方的时间进度条，只有当时间进度条全部运行到结束时，说话时间才达到三分钟。注意，禁止擅自携带草稿、大纲等进入测试室读稿。

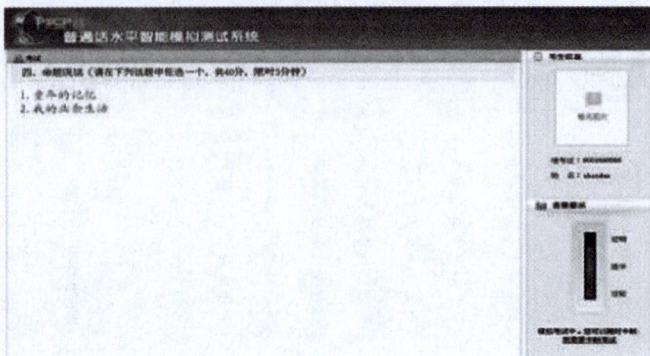

图 1-8

（6）测试结束

三分钟倒计时结束，系统会自动"提交试卷"并弹出如下提示框，表示测试成功，界面如图 1-9 所示。

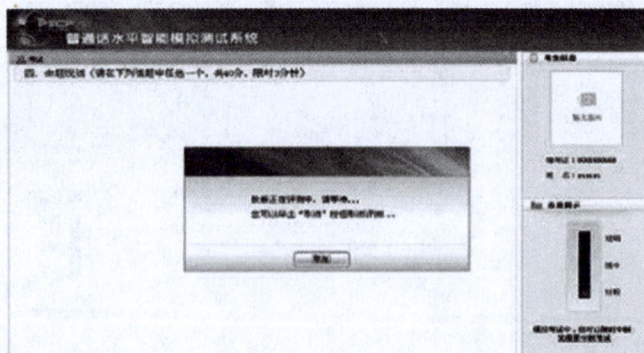

图 1-9

二、应试规则和要领

1. 应试规则

（1）检录规则

检录是指应试者应在考前规定时间到检录处向工作人员报到。计算机辅助普通话水平测试的检录规则主要包括以下几条：

①应试者必须在规定的时间内进行检录，迟到 30 分钟及以上者将被取消应试资格。

②应试者进入检录室需交验准考证和身份证，高等院校及中等职业学校在校生还需交验学生证。

③应试者应仔细核对已提交测试机构的个人信息并确认签字。如信息有误，要及时向工作人员反映，在考场信息变更单上做好记录，以便更正。

④应试者在检录室等候编组，不得擅自离开。

（2）备考规则

①进入备考室，应试者应按编号入座。

②应试者将准考证和身份证置于备测席位左上角，以便考务人员核对检查。

③应试者不得在准备用试卷上做任何记号。

④应试者不得与他人交谈，不得翻阅任何资料，同时要关闭通信工具。

⑤应试者离开备测室时，不得带走试卷。

（3）测试规则

①应试者应按照计算机显示的试卷内容依次完成测试。

②测试时不说与测试无关的内容。

③测试时应试者不得翻阅任何资料，同时要关闭通信工具。

④测试时应按程序操作，不得随意按动其他按钮。

⑤应试者如有作弊行为，将按有关规定严肃处理。

2. 应试要领

（1）应试者在上机测试前，应当了解并熟悉机测的基本流程。

（2）正式上机测试前，应试者有 10 分钟的准备时间，这期间应试者已进入备考室并已看到了属于自己的全套考卷。应试者一定要学会科学利用这宝贵的 10 分钟时间，做到以下几点：

首先，应快速浏览并默读第一题和第二题的字词，遇到比较生僻的字词可略作思考但不要过多停留。另外，第二题（读多音节词语）中的轻声词没有任何标记，应注意辨析，做到心中有数。这两项用时建议控制在 3 分钟之内。

接着，应试者要浏览并默读试卷给出的朗读作品，对朗读作品中自己感觉不太好读的句子要重点关注，多默读几遍。这一项用时建议也控制在 3 分钟左右。

最后，应试者要利用剩下的 4 分钟左右的时间考虑命题说话，迅速理出一个思路或一个提纲，将话题大致完整地默说一遍，对重要的节点或没有把握的内容，可着重思考一下。

（3）要注意听系统给出的提示语音内容，按系统要求进行测试。

（4）要注意音量的把握。在正常情况下应保持中等音量（即两三个人之间正常交谈的音量），不宜过大或过小。在测试过程中，应试者的音量应保持前后一致。常见的问题是有些应试者在"即兴说话"时声音越说越低，这是需要避免的。

（5）要注意语速的把握。测试时为每道题设计和预留的时间都比较充裕，应试者可根据测试内容的要求保持适当的语速，既不太快、也不拖沓，做到吐字清晰、语速适中。

（6）在朗读测试短文时切忌回读，否则，计算机评分时会根据评分标准扣分。

（7）在测试过程中，部分应试者面对计算机会有缺乏交流对象的不适感，所以要注意自我调节，假设交流对象，克服不适感。

（8）应试者偶尔会遇到设备故障、试音失败之类的问题。此时，应试者要主动与考场工作人员联系解决，要注意调整心态，不要让不良情绪影响测试的正常进行。

知识风暴二 语音

要点梳理一：语音概述

语音是人的发音器官发出的能够表达一定意义的声音。语音是口语的物质形式，是口语表达的要素之一。学好普通话口语首先要学好普通话语音。本章主要训练普通话语音各种构成成分的发音，帮助学生辨正方音和其他不正确的发音，掌握规范的语音。这是运用有声语言表情达意的基础。语音是人的发音器官发出来的表达一定意义的声音，它是语言的物质外壳。

语音不同于自然界的其他声音，它是从人的发音器官发出来的。即使是人的声音，如果不能表示意义，也不是语音。例如，初生的婴儿，不懂语言，他发出的声音没有什么意义，不是语音；人咳嗽的声音，没有意义，也不是语音。语音是声音和意义的结合体。意义是语言的内容；声音是语言的物质外壳，也称为语言的外部形式。语言要借助于它的声音来体现其交际功能，一定的意义必须通过一定的声音形式才能表达出来。语言在声音里物质化了，借助于声音，语言才能成为人们可以感知的东西。如果语言离开有意义的声音，它就失去了存在的依据。所以，语音是语言不可缺少的物质外壳，或者说，语音是语言的具体面貌。

一、语音的性质

语音具有三个属性：物理属性、社会属性和生理属性。

1. 物理属性

语音同自然界的其他声音一样，产生于物体的振动，具有物理属性。它包括音高、音强、音长、音色四个要素。

（1）音高

指声音音调的高低。它取决于发音体在一定时间内振动次数的多少。振动次数多，音高就高；振动次数少，音高就低。由于发音体在一定时间内振动的次数叫频率，因此，也可以说，音高的高低，取决于发音体振动频率的大小。语音的音高，同声带的长短、厚薄、松紧有关。

（2）音强

指声音的强弱。它决定于发音体振动幅度的大小。发音体振动的幅度叫振幅。振幅大，声音就强；振幅小，声音就弱。振幅的大小，取决于发音体所受外力作用的大小。

（3）音长

指声音的长短。它决定于发音体振动时间持续的长短。振动时间长，声音就长；振动时间短，声音就短。

（4）音色

指声音的个性特色。它决定于音波振动的形式。造成不同音色的原因主要有三个：发音体不同，发音方法不同，发音时共鸣器形状不同。

总之，一切声音都可以根据音高、音强、音长、音色四个方面来分析它的物理属性，语音也不例外。普通话语音主要是靠音色、音高来区别意义，音强有时也能区别意义，音长只是在语调中起表达感情的作用。

2. 社会属性

语音能够表达一定的意义，什么样的语音形式表达什么样的意义，这是受社会制约的，所以它又具有社会属性。社会属性是语音的本质属性，因为具有了社会属性，语音才同自然界的其他声音有了本质的区别，才能具有交流思想的职能。

语音不同于一般的声音，它在社会交际中必须代表一定的意义。但语音和它所表达的意义之间没有必然的联系。用什么样的语音形式表达什么样的意义不是由个人决定的，而是由使用这一语言的社会全体成员约定俗成的。语音形式用以表达什么意义，只要得到社会的公认就行了。例如"ren yuan"这两个音节，可以表示"人员""人缘""人猿"等多种意义。这不是由个人的意愿所能决定的，而是由社会赋予的。如果一个人想要擅自改变词语的语音形式，或给词语赋予另外的意义，别人就会听不懂他说的话，他也就达不到与别人进行交际的目的。由此可见，语音不是个人现象，而是社会现象，语音具有社会性质。

3. 生理属性

语音是从人的发音器官发出来的，一个语音的发音原理、发音过程及其所具有的物理特征都是以发音器官的活动为基础的。因此，了解发音器官的构造和活动情况，是学好语音的重要前提。人的发音器官可分为以下三个部分。

（1）肺和气管

一切声音都是物体振动的结果。物体的振动要有原动力。气流就是人类发音的原动力，肺则是产生气流的动力站。气管是气流的通道，气流从肺部呼出，从气管到达喉头，作用于声带，最后进入口腔和鼻腔。经过口腔和鼻腔各部分的调节，就可以发出各种不同的声音。

（2）喉头和声带

喉头由甲状软骨、环状软骨和两块构状软骨组成，上通咽喉，下连气管。这四块软骨构成一个精巧的圆筒形筋肉小室，声带便附着在圆筒当中。声带由两片富有弹性的薄膜构成，它的前端连在甲状软骨上，后端分别连在两块构状软骨上。两片声带之间的通道叫声门，声门随着构状软骨的活动可松可紧，可开可闭。呼吸时，声门打开，气流可以自由出入；发音时，声门合拢，气流从声门的窄缝中挤出，声带发生振动，于是发出声音。

（3）口腔和鼻腔

口腔和鼻腔是人类发音的共鸣器，是调节声音、形成各种音素的重要器官。刚从声带发出的声音是微弱而单纯的，既不响亮，也不能变化音色。这种"喉原音"经过口腔和鼻腔的共鸣和调节之后，才扩大了音量，形成了复杂的音色。其中，口腔分上颚和下颚两部分。鼻腔与口腔之间由软颚和小舌隔开。软颚和小舌上升，鼻腔阻塞，气流从口腔通过，这时发出的音是口音；软颚和小舌下降，口腔某一部位关闭，鼻腔打开，气流从鼻腔流出，这时发出的便是鼻音。口腔和鼻腔是人类发音器官的重要的两个共鸣腔。在口语表达中，以口腔为主，鼻腔为辅。口腔在发声过程中的作用相当于一个形状和体积都可控制的共鸣腔，在舌的动作、口的开合与唇形的变化共同作用下，能产生各种各样的声音（例如口技演员能将自然界的许多声音模仿得惟妙惟肖），语言所利用的声音仅是其中的一部分。鼻腔仅用来产生鼻音，因为除了悬雍垂，鼻腔没有其他可控的部件。

二、语音的单位

1. 音节

音节是语音的基本结构单位，也是人们从听觉上最容易分辨出来的语音片断。就一般情况而言，一个汉字的读音就是一个音节。如"实事求是"是四个汉字，也就是四个音节。儿化音节的书写形式例外，如"花儿"（huār），用两个汉字代表一个音节。

2. 音素及其元音、辅音

音素是最小的语音单位，这是从音色的角度划分的。如："普"这个音节由两个音素组成，"通"这个音节由四个音素组成。根据发音情况和声音特征，音素还可分为元音和辅音两大类。发音时声带振动，气流通过口腔等部位不受阻碍而形成的音叫元音，又叫母音，如：a, o, e。发音时气流在口腔等部位受到阻碍而形成的音叫辅音，又叫子音，如：b, p, m。

元音和辅音的区别主要有以下几点：

（1）气流受到阻碍的情况不同

发元音时，气流通过咽头、口腔、鼻腔等部位不受阻碍；发辅音时气流要受到阻碍。

（2）发音器官紧张状况不同

发元音时，发音器官各部位保持均衡紧张；发辅音时，发音器官只是成阻部位紧张。

（3）气流强弱不同

发元音时，气流畅通无阻，因而气流较弱；发辅音时，需要克服成阻部位造成的阻碍，因而气流较强。

（4）声带振动情况不同

发元音时，声带要振动，声音较响亮，发辅音时，声带多数不振动，声音一般不响亮。

3. 声母、韵母、声调

汉语传统的音韵学，从分析音节结构的角度把音节分为声母、韵母、声调三个部分。声母是音节开头的辅音。例如"chūnchéng（春城）"这两个音节中的"ch"就是声母。如果一个音节开头没有声母，如"an（安）"，则这种音节就叫零声母音节。韵母是音节中声母后面的部分。例如"chóngqìng（重庆）"这两个音节中的"ong"和"ing"就是韵母。前面提到的"零声母音节"，实际上就是只由韵母构成的音节。声调是音节的高低升降变化。例如"zǎo（早）"这个音节，读的时候先降低，后上升。这种先降后升的变化，就是"zǎo"的声调。

要点梳理二：记音符号

一、国际音标

音标是详细记录语音的符号。研究语音很重要的工具就是音标。音标可以把听觉信号转变为视觉信号，从而使有声语言里的各种现象成为可以看得见的东西。国际音标是国际语音学会制定的一套记音符号。它自 1888 年公布初稿以来，经过反复修订，越来越科学和完善。国际音标是根据"一个音素一个符号，一个符号一个音素"的原则制定的。它具有符号简明、标音准确、国际通用等优点。国际音标共有一百多个符号，记音方式又有严式、宽式之分。

新中国成立以来，我国在开展民族语言和汉语方言调查时，以及在汉语音韵学的研究中都采用了国际音标。国际音标是我们从事语言教学和语言研究不可缺少的重要工具。

二、《汉语拼音方案》

学习语音，必须使用一套便于记录、便于学习的符号来表示无形的声音。《汉语拼音方案》就是为教、学普通话而制定的一套记录普通话语音的拼音方案。这套方案于 1958 年 2 月由第一届全国人民代表大会第五次会议批准并公布推行。它是我国语言工作者总结了我国注音识字和拼音字母运动的经验，集中了广大群众的智慧，并吸收了国外拼音文字的优点而制定出来的。这个方案既是法定的文献，又有广泛的群众基础，是一个比较科学的拼音方案。

知识链接：汉语拼音字母、注音符号与国际音标对照表

汉语拼音和国际音标、注音符号对照表

汉语拼音	国际音标	注音字母	汉语拼音	国际音标	注音字母	汉语拼音	国际音标	注音字母
b	[p]	ㄅ	z	[ts]	ㄗ	ia	[iA]	ㄧㄚ
p	[p']	ㄆ	c	[ts']	ㄘ	ie	[ie]	ㄧㄝ
m	[m]	ㄇ	s	[s]	ㄙ	iao	[iɑu]	ㄧㄠ
f	[f]	ㄈ	a	[A]	ㄚ	iou	[iou]	ㄧㄡ
v	[v]	ㄪ	o	[o]	ㄛ	ian	[iɛn]	ㄧㄢ
d	[t]	ㄉ	e	[ɤ]	ㄜ	in	[in]	ㄧㄣ
t	[t']	ㄊ	ê	[ɛ]	ㄝ	iang	[iaŋ]	ㄧㄤ
n	[n]	ㄋ	i	[i]	ㄧ	ing	[iŋ]	ㄧㄥ
l	[l]	ㄌ	-i(前)	[ɿ]	帀	ua	[uA]	ㄨㄚ
g	[k]	ㄍ	-i(后)	[ʅ]	帀	uo	[uo]	ㄨㄛ
k	[k']	ㄎ	u	[u]	ㄨ	uai	[uai]	ㄨㄞ
(ng)	[ŋ]	ㄫ	ü	[y]	ㄩ	uei	[uei]	ㄨㄟ
h	[x]	ㄏ	er	[ɚ]	ㄦ	uan	[uan]	ㄨㄢ
j	[tɕ]	ㄐ	ai	[ai]	ㄞ	uen	[uən]	ㄨㄣ
q	[tɕ']	ㄑ	ei	[ei]	ㄟ	uang	[uaŋ]	ㄨㄤ
/	[ȵ]	ㄬ	ao	[ɑu]	ㄠ	ueng	[uəŋ]	ㄨㄥ
x	[ɕ]	ㄒ	ou	[ou]	ㄡ	ong	[uŋ]	ㄨㄥ
zh	[tʂ]	ㄓ	an	[an]	ㄢ	üe	[yɛ]	ㄩㄝ
ch	[tʂ']	ㄔ	en	[en]	ㄣ	üan	[yan]	ㄩㄢ
sh	[ʂ]	ㄕ	ang	[ɑŋ]	ㄤ	ün	[yn]	ㄩㄣ
r	[ʐ]	ㄖ	eng	[əŋ]	ㄥ	iong	[yŋ]	ㄩㄥ

本表的国际音标大体上接近严式音标，如果用宽式音标，其中的 a、A、ɑ 和 i 与 n 之间的 ɛ 都可以标作 a。

国际音标的送气符号(')容易被忽略，印刷也不方便，可以用 h 代替，例如 p'、t'、k'、ts'、tʂ'、tɕ' 可以分别写作 p'、t'、k'、s'、ʂ'、ɕ' 或 ph、th、kh、tsh、tʂh、tɕh。"特产"可以分别标作[t'ɤ⁵¹tʂ'an²¹⁴]、[t'ɤ⁵¹tʂ'an²¹⁴]、[th'ɤ⁵¹tʂhan²¹⁴]。

知识风暴三　声母

要点梳理一：声母的发音

普通话里有 21 个辅音声母和 1 个零声母。辅音声母的发音是由发音部位和发音方法决定的。下面将根据不同的发音部位和发音方法来对它们进行分类和描述。

一、发音部位

发辅音时一般表现为发音器官局部紧张，气流在口腔内受到阻碍。形成阻碍、特别紧张的位置就是发音部位。按发音部位分，普通话声母可以分为七类：

1. 双唇音 b、p、m

上唇和下唇紧闭，形成阻碍，然后除阻。如：步兵、批评、迷茫。

2. 唇齿音 f

下唇接近上齿，留一条细缝，气流从细缝擦出。如：非凡。

3. 舌尖前音 z、c、s

舌尖顶住上齿背或形成细缝造成阻碍，然后除阻。如：自尊、参差、思索。

4. 舌尖中音 d、t、n、l

舌尖抵住上齿龈，形成阻碍，然后除阻。如：探讨、道德、牛奶。

5. 舌尖后音 zh、ch、sh、r

舌尖翘起，抵住或接近硬颚前部，形成阻碍，然后除阻或气流擦出。如：长城、山水、茁壮、荣辱。

6. 舌面音 j、q、x

舌面前部抵住或接近硬颚前部，形成阻碍，然后除阻或气流擦出。如：铅球、雄心、积极。

7. 舌根音 g、k、h

舌根顶住或接近软颚，形成阻碍，然后除阻或气流擦出。如：刻苦、欢呼、改革。

二、发音方法

发音方法指发音时气流在喉头、口腔和鼻腔内受到节制的情况，可从三个方面来区分：

1. 阻碍方式

声母发音，气流通过发音器官受阻，一般可以分为三个阶段：成阻——发音部位开始闭合或接近，形成阻碍，是作势阶段；持阻——发音器官紧张，气流受到不同程度的阻碍，阻碍持续，是持阻阶段；除阻——发音器官恢复原来的位置，阻碍解除，是结束阶段。

根据成阻、持阻和除阻方式的不同，可把普通话的声母分成：塞音、擦音、塞擦音、鼻音、边音。

（1）塞音 b、p、d、t、g、k

发音时，发音部位闭住，小舌和软腭上升，堵住气流通往鼻腔的通路，气流冲破阻碍，从口腔中爆破而出，又称爆破音。

（2）擦音 f、h、x、s、sh、r

发音时，形成阻碍的发音器官相互接近，形成一条缝隙，软腭和小舌上升，堵住气流通往鼻腔的通路，气流从缝隙中流出，摩擦成声，又称摩擦音。

（3）塞擦音 j、q、zh、ch、z、c

发音时，发音部位先闭住，软腭和小舌上升，堵住通往鼻腔的气流。然后，形成阻碍的发音器官中间张开，形成一条缝隙，气流从缝隙中摩擦而出，形成一个前半部分像塞音、后半部分像擦音的音。但它只有一个成阻、持阻、除阻的过程，是一个单辅音。

（4）鼻音 m、n

发音时，口腔闭住，软腭和小舌下降，气流从鼻腔流出，一般的鼻音发音时声带要颤动。

（5）边音 l

发音时，舌尖顶住上齿龈，软腭和小舌上升，堵住气流通往鼻腔的通路，气流从舌头的两边流出，一般的边音发音时声带要颤动。

2. 声带颤动

按照声带是否颤动，辅音可以分为两种，即清音和浊音。

（1）清音 b、p、f、d、t、g、k、h、j、q、x、zh、ch、sh、z、c、s

发音时，声带不颤动的音。

（2）浊音 m、n、l、r

发音时，声带颤动的音。

现代汉语普通话中，鼻音（m，n）、边音（l）都是浊音，另有一个擦音 r 也是浊音，其余的塞音、塞擦音、擦音都是清音。

3. 气流强弱

按照发音时气流的强弱，可把塞音和塞擦音分成送气音和不送气音，鼻音、边音、擦音等没有送气不送气的区别。

（1）送气音 p、t、k、q、ch、c

发音时，气流比较强的塞音和塞擦音。

（2）不送气音 b、d、g、j、zh、z

发音时，气流比较弱的塞音和塞擦音。

总的说来，普通话声母的类别可以用下列表格来概括。

表 1-1　普通话声母表

	塞音		塞擦音		鼻音	擦音		边音
	清音		清音		浊音	清音	浊音	浊音
	不送气	送气	不送气	送气				
双唇音（上唇下唇）	b	p			m			
唇齿音（上齿下唇）						f	（v）	
舌尖前音（舌尖上齿背）			z	c		s		
舌尖中音（舌尖上齿龈）	d	t			n			l
舌尖后音（舌尖硬颚前）			zh	ch		sh	r	
舌面音（舌面硬颚前）			j	q		x		
舌根音（舌根软颚）	g	k			（ng）	h		

要点梳理二：声母辅音的发音

一、b　双唇、不送气，清、塞音

双唇紧闭，声带不振动，较弱的气流冲破双唇的阻塞，爆发成声。例如：

| bì bào | 壁报 | bēi bāo | 背包 |
| bēn bō | 奔波 | bīng báo | 冰雹 |

二、p　双唇、送气，清、塞音

发音的情况与 b 大体相同，只是用一股较强的气流冲破双唇的阻塞。例如：

| piān páng | 偏旁 | péng pài | 澎湃 |
| pí pa | 琵琶 | pī píng | 批评 |

三、m　双唇，浊、鼻音

双唇紧闭，软颚下降，声带振动，气流从鼻腔流出。例如：

| míng mèi | 明媚 | máng mù | 盲目 |
| mài miáo | 麦苗 | mìmì | 秘密 |

四、f　唇齿，清、擦音

上齿挨着下唇内缘，形成窄缝，声带不振动，气流从唇齿形成的窄缝中挤出，摩擦成声。例如：

| fāng fǎ | 方法 | fēn fāng | 芬芳 |
| fèi fǔ | 肺腑 | fā fèn | 发奋 |

【变音训练】

读准下列词语的声母。

b—p	编排 biān pái	爆破 bào pò	半票 bàn piào
	蓖麻 bì má	饱满 bǎo mǎn	表面 biǎo miàn
b—f	缤纷 bīn fēn	北方 běi fāng	爆发 bào fā
p—b	旁边 páng biān	派别 pài bié	普遍 pǔ biàn
p—m	缥缈 piāo miǎo	篇目 piān mù	皮毛 pí máo
p—f	平凡 píng fán	屏风 píng fēng	佩服 pèi fú
m—b	棉被 mián bèi	漫笔 màn bǐ	蒙蔽 méng bì
m—f	模范 mó fàn	蜜蜂 mì fēng	萌发 méng fā

五、z 舌尖前、不送气，清、塞擦音

舌尖抵住上齿背，声带不振动，较弱的气流冲开阻塞，形成一条窄缝，摩擦成声。例如：

zǒng zé	总则	zǒu zú	走卒
zēng zǔ	曾祖	zōng zú	宗族

六、c 舌尖前、送气，清、塞擦音

发音情况与 z 大体相同，只是冲出的气流较强。例如：

cāng cuì	苍翠	cū cāo	粗糙
cēn cī	参差	cuī cù	催促

七、S 舌尖音，清、擦音

舌尖靠近上齿背。留出窄缝，声带不震动，气流从窄缝中挤出，摩擦成声。例如：

suǒ suì	琐碎	sù sòng	诉讼
sōng sǎn	松散	sè sù	色素

【辨音训练】

读准下列词语的声母。

z—c	早操 zǎo cāo	遵从 zūn cóng	紫菜 zǐ cài
z—s	赠送 zèng sòng	棕色 zōng sè	阻塞 zǔ sè
c—z	错综 cuò zōng	才子 cái zǐ	操作 cāo zuò
c—s	彩色 cǎi sè	沧桑 cāng sāng	蚕丝 cán sī
s—c	颂词 sòng cí	素菜 sù cài	随从 suí cóng

八、d 舌尖中、不送气，清、塞音

舌尖抵住上齿龈，声带不振动，较弱的气流冲破舌尖的阻塞，迸裂而出，爆发成声。例如：

dào dé	道德	dà dòu	大豆
diàn dēng	电灯	děng dài	等待

九、t 舌尖中、送气，清、塞音

发音情况与 d 大体相同，只是冲出的气流较强。例如：

| tī tián | 梯田 | tān tú | 贪图 |
| tuán tǐ | 团体 | tán tiào | 弹跳 |

十、n 舌尖中，浊、鼻音

舌尖抵住上齿龈，软颚下降，开放鼻腔通道，声带振动，气流从鼻腔出来。例如：

| niú nǎi | 牛奶 | nǎo nù | 恼怒 |
| niǎo nuó | 袅娜 | nán nǚ | 男女 |

十一、l 舌尖中，浊、边音

舌尖抵住上齿龈，软颚上升，堵住鼻腔通道，声带振动，气流从舌头两边出来。例如：

| luó liè | 罗列 | lǐ lùn | 理论 |
| lì liàng | 力量 | líng lóng | 玲珑 |

【辨音训练】

读准下列词语的声母。

d—t	代替 dài tì	稻田 dào tián	灯塔 dēng tǎ
d—n	叮咛 dīng níng	大娘 dà niáng	当年 dāng nián
d—l	胆略 dǎn lüè	打捞 dǎ lāo	带领 dài lǐng
t—d	台灯 tái dēng	特点 tè diǎn	跳动 tiào dòng
t—n	鸵鸟 tuó niǎo	体念 tǐ niàn	童年 tóng nián
t—l	铁路 tiě lù	桃李 táo lǐ	提炼 tí liàn
n—d	纽带 niǔ dài	难得 nán dé	浓淡 nóng dàn
n—t	黏土 nián tǔ	内胎 nèi tāi	农田 nóng tián
l—t	朗读 lǎng dú	劳动 láo dòng	连队 lián duì
l—t	旅途 lǚ tú	蓝天 lán tiān	礼堂 lǐ táng
l—n	冷暖 lěng nuǎn	岭南 lǐng nán	留念 liú niàn

十二、zh 舌尖后、不送气，清、塞擦音

舌尖后缩，抵住硬颚前部，声带不振动，较弱的气流冲开阻塞，形成一窄缝，摩擦成声。例如：

| zhèng zhí | 正直 | zhuàng zhì | 壮志 |
| zhuǎn zhé | 转折 | zhù zhái | 住宅 |

十三、ch 舌尖后、送气，清、塞擦音

发音情况与 zh 大体相同，只是冲出的气流较强。例如：

| chí chěng | 驰骋 | chē chuáng | 车床 |
| chū chǎn | 出产 | chūn cháo | 春潮 |

十四、sh 舌尖后，清、擦音

舌尖后缩，靠近硬颚前部，留出窄缝，声带不振动，气流从窄缝中挤出，摩擦成声。

例如：

shén shèng	神圣	shǎn shuò	闪烁
shí shì	时事	shuō shū	说书

十五、r 舌尖后，浊、擦音

发音情况与 sh 大体相同，只是声带要振动。例如：

réng rán	仍然	róng rǔ	荣辱
rùn rì	闰日	róng rù	融入

【辨音训练】

1）读准下列词语的声母

zh—ch	侦察 zhēn chá	展出 zhǎn chū	章程 zhāng chéng
zh—ch	照射 zhào shè	扎手 zhā shǒu	真实 zhēn shí
zh—r	阵容 zhèn róng	侏儒 zhū rú	值日 zhí rì
ch—zh	长征 cháng zhēng	春装 chūn zhuāng	船长 chuán zhǎng
ch—sh	尝试 cháng shì	昌盛 chāng shèng	衬衫 chèn shān
sh—zh	始终 shǐ zhōng	神州 shén zhōu	使者 shǐ zhě
sh—ch	商场 shāng chǎng	纱窗 shā chuāng	水产 shuǐ chǎn
sh–r	胜任 shèn rèn	衰弱 shuāi ruò	深入 shēn rù
r–zh	熔铸 róng zhù	人证 rén zhèng	染指 rǎn zhǐ
s–ch	日程 rì chéng	热潮 rè cháo	人称 rén chēng
r–sh	如实 rú shí	燃烧 rán shāo	榕树 róng shù

2）朗读《游击队之歌》歌词。先念准字音，后演唱。

我们都是神枪手，每一个子弹消灭一个敌人，我们都是飞行军，哪怕那山高水又深！在那密密的树林里，到处都安排同志们的宿营地；在那高高的山岗上，有我们无数的好兄弟。没有吃，没有穿，自有那敌人送上前；没有枪，没有炮，敌人给我们造。我们生长在这里，每一寸土地都是我们自己的，无论谁要强占去，我们就和他拼到底！

十六、j 舌面、不送气，清、塞擦音

舌面前部抵住硬颚前部，声带不振动，较弱的气流冲开阻塞，形成一条窄缝，摩擦成声。例如：

jiān jué	坚决	jīng jì	经济
jiāo jì	交际	jī jí	积极

十七、q 舌面、送气，清、塞擦音

发音情况同 j 大体相同，只是冲出的气流较强。例如：

qí qū	崎岖	què qiè	确切
quán qū	蜷曲	qiáng quán	强权

十八、x 舌面，清、擦音

舌面前部靠近硬颚前部，留出窄缝，声带不振动，气流从窄缝中挤出，摩擦成声。例如：

xué xí	学习	xíng xiàng	形象
xiāng xìn	相信	xīn xiān	新鲜

【辨音练习】

读准下列词语的声母。

j—q	健全 jiàn quán	机器 jī qì	坚强 jiān qiáng
j—x	家乡 jiā xiāng	教训 jiào xùn	觉醒 jué xǐng
q—j	浅近 qiǎn jìn	巧计 qiǎo jì	勤俭 qín jiǎn
q—x	谦虚 qiān xū	倾向 qīng xiàng	情形 qíng xíng
x—j	胸襟 xiōng jīn	夏季 xià jì	喜剧 xǐ jù
x—q	吸取 xī qǔ	向前 xiàng qián	先驱 xiān qū

十九、g 舌根、不送气，清、塞音

舌根抵住软颚，声带不振动，较弱的气流冲破舌根的阻碍，爆发成声。例如：

gǒng gù	巩固	guàn gài	灌溉
guó gē	国歌	gǔ gàn	骨干

二十、K 舌根、送气，清、塞音

发音情况同 g 大体相同，只是冲出的气流较强。例如：

kuān kuò	宽阔	kāi kěn	开垦
kě kào	可靠	kǎn kě	坎坷

二十一、h 舌根，清、擦音

舌根靠近软颚，留出窄缝，声带不振动，气流从窄缝中挤出，摩擦成声。例如：

háng hǎi	航海	huī huáng	辉煌
huì huà	绘画	huáng hé	黄河

【辨音训练】

读准下列词语声母。

g-k	港口 gǎng kǒu	概括 gài kuò	功课 gōng kè
g-h	工会 gōng huì	蛊惑 gǔ huò	钢花 gāng huā
k-g	客观 kè guān	凯哥 kǎi gē	苦瓜 kǔ guā
k-h	葵花 kuí huā	考核 kǎo hé	括号 kuò hào
h-g	红果 hóng guǒ	海关 hǎi guān	焊工 hàn gōng
h-k	火坑 huǒ kēng	好看 hǎo kàn	欢快 huān kuài

要点梳理三：零声母的发音

普通话的零声母大致可分为两类，一类是以 a、o、e 开头的。有的人发这类零声母的音时，前面带有不同程度的喉塞音（[ʔ]），而有的人的发音则没有喉塞音。当以 a、o、e 开头的音节连接在其他音节后面的时候，如果有发生混淆的可能，书写时中间可用隔音符号 "'" 隔开。另一类零声母是以 i、u、ü 开头的。通常，这些以 i、u、ü 开头的声母发音时，舌面离上颚的距离比发平常的元音 i、u、ü 时更近，带有轻微的摩擦。语音学上把这种带有轻微摩擦的 i、u、ü 叫作半元音，并分别用 y 和 w 来代替它们：用 y 代表 i 和 ü，用 w 代表 u。同时，y 和 w 还有隔音符号的作用，在书写时，当这些以 i、u、ü 起头的音节跟在 i、u 结尾的音节后面的时候，使用 y 和 w 隔开，就可以避免音节之间的混淆。

【辨音训练】

1）读准下列词语。

（1）a、o、e 起头的零声母字。

a

艾叶 ài yè   傲骨 ào gǔ   棉袄 mián ǎo

o

偶然 ǒu rán   藕粉 ǒu fěn   耦合 ǒu hé

e

定额 dìng'é   扼要 è yào   恩爱 ēn'ài

（2）i、u、ü 起头的零声母字。

i、（y、yi）

严寒 yán hán   遗物 yí wù   移用 yí yòng

u、（w）

味精 wèi jīng   尾巴 wěi bā   文艺 wén yì

ü（yu）

语言 yǔ yán   元月 yuán yuè   岳父 yuè fù

2）朗读下面这首诗，注意带点字的读音。

《竹石》

咬定青山不放松，   Yǎo dìng qīng shān bú fàng sōng,

立根原在破岩中。   Lì gēn yuán zài pò yán zhōng。

千磨万击还坚劲，   Qiān mó wàn jī hái jiān jìn,

任尔东西南北风。   Rèn ěr dōng xī nán běi fēng。

要点梳理四：声母辨正

普通话是以北京语音为标准音的。各个方言的声韵调系统同普通话不尽相同，因此学习普通话，要进行方音辨正，找出普通话同方音的声母、韵母、声调的对应规律，纠正自己的方音，说准普通话标准音。下面先举例说明需要分辨的几组声母，举一反三，帮助方言区的人学习普通话。

一、n 和 l 的辨正

普通话里，n 是鼻音，l 是边音，分得很清楚。而在有些方言里，n 和 l 不分，例如：闽方言、北方方言中的西南话、部分江淮话等，把"老人"说成"恼人"，"年长"说成"连长"。方言区的人首先要读准 n、l。n 和 l 都是舌尖抵住上齿龈发出的音，区别在于：n 有鼻音，因为发音时软颚下降，气流从鼻孔流出；l 无鼻音，因为发音时软颚上升，堵塞鼻腔，气流从舌头两边流出。其次，还要分清普通话中哪些字的声母是 n，哪些字的声母是 l。

怎样记住 n、l 作声母的字呢？

1. 形声字偏旁类推法

形声字有两个部分，一部分表示意义，叫形旁，一部分表示读音，叫声旁。如"狸"字，左边的"犭"表示与兽类有关，是形旁，右边的"里"表示"狸"的读音，是声旁。由"里"这个声旁构成的汉字有"厘、狸、鲤、哩、俚、娌"等，它们的声旁相同，声母也相同，都是 l。又如声旁是"内"的字，声母常常是 n，如"纳、呐、钠、衲"等。我们可以利用形声字的这一特点来辨别记忆一些属于同一声母或同一韵母的字。

2. 只记单边法

方言的一类音在普通话里分为两类音，这两类音中经常出现一边字数较少、一边字数较多的情况。如果需要硬记的时候，就可以记住字数少的一边，另一边也就记住了。在汉字中，n 声母字比 l 声母字少得多，有的韵母结尾的字，例如：以 un 韵母结尾的字，没有一个以 n 作声母的。有的韵母，如 ü、ei、u，ou、uan、ang、iang、in 等结尾的字，以 n 作声母的也很少，而相应的以 l 作声母的字却比较多。因此，只要记住 n 声母这一边的字，l 声母的字也就记住了。

【辨音训练】

1）读准下列词语。

| n–l 耐劳 nài láo | 鸟类 niǎo lèi | 奴隶 nú lì |
| l–n 老年 lǎo nián | 凌虐 líng nüè | 留难 liú nàn |

2）对比辨音。

| 年年 | nián nián | 连年 | lián nián |
| 男裤 | nán kù | 蓝裤 | lán kù |

3）朗读下面的诗，注意带点字的声母。

《问刘十九》

绿蚁新醅酒，	Lù yǐ xín péi jiǔ,
红泥小火炉。	Hóng ní xiǎo huǒ lú。
晚来天欲雪，	Wǎn lái tiān yù xuě,
能饮一杯无？	Néng yǐn yì bēi wú?

4）朗读下列诗文，读准加点的字词。

《无题》

相见时难别亦难，　　Xiāng jiàn shí nán bié yì nán,

东风无力百花残。　　Dōng fēng wú lì bǎi huā cán。

春蚕到死丝方尽，　　Chūn cán dào sǐ sī fāng jìn，

蜡炬成灰泪始干。　　Là jù chéng huī lèi shǐ gān。

5）朗读下面绕口令，注意加点字的声母。

六十六头牛，驮六十六个篓，Liù shí liù tóu niú, tuó liù shí liù gè lǒu,

每篓装着六十六斤油。Měi lǒu zhuāng zhe liù shí liù jīn yóu。

老牛扭着走，油篓漏了油，Lǎo niú niǔ zhe zǒu，yóu lǒu lòu le yóu，

漏出来的油比篓里的油，Lòu chū lái de yóu bǐ lǒu lǐ de yóu

还多六斤油。Hái duō liù jīn yóu。

你算算：Nǐ suàn suàn：

六十六头牛驮的六十六个篓里还有多少油？

Liù shí liù tóu niú tuó de liù shí liù gè lǒu lǐ hái yǒu duō shǎo yóu？

二、z、c、s、zh、ch、sh、j、q、x 的辨正

普通话里，舌尖前音 z、c、s，舌尖后音 zh、ch、sh，舌面音 j、q、x 分得很清楚。有些方言区，如吴方言、闽方言、客家方言和粤方言的人，把"诗人"说成"西人"，把"少数"说成"小数"。因此，这些方言区的人学习普通话时，必须注意辨别自己说 z、c、s 或 j、q、x 的字中，哪些在普通话里说 z、c、s 或 j、q、x，哪些说 zh、ch、sh。怎样来辨别呢？

1. 只记单边法

这个方法对于辨别舌尖前音和舌尖后音也很有用处。例如：以 a、e、ou、en、eng、ang 等作韵母的字很少以舌尖前音作声母，而以舌尖后音作声母的较多。如 ca，只有几个字，而 cha 则有"叉、查、插、诧"等 30 多个字。又如 zen，只有两个汉字"怎、潜"，而 zhen 却有"真、珍、镇"等 40 个字左右。再如 sen，只代表一个汉字"森"，而 shen 却有"身、神、审、甚"等 40 个字左右。像这样只需记住少数几个字，就可以记住一大批字了。

2. 利用普通话声韵的配合规律类推

例如：ua、uai、uang 这三个韵母只能同舌尖后音相拼，而不能跟舌尖前音相拼。所以"抓、拽、庄"等字，它们的声母肯定是舌尖后音。又如 ong 韵母，它只跟 s 相拼，而不能同 sh 相拼，所以"松、耸、送"等字，它们的声母只能是舌尖前音。

【辨音训练】

1）读准下列词语。

zh–z	制造 zhì zào	职责 zhí zé	种族 zhǒng zú
	铸造 zhù zào	追踪 zhuī zōng	准则 zhǔn zé
z–zh	增长 zēng zhǎng	作者 zuò zhě	座钟 zuò zhōng
	总之 zǒng zhī	自传 zì zhuàn	宗旨 zōng zhǐ
ch–c	揣测 chuǎi cè	船舱 chuán cāng	春蚕 chūn cán
	储存 chǔ cún	冲刺 chōng cì	蠢材 chǔn cái

c–ch	残春 cán chūn	仓储 cāng chǔ	操持 cāo chí
	草创 cǎo chuàng	磁场 cí chǎng	辞呈 cí chéng
sh–s	生丝 shēng sī	胜诉 shèng sù	绳索 shéng suǒ
	神色 shén sè	深思 shēn sī	伸缩 shēn suō
s–sh	松鼠 sōng shǔ	算术 suàn shù	私塾 sī shú
	岁数 suì shu	损伤 sǔn shāng	唆使 suō shǐ

2）对比辨音。

支援 zhī yuán	资源 zī yuán
造就 zào jiù	照旧 zhào jiù
杂技 zá jì	札记 zhá jì
初步 chū bù	粗布 cū bù
春装 chūn zhuāng	村庄 cūn zhuāng
推辞 tuī cí	推迟 tuī chí
桑叶 sāng yè	商业 shāng yè
三角 sān jiǎo	山脚 shān jiǎo
急性 jí xìng	即兴 jí xìng
国计 guó jì	国际 guó jì
计量 jì liàng	剂量 jì liàng
记事 jì shì	济事 jì shì
戏目 xì mù	细目 xì mù
交点 jiāo diǎn	焦点 jiāo diǎn
休业 xiū yè	修业 xiū yè
欢欣 huān xīn	欢心 huān xīn

3）朗读下面两首诗歌，注意带点字的声母。

《滁州西涧》

独怜幽草涧边生，　　Dú lián yōu cǎo jiàn biān shēng,
上有黄鹂深树鸣。　　Shàng yǒu huáng lí shēn shù míng.
春潮带雨晚来急，　　Chūn cháo dài yǔ wǎn lái jí,
野渡无人舟自横。　　Yě dù wú rén zhōu zì héng.

《夜雨寄北》

君问归期未有期，　　Jūn wèn guī qī wèi yǒu qī,
巴山夜雨涨秋池。　　Bā shān yè yǔ zhǎng qiū chí.
何当共剪西窗烛，　　Hhé dāng gōng jiǎn xī chuāng zhú,
却话巴山夜雨时。　　Què huà bā shān yè yǔ shí.

三、f 和 h 的辨正

普通话里唇齿音 f 和舌根音 h 分得很清楚，而有些方言（如湘方言、客家方言、粤方言等）却有相混的情形。有的有 f 没有 h，有的有 h 没有 f，也有的 f、h 不分，如这些方言区的人"开发"和"开花"、"公费"和"工会"不分。这些方言区的人除了要学会 f 和

h 的正确发音外，还要花一些气力记住普通话里哪些是 f 声母字、哪些是 h 声母字。这里也可以运用前面介绍过的一些方法帮助辨别记忆。

1. 利用普通话声韵的配合规律类推

例如：f 不跟 ai 相拼，方言中含 fai 的，普通话中都念 huai，如"怀、坏"等字；f 与 o 相拼组成音节，只有相应的"佛"字。因此，方言中念成 fo 的，普通话都念 huo，如"活、火、货"等字。

【辨音训练】

1）读准下列词语。

f—h 防护 fáng hù   返航 fǎn háng   饭盒 fàn hé
      繁华 fán huá   绯红 fēi hóng   风寒 fēng hán
h—f 合法 hé fǎ   何妨 hé fáng   横幅 héng fú
      后方 hòu fāng   化肥 huà féi   焕发 huàn fā

2）对比辨音。

防空 fáng kōng   航空 háng kōng
飞鱼 fēi yú   黑色 hēi sè
工会 gōng huì   工费 gōng fèi

3）练读下列各句。

（1）化肥会挥发。

（2）黑化肥发灰，灰化肥发黑。

（3）黑化肥发灰会挥发，灰化肥挥发会发黑。

（4）黑化肥挥发发灰会花飞，灰化肥挥发发黑会飞花。

（5）黑灰化肥会挥发发灰黑会为花飞，灰黑化肥会挥发发黑灰为会飞花。

（6）黑灰化肥灰会挥发发灰黑为黑灰花会飞，灰黑化肥会会挥发发黑灰为会飞花化为灰。

四、零声母的辨正

普通话里有一部分零声母的字，有些方言说成了有声母的字。例如：韵母不是 i、u、ü，也不以 i、u、ü 起头的，有些方言加声母 n，如天津话"爱"；有些方言加 ng，如西安、广州话的"额"。韵母是 u，或以 u 起头的，有些方言说成了 [V]（唇齿浊擦音），如宁夏话的"文"；有的方言说成了"m"，如广州话的"文"。这些方言区的人要记住读该零声母的字时，要去掉自己方言加上的声母。

五、尖音和团音的辨正

声母 z、c、s 同 i、ü 或以 i、ü 开头的韵母相拼，叫尖音。声母 j、q、x 同 i、ü 或以 i、ü 开头的韵母相拼，叫团音。

普通话声母 z、c、s 不能同 i、ü 或以 i、ü 开头的韵母相拼，所以普通话里没有尖音。而普通话声母 j、q、x 却可以同 i、ü 或以 i、ü 起头的韵母相拼，所以普通话里有团音。北方方言的青岛话、吴方言的苏州话、湘方言的长沙话有尖音，如"酒、秋、修"读尖音，而"九、丘、休"读团音。可是，这些字在普通话里都读成团音，酒＝九，秋＝丘，修＝

休，不分尖团音。因此，有尖音的方言地区的人说普通话时，应把尖音改读成团音，即读成 j、q、x 开头的音节。

【综合训练】

1. 平翘舌音词语训练。

2. 尖、团音对比练习。

3. 词语练习。

4. 把下列三组字中声母相同的排列成组，并说明各组声母发音的异同。

5. 听读下列词语，写出它们的声母。

6. 先用自己的方言读下面各组字，体会它们的发音，然后注上普通话声母再读一读。

知识风暴四 韵母

要点梳理一：韵母概述

一、韵母的构成

韵母是汉字音节声母后面的部分，普通话韵母共有 39 个。普通话的韵母主要是由元音构成的，但是元音并不等于韵母，因为元音都是最小的语音单位，是不能再分割的，而韵母有的是由一个元音构成，有的则是由两个甚至三个元音构成，有的是元音加上辅音构成，所以对韵母的结构还可以进行进一步分析。

根据构成韵母的音素的位置特点，一般把韵母分为韵头、韵腹和韵尾三个组成部分。只有 i、u、ü 三个元音可以充当韵头。所有的元音都可以充当韵腹，但是在一个韵母有几个元音的情况下，只有开口度最大的那个元音是韵腹，辅音不能充当韵腹。韵尾出现在韵腹的后面，元音中充当韵尾的有两个高元音 i 和 u，此外还有两个鼻辅音 n 和 ng。例如：韵母 uai，其中 u 是韵头，a 是韵腹，i 是韵尾。

二、韵母的分类

韵母可以从两个不同角度进行分类：

1. 按照韵母结构来划分

韵母可分为：单韵母、复韵母、鼻韵母三类。

（1）单韵母

由一个元音音素构成的韵母叫单韵母，又叫单元音韵母，也就是由单元音构成的韵母。普通话里共有 10 个单韵母，分别是：a、o、e、ê、i、u、ü、-i（前）、-i（后）、er。

（2）复韵母

由两个或三个元音复合而成的韵母叫复韵母。构成复韵母的元音音素全部是单韵母元音音素，其中 3 个单韵母 er，-i（前），-i（后），不能构成复韵母。普通话中共有 13 个复韵母。如：ai、ei、ao、ou、ia、ie、ua、uo、üe、iao、iou、uai、uei。

（3）鼻韵母

在元音之后带有鼻辅音收尾的韵母叫鼻韵母。它是由一个或两个元音后面带有鼻辅音 n 或 ng 构成的。鼻辅音 n 通常称作前鼻音，鼻辅音 ng 通常称作后鼻音。前鼻音韵母数量：带 n 韵尾的叫前鼻韵母，共有 8 个，分别是 an、ian、uan、üan、en、in、uen、ün。后鼻音韵母数量：带 ng 韵尾的叫后鼻韵母，共 8 个，分别是 ang、iang、uang、eng、ing、ueng、ong、iong。

2. 按照韵母开头元音的唇形特点来划分

韵母可分为：开口呼、齐齿呼、合口呼、撮口呼，简称"四呼"，如表 4-1 所示。

表 4-1　普通话韵母表

	开口呼	齐齿呼	合口呼	撮嘴呼
单韵母	-i[ ] -i[ ]	i	u	ü
	a			
	o			
	e			
	ê			
	er			
复韵母		ia	ua	
			uo	
		ie		üe
	ai		uai	
	ei		uei	
	ao	iao		
	ou	iou		
鼻韵母	an	ian	uan	üan
	en	in	uen	ün
	ang	iang	uang	
	eng	ing	ueng	
	ong	iong		

（1）开口呼

发音时，口腔开度较大，所以叫开口呼。凡是不以 i、u、ü 开头的韵母，统称为开口呼韵母，也就是没有韵头（介音），而韵腹又不是 i、u、ü 的韵母。

（2）齐齿呼

凡是用 i 开头的韵母均称为齐齿呼韵母。发音时，上下齿几乎是对齐的，所以叫齐齿呼。

如：i、ia、ie、iao、iou、ian、ing 等。

（3）合口呼

凡是用 u 开头的韵母均称为合口呼韵母。发音时，双唇合拢，呈圆形，所以叫合口呼。

如：u、ua、uo、uai、uei、uan、uang、ueng。

（4）撮口呼

凡是用 ü 开头的韵母均称为撮口呼韵母。发音时，双唇撮拢，呈圆形，所以叫撮口呼。

如：ü、üe、üan、ün。

要点梳理二：韵母的发音

韵母发音时要注意口腔、舌位及唇形的配合。舌位的前、央、后，是指发音时舌头隆起部分在口腔中所居的前后位置。舌位的高、半高、半低、低，是针对发音时舌头隆起部分的最高点同上颚距离的大小而言。舌位的降低或抬高与口腔的开合有关，舌位越高，开口度越小，舌位越低，开口度越大。

一、单元音韵母发音

单韵母的发音，除 er 外，都是一个单纯的动作，即舌位、唇形及开口度按发音要求维持发音状态，始终不变，没有动程。

普通话单韵母有 10 个，根据发音时舌头的部位和状态可分为三类：舌面韵母、舌尖韵母、卷舌韵母。

1. 舌面韵母

舌面韵母发音时，舌面起主要作用。舌面韵母的不同音色，取决于不同形状的口腔共鸣器对音波的调节。共鸣器的不同，具体地说，由以下三方面造成：

第一，舌位的高低。元音发音时，舌位的高低一般可划分为高、半高、半低和低四度。舌面的高低和口的开闭有直接关系：舌位高，开口度小；舌位低，开口度大。口腔的开闭也相应地分为闭、半闭、半开、开四度。

第二，舌位的前后。元音发音时，舌位的前后位置一般划分为前、央、后三种。

第三，唇形的圆展。元音发音时，唇形的差别一般划分为圆唇、不圆唇两类。

因此，描绘元音韵母的发音特点，就必须从上述三个方面去说明。现将舌面元音韵母的发音分述如下：

（1）a　舌面、中、低、不圆唇元音

发音时，口腔大开，舌头居中，舌位低，唇呈自然状态。如"沙发""打靶"的韵母。

①词语练习：

发芽 fā yá	大妈 dà mā	喇嘛 lǎ ma	马达 mǎ dá
蛤蟆 há ma	邋遢 lā ta	刹那 chà nà	大厦 dà shà

②绕口令练习：

南边的哑巴和北边的喇嘛

打南边来了个哑巴，腰里别了个喇叭；

打北边来了个喇嘛，手里提了个獭犸。

提着獭犸的喇嘛要拿獭犸换别着喇叭的哑巴的喇叭；

别着喇叭的哑巴不愿拿喇叭换提着獭犸的喇嘛的獭犸。

不知是别着喇叭的哑巴打了提着獭犸的喇嘛一喇叭；

还是提着獭犸的喇嘛打了别着喇叭的哑巴一獭犸。

喇嘛回家炖獭狲；

哑巴滴滴嗒嗒吹喇叭。

（2）o　舌面、后、半高、圆唇元音

发音时，口腔半闭，舌位半高，舌头后缩，嘴唇拢圆。如"波""泼"的韵母。

①词语练习：

磨破 mó pò　　　泼墨 pō mò　　　伯伯 bó bo　　　薄膜 bó mó

默默 mò mò　　　摸佛 mō fó　　　伯婆 bó pó

②绕口令练习：

拔萝卜

白须白伯伯，

白发白婆婆。

伯伯扶婆婆，

婆婆扶伯伯，

上了山坡拔萝卜。

白萝卜，红萝卜，

红、白萝卜营养多。

（3）e　舌面、后、半高、不圆唇元音

发音状况大体与o相同，只是双唇自然展开呈扁形。如"歌""苛""喝"的韵母。

①词语练习：

客车 kè chē　　　合格 hé gé　　　色泽 sè zé　　　折合 zhé hé

野鸽 yě gē　　　割舍 gē shě　　　隔夜 gé yè　　　车辙 chē zhé

②绕口令练习：

鹅

坡上立着一只鹅，坡下就是一条河。

宽宽的河，肥肥的鹅，鹅要过河，河要渡鹅。

不知是鹅过河，还是河渡鹅。

（4）i　舌面、前、半低、不圆唇元音

发音时，口腔开度很小，舌头前伸，前舌面上升接近硬颚，气流通路狭窄，但不发生摩擦，嘴唇向两边展开，呈扁平状。如"低""体"的韵母。

①词语练习：

激励 jī lì　　　寄递 jì dì　　　立即 lì jí　　　离奇 lí qí

迟疑 chí yí　　　谜底 mí dǐ　　　集体 jí tǐ　　　利益 lì yì

②绕口令练习：

编细席

一席地里编细席，
编得细席细又密。
编好细席戏细席，
细席脏了洗细席。

（5）u 舌面、后、高、圆唇元音

发音时，口腔开度很小，舌头后缩，后舌面上升接近硬颚，气流通路狭窄，但不发生摩擦，嘴唇拢圆成一小孔。如"图书""互助"的韵母。

词语练习：

出租 chū zū	瀑布 pù bù	姑苏 gū sū	幕府 mù fǔ
督促 dū cù	初步 chū bù	互助 hù zhù	古物 gǔ wù

（6）ü 舌面、前、高、圆唇元音

发音时，口腔开度很小，舌头前伸，前舌面上升接近硬颚，但气流通过时不发生摩擦，嘴唇拢圆成一小孔。发音情况和 i 基本相同，区别是 ü 嘴唇是圆的，i 嘴唇是扁的。如"语句""盱眙"的韵母。

词语练习：

雨具 yǔ jù	区域 qū yù	絮语 xù yǔ	旅居 lǚ jū
曲剧 qǔ jù	须臾 xū yú	豫剧 yù jù	女婿 nǚ xù

（7）ê 舌面、前、半低、不圆唇元音

发音时，口腔半开，舌位半低，舌头前伸，舌尖抵住下齿背，嘴角向两边自然展开，唇形不圆。如"欸"的读音。在普通话里，ê 很少单独使用，经常出现在 i、ü 的后面，书写时要省去符号"＾"。

词语练习：

灭绝 miè jué	喋血 dié xuè	姐姐 jiě jie	解约 jiě yuē
决裂 jué liè	猎猎 liè liè	雀跃 què yuè	缺略 quē lüè

2. 舌尖韵母

（1）-i［ɿ］舌尖、前、高、不圆唇元音

发音时，舌尖前伸，对着上齿背形成狭窄的通道，气流通过时不发生摩擦，嘴唇向两边展开，唇形不圆。用普通话念"私"并延长，字音后面的部分便是 -i［ɿ］。这个韵母只跟 z、c、s 配合，不和任何其他声母相拼，也不能自成音节。如"字词""自私""此次"的韵母。

词语练习：

自私 zì sī	次子 cì zǐ	此次 cǐ cì	私自 sī zì
自诉 zì sù	赐死 cì sǐ	在此 zài cǐ	字词 zì cí

（2）-i［ʅ］舌尖、后、高、不圆唇元音

发音时，舌尖上翘，对着硬颚形成狭窄的通道，气流通过时不发生摩擦，嘴角向两边

展开，唇形不圆。用普通话念"师"并延长，字音后面的部分便是 –i〔ʅ〕。这个韵母只跟zh、ch、sh、r配合，不与其他声母相拼，也不能自成音节。如"知识""史诗""值日"的韵母。

词语练习：

实质 shí zhì　　　迟滞 chí zhì　　　　志士 zhì shì　　　　指使 zhǐ shǐ
致使 zhì shǐ　　　失职 shī zhí　　　　值日 zhí rì　　　　支持 zhī chí

3. 卷舌韵母 er

er　卷舌、央、中、不圆唇元音

发音时，在发 e 的同时，舌尖向硬颚卷起，嘴唇略展，"er"中的 r 不代音素，只是表示卷舌动作的符号。er 不和其他声母相拼，只能自成音节。如"儿""耳""二"等字的韵母。er 可以同其他韵母结合起来，用作儿化韵。书面上写作"r"，如"花儿"huar。

词语练习：

儿 ér　而 ér　二 èr　尔 ěr　耳 ěr

二、复合元音韵母发音

复韵母的发音有以下特点：有明显的动程；由一个元音到另一个元音的舌位，是滑动的，自然连贯；其中的韵腹受前后音素的影响，实际音值与单元音不同，发音时不要拘泥于单元音的舌位、唇形；其中一个音（韵腹）较响亮，是复韵母的重心。

普通话中复韵母总共有 13 个。根据韵腹位置的不同，可把复韵母分为三类：前响复韵母、后响复韵母和中响复韵母。

1. 前响复韵母

前响复韵母由两个元音组成，前面的一个是韵腹，后面一个是韵尾，发音特点是前响后轻，即开头的元音音素响亮清晰，收尾的元音音素轻短模糊。发音时，舌位由低到高，口腔由大到小。

（1）ai　由单元音 a 和 i 合成

发音时唇形开而不圆，先是舌位放低发出 a 音，紧接着舌位渐升，唇形扁，最后发出轻短含混的 i 音。

词语练习：

彩排 cǎi pái　　　　　爱戴 ài dài　　　　　开采 kāi cǎi
债台 zhài tái　　　　　海带 hǎi dài　　　　　晒台 shài tái

（2）ei　由单韵母 e 和 i 合成

发音时，从 e 音的舌位开始向 i 音的舌位移动。e 音清晰、响亮，i 音轻短、含混。

词语练习：

肥美 féi měi　　　　　配备 pèi bèi　　　　　卑微 bēi wēi
蓓蕾 bèi lěi　　　　　非得 fēi děi　　　　　魏碑 wèi bēi

（3）ao　由 a 和 o 合成

发音时，舌位放低，唇形开而不圆，发出响而长的 a 音，然后舌位逐渐升高，唇形逐渐变圆，最后发出轻短含混的 o 音。

词语练习：

号召 hào zhào　　　　高潮 gāo cháo　　　　稻草 dào cǎo

讨饶 tǎo ráo　　　　　　跑道 pǎo dào　　　　　操劳 cāo láo

（4）ou　由 o 和 u 合成

发音时，从 o 音的舌位开始向 u 音的舌位、唇形移动，o 音响而长，u 音轻短含混。

词语练习：

收购 shōu gòu　　　　　欧洲 ōu zhōu　　　　　兜售 dōu shòu

漏斗 lòu dǒu　　　　　　佝偻 gōu lóu　　　　　丑陋 chǒu lòu

2. 后响复韵母

后响复韵母也是由两个元音组成的。前一个是韵头，后一个是韵腹。发音特点是前轻后响，即开头的元音 i、u、ü 发音不太响亮，比较短促，收尾的元音音素响亮清晰。发音时，舌位由高到低，口腔由小到大。

（1）ia　由单元音 i 和 a 合成

发音时，先是舌位高，唇形扁，发出轻短的 i 音，接着舌位逐渐降低，唇形变成开而不圆，发出响而长的 a 音。

词语练习：

假牙 jiǎ yá　　　　　　下嫁 xià jià　　　　　家鸭 jiā yā

掐下 qiā xià　　　　　　恰恰 qià qià　　　　　加价 jiā jià

（2）ie　由 i 和 e 合成

发音时，先发轻短的 i 音，然后舌位逐渐降到半低，发出较响、较长的 ê 音。

词语练习：

贴切 tiē qiè　　　　　　书烈 jié liè　　　　　歇业 xiē yè

窃窃 qiè qiè　　　　　　结业 jié yè　　　　　趔趄 liè qie

（3）ua　由 u 和 a 合成

发音时，先是舌位高，唇形圆，发出轻短的 u 音，接着舌位降低，唇形变成开而不圆，发出响而长的 a 音。

①词语练习：

画花 huà huā　　　　　挂画 guà huà　　　　　耍滑 shuǎ huá

②绕口令练习：

一个胖娃娃，

捉了三个大花活河蛤蟆。

两个胖娃娃，

捉了一个大花活河蛤蟆。

捉了一个大花活河蛤蟆的三个胖娃娃，

真不如抓了三个大花活河蛤蟆的一个胖娃娃。

（4）uo　由 u 和 o 合成

发音时，先是舌位高，唇形圆，发出轻短的 u 音，接着舌位略低，唇形比 u 音大一些，发出 o 音。

词语练习：

硕果 shuò guǒ　　　堕落 duò luò　　　　骆驼 luò tuo　　　　火锅 huǒ guō

蹉跎 cuō tuó   错过 cuò guò   阔绰 kuò chuò   哆嗦 duō suō

（5）ue 由 ü 和 ê 合成

发音时，先双唇收圆撮起，舌头前伸抬高，发出轻短的 u 音，接着唇形逐渐展开，舌位降到半低，发出响而长的 e 音。

①词语练习

雪月 xuě yuè   绝学 jué xué   决绝 jué jué

雀跃 què yuè   约略 yuē lüè   略缺 lüè quē

②绕口令练习：

> 南边来了个瘸子，
>
> 手里托着个碟子，
>
> 碟子里装个茄子，
>
> 地上钉着个橛子。
>
> 地上的橛子绊倒了瘸子，
>
> 洒了碟子里的茄子，
>
> 气的瘸子撇了碟子，
>
> 拔了橛子，踩了茄子。

三、鼻尾音韵母发音

鼻尾音韵母的发音特点是由元音过渡到鼻音。作韵尾的鼻音 n 和 ng，这两个音的发音部位不同：发 n 时，舌尖抵住上齿龈；发 ng 时，舌根抵住软颚（像发 g 时一样）。发音方法是相同的，都是软颚下垂，打开鼻腔通道，气流从鼻腔出来，同时声带振动。练习发 n 时，舌尖不要离开上齿龈；练习发 ng 时，舌根不要离开软颚。

普通话的鼻尾音韵母有 16 个，按韵尾的不同可分为两类：以 n 作韵尾的韵母有 an、en、in、ün、ian、uan、üan、uen 8 个，称为前鼻韵母；以 ng 作韵尾的韵母有 ang、eng、ong、ing、iang、iong、uang、ueng 8 个，称为后鼻韵母。

1. 前鼻韵母

（1）an   由元音 a 和辅音 n 合成

发音时，舌位放低，口大开，唇不圆，发出 a 音。接着舌位渐升，最后舌尖抵住齿龈，气流改从鼻腔而出，发出鼻音 n。

①词语练习：

善感 shàn gǎn   完善 wán shàn   肝胆 gān dǎn   泛滥 fàn làn

晚饭 wǎn fàn   严寒 yán hán   灿烂 càn làn   谈判 tán pàn

②绕口令练习：

谭老汉买蛋和炭

> 谭家谭老汉，挑担到蛋摊，买了半担蛋，
>
> 挑担到炭摊，买了半担炭，满担是蛋炭。

老汉忙回赶，回家炒蛋饭。

进门跨门槛，脚下绊一绊，

跌了谭老汉，破了半担蛋，

翻了半担炭，脏了木门槛。

老汉看一看，急得满头汗，

连说怎么办，蛋炭完了蛋，

怎吃蛋炒饭。

（2）en　由 e 和辅音 n 合成

发音时，e 的舌位比单发时略靠前，然后舌位升高，舌尖抵住下齿龈，同时软颚下垂，口腔通路封闭，鼻腔通路打开，气流从鼻腔出来，发出鼻音 n。

①词语练习：

审问 shěn wèn　　深沉 shēn chén　　认真 rèn zhēn　　振奋 zhèn fèn

门诊 mén zhěn　　根本 gēn běn　　分神 fēn shén　　珍本 zhēn běn

②绕口令练习：

小陈和小沈

小陈去卖针，

小沈去卖盆。

俩人挑着担，

一起出了门。

小陈喊卖针，

小沈喊卖盆。

（3）in　由 i 和辅音 n 合成

发音时，舌尖抵到下齿背，舌面抬起接近硬颚，发出 i 音，然后舌尖从下齿背升到上齿龈，气流改从鼻腔而出，发出鼻音 n。

词语练习：

亲近 qīn jìn　　贫民 pín mín　　拼音 pīn yīn　　民心 mín xīn

引进 yǐn jìn　　信心 xìn xīn　　辛勤 xīn qín　　林荫 lín yīn

（4）ün　由 ü 和辅音 n 合成

发音时，舌面接近硬颚，唇形撮起，发出 ü 音，然后舌尖从齿背升到上齿龈，气流从鼻腔出来，发出鼻音 n。

词语练习：

均匀 jūn yún　　军训 jūn xùn　　纭纭 yún yún　　逡巡 qūn xún

（5）ian　由元音 i、a 和辅音 n 合成

发音时，先发舌位高、唇形扁的 i 音，然后舌位逐渐降低，发出舌位靠前的 a 音，再

升高，舌尖抵住下齿龈，气流从鼻腔出来发出鼻音 n。

词语练习：

连绵 lián mián　　脸面 liǎn miàn　　片面 piàn miàn　　前线 qián xiàn

艰险 jiān xiǎn　　面前 miàn qián　　棉线 mián xiàn　　腼腆 miǎn tiǎn

（6）uan　由元音 u、a 和辅音 n 合成

发音时，先发舌位高、唇形圆的 u 音，然后舌位渐降，发出舌位靠前的 a 音，再升高，舌尖抵住下齿龈，气流从鼻腔出来发出鼻音 n。

词语练习：

传唤 chuán huàn　船员 chuán yuán　　贯穿 guàn chuān　还原 huán yuán

宦官 huàn guān　转换 zhuǎn huàn　　专断 zhuān duàn　转款 zhuǎn kuǎn

（7）üan　由元音 ü、a 和辅音 n 合成

发音时，先发舌位前、高、嘴唇撮圆的 ü 音，接着舌位降低，发出舌位靠前的 a 音，然后舌位再升高，舌尖抵住下齿龈，鼻腔出气，发出鼻音 n。

①词语练习：

轩辕 xuān yuán　全权 quán quán　　渊源 yuān yuán

源泉 yuán quán　圆圈 yuán quān　　眷眷 juàn juàn

②绕口令练习：

山岩出山泉

山岩出山泉，

山泉源山岩，

山泉抱山岩，

山岩依山泉，

山泉冲山岩。

（8）uen　由元音 u、e 和辅音 n 合成

发音时，舌位抬高接近软颚，发出轻短的 u 音，接着舌位降低，发舌位处于中间的 e 音，然后舌位升高，舌尖抵住齿龈，气流从鼻腔出来，发出鼻音 n。同声母相拼时，中间的 e 可以省略，简写为 un。

①词语练习：

春笋 chūn sǔn　　温顺 wēn shùn　　昆仑 kūn lún

伦敦 lún dūn　　混沌 hùn dùn　　馄饨 hún tun

②绕口令练习：

孙伦打靶

孙伦打靶真叫准，

半蹲射击特别神，

本是半路出家人，

摸爬滚打练成神。

2. 后鼻韵母

（1）ang　由元音 a 和鼻辅音 ng 合成

发音时，舌头稍后缩，唇形不圆，发出 a 音，然后舌根接触软颚，气流改从鼻腔而出，发出鼻音 ng。

词语练习：

蟑螂 zhàng láng　张望 zhāng wàng　账房 zhàng fáng　厂房 chǎng fáng

苍茫 cāng máng　沧桑 cāng sāng　长廊 cháng láng　张榜 zhāng bǎng

（2）eng　由元音 e 和鼻辅音 ng 合成

发音时，先发稍低、稍前的 e 音，然后舌根抬起抵住软颚，气流从鼻腔出来，发出鼻音 ng。

①词语练习：

风筝 fēng zheng　冷风 lěng fēng　丰盛 fēng shèng　升腾 shēng téng

更正 shēng zhèng　征程 zhēng chéng　整风 zhěng fēng　声称 shēng chēng

②绕口令练习：

台灯和屏风

郑政捧着盏台灯。

彭澎扛着架屏风，

彭澎让郑政扛屏风，

郑政让彭澎捧台灯。

（3）ong　由元音 o 和鼻辅音 ng 合成

发音时，舌位半高，唇形圆，发出舌位介于 o、u 之音的 o 音，然后舌根接触软颚，气流改从鼻腔出，发出鼻音 ng，

①词语练习：

从容 cōng róng　隆重 lóng zhòng　通红 tōng hóng　空洞 kōng dòng

恐龙 kǒng lóng　轰动 hōng dòng　红松 hóng sōng

②绕口令练习：

栽葱和栽松

冲冲栽了十畦葱，

松松栽了十棵松。

冲冲说栽松不如栽葱，

松松说栽葱不如栽松。

是栽松不如栽葱，

还是栽葱不如栽松？

（4）ing　由元音 i 和鼻辅音 ng 合成

发音时，舌面接近硬颚，唇形扁，发出 i 音，然后舌头后缩，舌根抬起抵住软颚，气

流从鼻腔出来，发出鼻音 ng。

词语练习：

叮咛 dīng níng　　姓名 xìng míng　　命令 mìng lìng　　听凭 tīng píng

倾听 qīng tīng　　行营 xíng yíng　　清明 qīng míng　　性命 xìng mìng

（5）iang　由单元音 i、a 和鼻辅音 ng 合成

发音时，舌面接近硬颚，唇扁，发出轻轻的 i 音，然后发音动作和 ang 相同。

词语练习：

踉跄 liàng qiàng　　　　强项 qiáng xiàng　　　　想象 xiǎng xiàng

响亮 xiǎng liàng　　　　湘江 xiāng jiāng　　　　亮相 liàng xiàng

粮响 liáng xiǎng　　　　酱香 jiàng xiāng

（6）iong　由元音 i、o 和鼻辅音 ng 合成

发音时，先发一个轻短、唇形不太扁的 i 音，然后发音动作和 ong 相同。

词语练习：

熊熊 xióng xióng　　　　琼琼 qióng qióng

汹涌 xiōng yǒng　　　　炯炯 jiǒng jiǒng

（7）uang　由元音 u、a 和鼻辅音 ng 合成

发音时，舌面隆起接近软颚，唇拢圆，发出轻短的 u 音，然后发音动作和 ang 相同。

词语练习：

矿床 kuàng chuáng　　　状况 zhuàng kuàng　　　装潢 zhuāng huáng

双簧 shuāng huáng　　　黄庄 huáng zhuāng　　　狂妄 kuáng wàng

（8）ueng　由元音 u、e 和鼻辅音 ng 合成

发音时，先念轻短的 u 音，然后的发音动作和 eng 相同。这个韵母不跟其他声母相拼，只有一个自成音节，写作 weng。

词语练习：

渔翁 yú wēng　　　　嗡嗡叫 wēng wēng jiào　　　翁婿 wēng xù

瓮城 wèng chéng　　　翁郁 wēng yù　　　　　　蕹菜 wèng cài

要点梳理三：韵母辨正

一、ü 和 i 的辨正

普通话舌面音声母 j、q、x 能与齐齿呼、撮口呼韵母拼合，有些方言没有撮口呼韵母 ü，而是把 ü 念成 i，把 üe、üan、ün 念成 ie、ian、in，"区域"读出来像是"七亿"，"遇见"说成"意见"，"确实"说成"切实"，"拳头"说成"前头"，"白云"说成"白银"。

i 和 ü 都是舌面元音中的前元音、高元音，舌位是相同的，只是发音时唇形有区别。ü 是圆唇音，i 不是圆唇音。不会发 ü 的人可采取用 i 带出 ü 的方法，先发 i，舌头不要动，慢慢地把嘴唇拢圆，就是 ü。练好发音，多做辨音练习，还要知道哪些字音的韵母是 i、哪些字音的韵母是 ü。

容易混淆的 i 和 ü 两韵的常用字有 460 多个，其中 i 韵字约 330 个，ü 韵字约 130 个。根据记少不记多的原则，我们只要记住下边这些 ü 韵字（126 个）就可以了。

（1）ju

jū 居、拘、鞠；

jú 局、菊、橘、桔；

jǔ 举；

jù 巨、拒、距、炬、句、具、俱、惧、据、锯、聚、剧。

（2）qu

qū 区、驱、躯、趋、曲（弯~）、屈、蛆；

qú 渠；

qǔ 取、娶、曲（歌~）；

qù 去、趣。

（3）xu

xū 须、需、虚、墟；

xú 徐；

xǔ 许；

xù 序、婿、叙、绪、絮、续、畜（~牧）、蓄、恤、旭。

（4）jue

juē 撅；

jué 决、诀、抉、觉（~醒）、绝、掘、崛、爵、嚼（咀~）、蹶。

（5）que

quē 缺；

qué 瘸；

què 却、确、雀、鹊、阙。

（6）xue

xuē 靴、削（剥~）、薛；

xué 学、穴；

xuě 雪；

xuè 血（~压）。

（7）juan

juān 捐；

juǎn 卷（~烟）；

juàn 卷（第几~）、倦、圈（羊~）、眷、绢。

（8）quan

quān 圈（~画）；

quán 全、泉、拳、权；

quǎn 犬；

quàn 劝、券（入场~）。

（9）xuan

xuān 宣、喧、暄；

xuán 玄、旋（~转）、悬；

xuǎn 选；

xuàn 旋（风）、绚。

（10）jun

jūn 军、均、君、菌（病~）；

jùn 菌（香~）、俊、峻、竣、骏、浚。

（11）qun

qún 群、裙。

（12）xun

xūn 熏、勋；

xún 旬、询、循、巡、寻；

xùn 训、迅、汛、讯、逊、殉、驯。

【辨音训练】

1）词语练习：

i–ü

器具 qì jù　　纪律 jì lǜ

起居 qǐ jū　　戏剧 xì jù

u–i

曲笔 qū bǐ　　曲艺 qǔ yì

举例 jǔ lì　　聚集 jù jí

2）绕口令练习：

女小吕和女老李

体育局穿绿雨衣的女小吕，

去找穿绿运动衣的女老李。

穿绿雨衣的女小吕，

没找到穿绿运动衣的女老李，

穿绿运动衣的女老李，

也没见着穿绿雨衣的女小吕。

二、o、e、uo 的辨正

这几个韵母发音有些相近，有些方言中，o 和 e 分不清，或 o 和 uo 分不清。纠正的办法是利用普通话声韵拼合规律。普通话 b、p、m、f 不能与 e、uo 相结合，只能与 o 相拼合，在普通话里 be、pe、me、fe、buo、puo、muo、fuo 之类的音节是不存在的。普通话舌根音 g、k、h 能与 e、uo 相拼，但不与 o 相拼，所以在普通话中，也不存在 go、ko、ho 之类的音节。另外，普通话 bo、po、mo、fo 和 ge、ke、he、guo、kuo、huo 之类的常用字也不多，列举如下：

bo-bō 玻、波、菠、播、拨、剥；bó 伯、泊、舶、脖、勃、搏、薄、驳、帛；bǒ 簸（～米）；bò 薄（～荷）、簸（～箕）。

po-pō 坡、颇、泼；pó 婆；pǒ 叵；pò 迫、破、魄、粕。

mo-mō 摸；mó 模、摹、磨、魔、膜；mǒ 抹；mò 磨（～面）、沫、末、陌、漠、默、墨、没（～落）。

fo-fó 佛。

ge-gē 鸽、割、胳、疙；gé 隔；gě 葛；gè 个、各。

he-hē 喝；hé 禾、和、河、何、合、核、涸；hè 贺、赫、鹤、喝（～采）。

guo-guō 锅、郭；guó 国、帼；guǒ 果、裹；guò 过。

kuo-kuò 阔、括、扩、廓。

huo-huō 豁；huó 活；huǒ 火；huò 祸、货、或、惑、获、霍、豁（～亮）。

【辨音训练】

1）词语练习：

o-e

墨色（mò sè）　　波折（bō zhé）　　破格（pò gé）　　薄荷（bò he）

e-o

刻薄（kè bó）　　胳膊（gē bo）　　隔膜（gé mó）　　折磨（zhé mó）

2）绕口令练习：

小何和小郭

小何养八哥，小郭逮蝈蝈。

小何说八哥比蝈蝈会唱歌，

小郭说蝈蝈比八哥会唱歌。

不知是八哥胜蝈蝈，还是蝈蝈胜八哥？

三、e 和 ê、ai 的辨正

当 e 与声母 zh、ch、sh、r、z、c、s、d、t、g、k、l 相拼时，不少地区把 e 发成 ê 或 ei。列举如下：

zhe-zhē 遮；zhé 折（～扣）、蛰、辙、哲；zhě 褶、者；zhè 浙、蔗、这。

che-chē 车；chě 扯；chè 澈、撤、彻、掣。

she-shē 奢、赊；shé 折（～本）、蛇、舌；shě 舍；shè 涉、社、设、赦、慑、摄、射、麝。

re-rě 惹；rè 热。

ze-zé 责、啧、则、泽；zè 仄。

ce-cè 侧、测、策。

se-sè 涩、瑟、色。

de–dé 得、德。

te–tè 特。

ge–gē 疙;gé 革、隔。

ke–kè 刻、克、客。

le–lè 勒。

【辨音训练】

1）拼读下列词语,注意区分 e 与 ai。

德育 dé yù	待遇 dài yù	上策 shàng cè	上菜 shàng cài
得到 dé dào	带到 dài dào	测量 cè liáng	菜凉 cài liáng
侧重 cè zhòng	菜种 cài zhǒng	革命 gé mìng	改名 gǎi míng
折树 zhé shù	栽树 zāi shù	韵辙 yùn zhé	韵窄 yùn zhǎi
记者 jì zhě	记债 jì zhài	特务 tè wù	态度 tài dù
攻克 gōng kè	公开 gōng kāi	撤除 chè chú	拆除 chāi chú

2）读下面的词,注意不要把加点字的韵母 e 读成 ê。

勒令	获得	改革	独特	及格	客人	刻苦
吝啬	克服	折断	哲学	遮蔽	记者	原则
隔阂	艰涩	浙江	扯皮	撤退	彻底	奢侈
毒蛇	这里	萧瑟	口舌	交涉	建设	诗社
发射	拍摄	招惹	厕所	热心	光泽	选择
负责	观测	手册	白色	车辙		

3）绕口令练习。

搭石塔

白石搭石塔,白塔白石搭。

搭好白石塔,石塔白又大。

四、ei 和 uei 的辨正

1. 不要把 ei 读成 uei

普通话韵母 ei 和 l 相拼时,不少地区把"雷、偏、垒、类、累、泪"等字的韵母错读成 uei。练习朗读下列词语,注意区分 ei 和 uei。

雷鸣 léi míng	傀儡 kuǐ lěi	积累 jī lěi
堆垒 duī lěi	类别 lèi bié	磊落 lěi luò

2. 不要把 uei 读成 ei

堆积 duī jī	队长 duì zhǎng	兑换 duì huàn
推动 tuī dòng	大腿 dà tuǐ	蜕化 tuì huà
水位 shuǐ wèi	睡眠 shuì mián	税收 shuì shōu

【辨音训练】

读下面的诗,注意加点字的读音。

嘴和腿

嘴说腿，腿说嘴，嘴说腿爱跑腿，
腿说嘴爱卖嘴。
光动嘴不动腿，光动腿不动嘴，
不如不长腿和嘴。

五、üe 和 üo（yo）的辨正

普通话读 üe 韵母的一部分字，部分地区读成 üo（yo）。例如：

üe— 约 yuē 月 yuè 乐 yuè 岳 yuè 悦 yuè 阅 yuè 越 yuè

que— 缺 quē 却 què 雀 què 确 què

jue— 觉 jué 决 jué 绝 jué

xue— 学 xué 削 xuē 雪 xuě

【辨音训练】

约略 yuē lüè 音乐 yīn yuè 喜鹊 xǐ què

麻雀 má què 解决 jiě jué 学校 xué xiào

自觉 zì jué 退却 tuì què 阅读 yuè dú

六、u 发音辨正

1. 不要把 u 读成 [Ч]

部分地区在 u 与 zh,ch,sh,r 相拼时，将 u 读作 [Ч]，普通话中无 [Ч] 的发音。在发 –i [ι] 时让嘴唇收圆就可以发出这个音。例如：

朱 zhū 猪 zhū 竹 zhú 主 zhǔ 住 zhù

出 chū 除 chú 楚 chǔ 处 chù

书 shū 薯 shǔ 树 shù

2. 不要把 u 读成 ou

有些地区当 u 与 d、t、n、l、z、c、s、zh、ch、sh、r 等声母相拼时，往往把韵母 u 读成 ou。例如：

独 dú 怒 nù 苏 sū 术 shù 图 tú 路 lù

猪肉 zhū ròu 助手 zhù shǒu 书楼 shū lóu 锄头 chú tou

3. 不要把 zh、ch、sh 拼 u 发成 j、q、x 拼 ü

有些地区当 u 与 zh、ch、sh、r 相拼时，全部发成单韵母 ü 的读音。例如：

猪 zhū（不读成 jū）出 chū（不读成 qū）书 shū（不读成 xū）

4. 不要把 u 读成 uo

例如：

初 chū（不读成 chuō）铸 zhù（不读成 zhuò）

另外，有的地方还把"俗"sú 错读成 xú。

七、前后鼻音韵母的辨正

在普通话的韵母系统中，有前鼻音韵母 8 个，后鼻音韵母 8 个，可以按照主要元音的不同分为两组。一组是 an、ian、uan、üan（前）和 ang、iang、uang（后），另一组是 en、in、uen、ün（前）和 eng、ing、ueng、ong、iong（后）。这后一组中的 ueng 只能自成音节，不与声母相拼，自成音节所表示的常用汉字也只有"翁""嗡""瓮"3 个，所以辨正时不必提起。

1. en、in、uen、ün 和 eng、ing、ong、iong

这一组前后鼻音不分的情况在很多方言中都存在。分辨的方法也是先练发音后说辨字。前鼻音韵母也叫舌尖鼻音韵母，收音是舌尖中音 n。后鼻音韵母也叫舌根鼻音韵母，收音是舌根音 ng。

区分这两种韵母的发音，一是看舌尖位置，二是看口形大小。舌尖鼻音韵母收音在 n，所以发音结束时舌尖停留在上齿龈上；舌根鼻音韵母收音在 ng，所以发音结束时舌尖停留在下牙床上。舌尖鼻音韵母发音时开口度小，收音时上下唇相互接近；舌根鼻音韵母发音时开口度大，收音时嘴是张开着的。

请根据发音要领对照发好这一组前后鼻音。不会发前鼻音 n 的可用 d，t 带出 n，即发 d 或 t 时舌尖不要从齿龈上放下来，也就是舌尖找到发 d 的位置停住，然后让气流从鼻腔送出，这就是 n 的本音。在练好 n 的基础上，再练 en、in、uen、ün 的发音。

至于哪些字归前鼻音、哪些字归后鼻音，分辨的方法与声母辨正差不多，仍是以利用声韵拼合规律和形声字偏旁类推为主。

（1）利用声韵拼合规律

①在普通话中，d、t、n、l 一般不与前鼻音韵母 en 相拼，例外字有：dèn"扽"和 nèn"恁""嫩"。除去这几个例外字，见到声母是 d、t、n、l 的字，都为后鼻音。这类常用字不多，列举如下（共 18 个）：

deng—dēng 登、灯、蹬；děng 等、戥；dèng 邓、凳、瞪、镫。

teng—tēng 腾（热~~）；téng 腾（~空而起）、誊、疼、藤。

neng—néng 能。

leng—léng 棱；lěng 冷；lèng 愣。

②普通话 d、t、n 不与前鼻音韵母 in 相拼，例外字只有一个"您"。这样，凡方言中念 din、tin、nin 的字，除"您"（nín）外，一律读后鼻音。这类常用字也不多（共 30 个）：

ding—dīng 丁、叮、钉（~子）、仃、盯、疔；dǐng 顶、鼎；dìng 定、订、锭、钉（~扣子）。

ting—tīng 听、厅；tíng 停、亭、廷、蜓、霆、婷；tǐng 挺、艇。

nng—níng 宁（~波）、咛、狞、凝；nìng 宁（~可）、泞、佞。

③普通话唇音声母 b、p、m 不能与后鼻音韵母 ong 拼合，凡方言中读 bong、pong、mong、fong 的字，其韵母都应该是 eng。这类常用字不多，列举如下（共 41 个）：

beng—bēng 崩、绷；béng 甭；bèng 蹦、泵、迸。

peng—pēng 烹；péng 朋、棚、硼、彭、膨、澎、篷、蓬；pěng 捧；pèng 碰。

meng—méng 蒙（~发）、朦、萌、盟；měng 猛、蒙（~古）；mèng 梦、孟（~子）。

feng-fēng 风、疯、峰、锋、蜂、烽、丰、封、枫；féng 冯、缝（～衣服）、逢；fěng 讽；fèng 奉、凤、缝（～隙）。

（2）利用形声字偏旁类推

"申"是前鼻音韵母字"生"是后鼻音韵母字，那么，以"申"为声旁的"伸、呻、绅、砷、神、审、婶、谂"等都是前鼻音字，以"生"为声旁的"牲、笙、甥、胜"等都是后鼻音字。汉字常用字中，en 韵字少，eng 韵字多，根据记少不记多的原则，只需记住 en 韵字的偏旁类推代表字（共 16 个）就可以了：

门、刃、壬、分、本、申、珍、贞、艮、辰、枕、肯、参、贲、甚、真

另一组是 in 和 ing，in 韵字少，ing 韵字多，后者约是前者的两倍。我们也只需记住 in 韵的声旁代表字（共 15 个）就可以了：

心、今、斤、民、因、阴、尽、辛、林、侵、宾、堇、禽、禁、嶙

掌握了以上两种方法，就能将绝大多数前后鼻音字分开，遇到个别分不开的，还可以查字典。

2. an、ian、uan 和 ang、iang、uang

这一组前后鼻音韵母在有些方言中也有混同的情况，辨字的主要方法是利用声韵拼合规律。

（1）普通话中 b、p、m、d、t 只与 ian 拼合，不与 iang 拼合

没有 biang、piang 一类的音节，因此这些字的韵母只能是 ian 而不会是 iang。这类常用字也不多，列举如下：

bian-biān 边、编、鞭、蝙；biǎn 扁、匾、贬；biàn 变、便（方～）遍、辨、辩、辫。

pian-piān 偏、篇、翩；pián 便（～宜）；piàn 片、骗。

mian-mián 棉、绵、眠；miǎn 勉、免、娩、缅、冕；miàn 面。

dian-diān 颠、巅、滇、掂；diǎn 踮、点、典、碘；diàn 甸、奠、佃、靛、玷。

tian-tiān 天、添；tián 田、填、甜、恬；tiǎn 舔。

（2）普通话中 d、t、n、l、z、c、s、r 不与后鼻音 uang 相拼

没有 duang、tuang、zuang、cuang 这样的音节，方言中读这种字音的字都应改读为 uan 韵字。此类 uan 韵常用字也可以列举如下（共 28 个）：

duan- duān 端；duǎn 短；duàn 断、段、锻、缎。

tuan – tuān 湍；tuán 团。

luan-luán 滦、鸾、孪；luǎn 卵；luàn 乱。

zuan-zuān 钻（～营）；zuǎn 纂；zuàn 钻（～头、～石）。

cuan-cuān 撺、氽、蹿、镩；cuán 攒（～动）；cuàn 窜、篡。

suan-suān 酸；suàn 算、蒜。

ruan-ruǎn 软。

（3）普通话里没有与 üan 相对的后鼻音韵母 üang

方言里念 üang 韵的字应一律改读为 üan 韵字，这类常用字也不多，列举如下（共 51 个）：

üan-yuān 渊、冤、鸳；yuán 员、园、元、圆、原、援、袁、猿、辕、源、缘；yuǎn

远；yuàn 怨、院、苑、愿。

juan-juān 鹃；juǎn 卷（~起来）；juàn 卷（第一~）、倦、眷、绢。

quan-quān 圈（~点）；quán 全、泉、权、拳、痊、诠；quǎn 犬；quàn 劝、券（国库~）。

xuan-xuān 宣、喧；xuán 旋（~转）、玄、悬；xuǎn 选、癣；xuàn 眩、绚、旋（~风）、炫、渲。

（4）普通话中韵母 uang 只与 g、k、h、zh、ch、sh 及零声母拼合

guang-guāng 光、咣、胱；guǎng 广、犷；guàng 桄、逛。

kuang-kuāng 匡、筐、诓；kuáng 狂；kuàng 况、矿、旷、框、眶。

huang-huāng 慌、荒；huáng 黄、皇、惶、蝗、凰、磺、簧、璜；
huǎng 恍、晃（~眼）、幌；huàng 晃（~动）。

zhuang-zhuāng 庄、装、妆、桩；zhuàng 壮、状、撞、幢。

chuang-chuāng 窗、疮、刨（伤）；chuáng 床、幢（人影~~）；chuǎng 闯；chuàng 创（造）、怆（悲~）。

shuang-shuāng 双、霜、孀；shuǎng 爽。

wang-wāng 汪；wáng 王、亡；wǎng 往、枉、网；wàng 忘、望、旺、妄。

【辨音训练】

1）词语练习：

（1）双音节对比练习。

en—eng
诊治—整治　陈旧—成就　伸张—声张
深思—生丝　吩咐—丰富　尘世—城市
瓜分—刮风　木盆—木棚　人参—人生

in—ing
频繁—平凡　禁止—静止　信服—幸福
人民—人名　红心—红星　禁忌—竞技

un—ong
炖肉—冻肉　水准—水肿　轮子—笼子
依存—依从　困乏—空乏　春风—冲锋

（2）双音节词语练习。

①前后字均为后鼻音韵母。

风筝（fēng zheng）　　红灯（hóng dēng）　　征程（zhēng chéng）
病情（bìng qíng）　　京城（jīng chéng）　　兵营（bīng yíng）
警钟（jǐng zhōng）　　秉性（bǐng xìng）

②前后字均为前鼻音韵母。

昆仑（kūn lún）　　身份（shēn fèn）　　近邻（jìn lín）
民心（mín xīn）　　君臣（jūn chén）　　晨昏（chén hūn）
薪金（xīn jīn）　　论文（lùn wén）

③前字后鼻音韵母，后字前鼻音韵母。

凌晨（líng chén） 精神（jīng shén） 征尘（zhēng chén） 城镇（chéng zhèn）

灵魂（líng hún） 成品（chén gpǐn） 农村（nóng cūn） 成分（chéng fèn）

④前字前鼻音韵母，后字后鼻音韵母。

阴晴（yīn qíng） 昆虫（kūn chóng）

人称（rén chēng） 晨星（chén xīng）

2）绕口令练习：

盆和棚

天上一个盆，地下一个棚。

盆碰棚，棚碰盆，棚倒了，盆碎了。

是棚赔盆还是盆赔棚。

3. ang、uang、ing 和 iang、eng、ong

分辨这两组后鼻音韵母，一是要学会 ang 组的发音，二是要记住 ang 组有哪些常用字。可以利用声韵拼合关系区分一批字音。

（1）b、p、m、d、t 不与 iang 相拼，却可以和 ing 相拼

bing—bīng 冰、兵；bǐng 饼、秉、禀；bìng 病、并。

ping—píng 平、评、坪、苹、萍、瓶、凭、屏（～风）。

ming—míng 明、名、鸣、茗、铭、冥；mìng 命。

ding—dīng 丁、钉（～子）、叮、盯；dǐng 顶、鼎；dìng 订、钉（～扣子）、定。

ting—tīng 听、厅；tíng 亭、停、廷、庭、蜓；tǐng 挺、艇。

（2）d、t、n、l、z、c、s、r 不与 uang 相拼

能和这些声母相拼的字应念 ong 韵母。

dong—dōng 冬、东；dǒng 董、懂；dòng 洞、动、冻、栋。

tong—tōng 通；tóng 同、铜、桐、童、佟、彤；tǒng 桶、筒、统；tòng 痛。

nong—nóng 农、浓；nòng 弄。

long—lóng 龙、珑、胧、笼（灯～）、聋、隆；lǒng 垄、拢、笼（～罩）。

zong—zōng 宗、综、棕、踪、鬃；zǒng 总；zòng 纵。

cong—cōng 匆、葱、聪；cóng 从、丛。

song—sōng 松；sǒng 耸、怂；sòng 颂、送、诵、宋。

rong — róng 荣、容、溶、熔、蓉、绒、戎、融。

不符合以上两条声韵拼合关系的，就要注意做好对比发音练习。如 j、q、x 既可与 iang 拼合，又可与 ing 拼合，如某些方言中"江"和"京"不分，都念"京"，那就要注意把"江、枪、香"和"京、青、星"分开。再如 g、k、h 既可与 uang 相拼，又能与 ong 相拼，某些方言中"光"和"工"都念成"工"，那就要注意把"光、筐、荒"和"工、空、轰"分开。

【辨音训练】

1）词语练习：

（1）双音节对比练习。

ang—eng

航行—横行　　　　　　商人—生人　　　　　　尝试—城市

iang—ing

名将—明镜　　　　　　强行—情形　　　　　　同乡—童星

uang—ong

光明—功名　　　　　　打桩—打钟　　　　　　黄河—红河

（2）双音节语音练习。

an—ang

班长（bān zhǎng）　　担当（dān dāng）　　伴唱（bàn chàng）

ang—an

当然（dāng rán）　　　长衫（cháng shān）　　方案（fāng àn）

ian—iang

边疆（biān jiāng）　　健将（jiàn jiàng）　　坚强（jiān qiáng）

iang—ian

想念（xiǎng niàn）　　凉面（liáng miàn）　　强辩（qiáng biàn）

uan—uang

宽广（kuān guǎng）　　软床（ruǎn chuáng）

uang—uan

狂欢（kuáng huān）　　光环（guāng huán）

2）绕口令练习：

两判官

城隍庙内两判官，左边是潘判官，右边是庞判官。

不知是潘判官管庞判官，还是庞判官管潘判官。

洞庭山上一根藤

东洞庭，西洞庭，洞庭山上一根藤，

藤上吊个大铜铃，风吹藤动铜铃响，

风停藤定铜铃静。

八、其他容易读错的韵母辨正

1. 不要把 f 拼 ei 读作 fi 或 hui

例如：

飞了　肥料　药费　非　废　沸　扉　霏　绯　诽

2. 不要把 ie 读作 ai、ê 或 üe

例如：

理解　浓烈　上街　买鞋　劣（liè，不读 lüè）

3. 不要把 a 读成 ê 或 ua

例如：

他（tā，不读 tê）　　　妈（mā，不读 mê 或 mai）　　　发（fā，不读 hua）

4. 不要把 o 读成 e 或 ai、ei、u

例如：

迫（pò，不读 pê 或 pāi）伯伯（bó bo，不读 bāi bai 或 bê bê）

墨（mò，不读 mê）　　　默契（mò qì，不读 mê qê）

陌（mò，不读 mê）

5. 不要把 i 读成 ei

例如：

笔（bǐ，不读 bêi）　　　离（lí，不读 léi）　　　彼（bǐ，不读 bāi）

6. 不要把 ü 读成 i 或 u

例如：

大鱼（dà yú，不读 dà yí）

绿化（lù huà，不读 lù huà）　　　有趣（yǒu qù，不读 yǒu qì）

7. 不要把 ai 读成 ê

例如：

白菜（bái cài）　　百（bǎi）　　　宅（zhái）　　拍（pāi）

摘（zhāi）　　　麦（mài）　　　柏（bǎi）　　窄（zhǎi）

脉（mài）　　　拆（chāi）

8. 不要把 ao 读成 uo 或 o

例如：

勺（sháo，不读 shuó）

烙印（lào yìn，不读 luò yìn）

9. 不要把 ou 读成 u

例如：

牟取（móu qǔ，不读 mú qǔ）　　　谋士（móu shì，不读 mú shì）

10. 不要把 en 读成 ei

例如：

门（mén，不读 méi）

11. 不要把 ian 读成 uan

例如：

鲜（xiān，不读 xuān）　　　弦（xián，不读 xuán）

12. 不要把 ang 读成 uang

例如：

方（fāng）　　　房、防（fáng）　　访（fǎng）　　　放（fàng）

13. 不要把 ong 读成 iong

例如：

松（sōng，不读 xiōng）　龙（lóng，不读 lióng）

【综合训练】

1. 词语训练：

（1）练习辨别一些容易混淆的韵母。

ai	改了 gǎi le	分派 fēn pài
ei	给了 gěi le	分配 fēn pèi
ao	考试 kǎo shì	稻子 dào zǐ
ou	口试 kǒu shì	楼房 lóu fáng
an	反问 fǎn wèn	寒露 hán lù
ang	访问 fǎng wèn	航路 háng lù
en	发闷 fā mēn	申明 shēn míng
eng	发蒙 fā mēng	政治 zhèng zhì
in	水滨 shuǐ bīn	亲近 qīn jìn
ing	水兵 shuǐ bīng	情境 qíng jìng
üan	疲倦 pí juàn	拳头 quán tou
ian	皮件 pí jiàn	牵头 qiān tóu

（2）读准含有 e 韵母的词语。

倒戈 dǎo gē	科学 kē xué	特色 tè sè	快乐 kuài lè
格外 gé wài	刻苦 kè kǔ	青稞 qīng kē	热烈 rè liè
沟壑 gōu hè	疙瘩 gē da	隔离 gé lí	革新 gé xīn

（3）读准含有 ie 韵母的词语。

街道 jiē dào	接济 jiē jì	解答 jiě dá	解剖 jiě pōu
介绍 jiè shào	懈怠 xiè dài	劣迹 liè jì	裂缝 liè fèng
告诫 gào jiè	界限 jiè xiàn	和谐 hé xié	台阶 tái jiē

（4）读准含有 üe 韵母的词语。

确切 què qiè	退却 tuì què	商榷 shāng què	音乐 yīn yuè
决心 jué xīn	挖掘 wā jué	绝对 jué duì	缺点 quē diǎn
学习 xué xí	雪花 xuě huā	感觉 gǎn jué	约略 yuē lüè

（5）读准含有 ei 韵母的词语。

非法 fēi fǎ	飞跃 fēi yuè	肥沃 féi wò	匪徒 fěi tú
诽谤 fěi bàng	废墟 fèi xū	沸腾 fèi téng	费用 fèi yòng
扉页 fēi yè	妃子 fēi zi	斐然 fěi rán	翡翠 fěi cuì

（6）读准含有 u 韵母的词语。

主动 zhǔ dòng	住房 zhù fáng	注射 zhù shè	著作 zhù zuò
驻扎 zhù zhā	朱砂 zhū shā	支柱 zhī zhù	侏儒 zhū rú
橱窗 chú chuāng	鼠疫 shǔ yì	诉说 sù shuō	书架 shū jià

（7）对比练读下列词语，注意 n 和 ng 的区别。

振奋—整风	深沉—生成	金蝉—经常	信心—行星	近臣—京城
饭庄—放荒	奸臣—江城	专款—状况	翻身—放生	分管—风光
现金—香精	宽展—狂长	翻印—放映	晨练—乘凉	分针—风筝
残联—苍凉	沉浸—成精	翻新—方兴	鲜艳—像样	分餐—封仓
脸盆—凉棚	赶紧—刚劲	现款—相框	显现—想象	金山—经商
宽限—狂想	善心—上刑	敛钱—两强	连心—良性	民心—明星
诞辰—当成	善战—上账	泛滥—放浪	恳谈—坑塘	健谈—姜汤
金钱—京腔	山涧—上将	分心—奉行	连贯—两广	贪婪—螳螂
陷身—相声	分完—蜂王	亲信—清醒	健身—降生	金环—惊慌
进言—敬仰	近邻—警铃	分身—丰盛	繁纷—放风	烦言—放羊
单产—当场	板眼—榜样	前线—强项	金银—经营	信民—姓名

2. 绕口令练习：

有个老头本姓顾

有个老头本姓顾，上街买醋带买布，

打了醋，买了布，抬头看见鹰和兔，

放下他的布，丢下他的醋，去捉鹰和兔。

回来不见他的醋和布，

飞了鹰，跑了兔，少了布，翻了醋。

东西胡同南北走

东西胡同南北走，碰见一个人咬狗，

拿起狗来砸砖头，倒被砖头咬一口，

从来不说颠倒话，布袋驮着驴子走。

哥哥弟弟坡前坐

哥哥弟弟坡前坐，坡上卧着一只鹅，

坡下流着一条河。

哥哥说：宽宽的河；弟弟说：肥肥的鹅。

鹅要过河，河要渡鹅。不知是鹅过河，还是河渡鹅。

3. 古诗词练习：

将进酒

李白

君不见，黄河之水天上来，奔流到海不复回。

君不见，高堂明镜悲白发，朝如青丝暮成雪。

人生得意须尽欢，莫使金樽空对月。

天生我材必有用，千金散尽还复来。

烹羊宰牛且为乐，会须一饮三百杯。

岑夫子，丹丘生，将进酒，杯莫停。

　与君歌一曲，请君为我倾耳听。

钟鼓馔玉不足贵，但愿长醉不复醒。

古来圣贤皆寂寞，惟有饮者留其名。

陈王昔时宴平乐，斗酒十千恣欢谑。

主人何为言少钱，径须沽取对君酌。

五花马，千金裘，呼儿将出换美酒，与尔同销万古愁。

石头城

刘禹锡

山围故国周遭在，潮打空城寂寞回。

淮水东边旧时月，夜深还过女墙来。

水调歌头

苏轼

明月几时有？把酒问青天。不知天上宫阙，今夕是何年。我欲乘风归去，又恐琼楼玉宇，高处不胜寒。起舞弄清影，何似在人间。

转朱阁，低绮户，照无眠。不应有恨，何事长向别时圆？人有悲欢离合，月有阴晴圆缺，此事古难全。但愿人长久，千里共婵娟。

满江红

岳飞

怒发冲冠，凭栏处，潇潇雨歇。抬望眼，仰天长啸，壮怀激烈。三十功名尘与土，八千里路云和月。莫等闲，白了少年头，空悲切！

靖康耻，犹未雪，臣子恨，何时灭？驾长车，踏破贺兰山缺。壮志饥餐胡虏肉，笑谈渴饮匈奴血。待从头，收拾旧山河，朝天阙。

长恨歌

白居易

汉皇重色思倾国，御宇多年求不得。

杨家有女初长成，养在深闺人未识。

天生丽质难自弃，一朝选在君王侧。

回眸一笑百媚生，六宫粉黛无颜色。

春寒赐浴华清池，温泉水滑洗凝脂。

侍儿扶起娇无力，始是新承恩泽时。

云鬓花颜金步摇，芙蓉帐暖度春宵。

春宵苦短日高起，从此君王不早朝。

承欢侍宴无闲暇，春从春游夜专夜。

后宫佳丽三千人，三千宠爱在一身。

金屋妆成娇侍夜，玉楼宴罢醉和春。

姊妹弟兄皆列土，可怜光彩生门户。

遂令天下父母心，不重生男重生女。

骊宫高处入青云，仙乐风飘处处闻。

缓歌谩舞凝丝竹，尽日君王看不足。

渔阳鼙鼓动地来，惊破霓裳羽衣曲。

九重城阙烟尘生，千乘万骑西南行。

翠华摇摇行复止，西出都门百余里。

六军不发无奈何，宛转蛾眉马前死。

花钿委地无人收，翠翘金雀玉搔头。

君王掩面救不得，回看血泪相和流。

黄埃散漫风萧索，云栈萦纡登剑阁。

峨嵋山下少人行，旌旗无光日色薄。

蜀江水碧蜀山青，圣主朝朝暮暮情。

行宫见月伤心色，夜雨闻铃肠断声。

天旋地转回龙驭，到此踌躇不能去。

马嵬坡下泥土中，不见玉颜空死处。

君臣相顾尽沾衣，东望都门信马归。

归来池苑皆依旧，太液芙蓉未央柳。

芙蓉如面柳如眉，对此如何不泪垂。

春风桃李花开日，秋雨梧桐叶落时。

西宫南内多秋草，落叶满阶红不扫。

梨园弟子白发新，椒房阿监青娥老。

夕殿萤飞思悄然，孤灯挑尽未成眠。

迟迟钟鼓初长夜，耿耿星河欲曙天。

鸳鸯瓦冷霜华重，翡翠衾寒谁与共。
悠悠生死别经年，魂魄不曾来入梦。
临邛道士鸿都客，能以精诚致魂魄。
为感君王辗转思，遂教方士殷勤觅。
排空驭气奔如电，升天入地求之遍。
上穷碧落下黄泉，两处茫茫皆不见。
忽闻海上有仙山，山在虚无缥缈间。
楼阁玲珑五云起，其中绰约多仙子。
中有一人字太真，雪肤花貌参差是。
金阙西厢叩玉扃，转教小玉报双成。
闻道汉家天子使，九华帐里梦魂惊。
揽衣推枕起徘徊，珠箔银屏迤逦开。
云鬓半偏新睡觉，花冠不整下堂来。
风吹仙袂飘飘举，犹似霓裳羽衣舞。
玉容寂寞泪阑干，梨花一枝春带雨。
含情凝睇谢君王，一别音容两渺茫。
昭阳殿里恩爱绝，蓬莱宫中日月长。
回头下望人寰处，不见长安见尘雾。
惟将旧物表深情，钿合金钗寄将去。
钗留一股合一扇，钗擘黄金合分钿。
但教心似金钿坚，天上人间会相见。
临别殷勤重寄词，词中有誓两心知。
七月七日长生殿，夜半无人私语时。
在天愿作比翼鸟，在地愿为连理枝。
天长地久有时尽，此恨绵绵无绝期。

知识风暴五 声调

要点梳理一：声调概述

汉语普通话是世界上最美妙的语言之一。且不说它词汇表意的精确性，单从语音上看，和其他语言相比，普通话更具有音乐美，而这种美主要体现在普通话的声调上。

1. 声调的性质

汉语字音高低升降的调子就是声调，也叫字调。声调与音长、音强都有关系，但本质上是由音高决定的。音高的变化，从生理性质的角度分析，是发音时声带的松紧造成的。声带松，气流冲击时音波颤动次数少，频率小，声音就低；反之则高。如果声带由松到紧，声音就由低变高；反之，声带由紧到松，声音则由高变低。因此，控制声带松紧就可以形成不同的音高，也就构成了不同的声调。

声调是音节的高低升降形式，与音乐中的音阶相似，它主要是由音高决定的。因此，声调可以用音阶来模拟，学习声调也可以借助于自己的音乐感。但要注意，声调的音高是相对的，是通过互相比较而区别出来的高低升降类型。如"吸收"和"细瘦"相比，前者声调高平，后者声调高降。这种音高与发音人起音的高低无关，与情绪的高涨或低落无关，也不因男女老幼语音的高低而影响理解，因而是相对音高。

声调是指一个音节高低升降的变化。比如，"妈、麻、马、骂"四个音节的差异，就在于高低升降的变化不同。

声调的变化主要取决于音高，和音长也有关系。从声调形成的物理特征看，声调的音高变化，与声带的松紧及单位时间内声带振动的频率有关。声带拉紧，振动快，声音就高；反之则低。而声调的音高又是相对的。比如，说普通话的人，每个人都有自己的【55】、【35】等调值，但儿童声音的绝对音高大大高于一般成年人。

声调音高的变化是渐变的、滑动的，而不是跳跃的，它类似在胡琴或提琴上拉出的滑音。

二、声调的作用

汉语是有声调的语言，声调反映着普通话或任何一种汉语方言语音的基本特征。它是汉语音节结构中不可缺少的重要因素。相同的语音，声调不同，表达的意义就不同，例如：衣 yī、移 yí、椅 yǐ、易 yì、买 mǎi、卖 mài 就是由声调的不同来区分的。又如"死角 sǐ jiǎo"和"四角 sì jiǎo"、"五一 wǔ yī"和"武艺 wǔ yì"，等等，也要根据声调的不同来进行辨别。

声调的主要作用是区别意义。比如，"衣、姨、椅、义"的意义不同，就是声调的不同造成的。又比如，"抢手≠枪手""流向≠六箱"，这两组词语声母韵母相同，语义有别，也是声调的不同所致。声调的平仄抑扬、高低升降，不断变化，使普通话的音节抑扬顿挫、起伏有致，从而赋予汉语独特的音乐美和节奏感，增强了有声语言的感染力。声调的"平"，是指古四声中的平声。古平声已演变成普通话中的阴平和阳平。仄，即不平，是古四声中"上、去、入"三声的总称。

我国戏曲、曲艺、歌词与诗词中普遍运用上仄下平的规律。平仄交错或对仗，抑扬相配，变化有致，如"弯弯的月儿小小的船，小小的船儿两头儿尖"，如果没有这种声调变化，听起来就不会有音乐美。

汉语是有声调的语言，声调反映着普通话或任何一种汉语方言语音的基本特征。因此我们可以说，声调作为能区别意义的音高变化，它在汉语语音系统中具有特殊的重要地位。

要点梳理二：声调的调值、调类

声调是依附在音节上、发生在一定时间内、由声带颤动频率的高低长短变化来辨义的语音现象。在发音过程中，声带可以随时调整：有时可以一直绷紧，有时可以先放松后绷紧，或先绷紧后放松，有时可以松紧相间。这样造成的不同音高变化，就构成了各种不同的声调。

一、调值

声调的高低、升降、曲直、长短的实际发音叫调值。汉语声调的调值一般采用五度标记法来表示。如图所示，用一条竖线表示"音高"，将它分成四格五度，表示低、半低、中、半高、高，分别用1、2、3、4、5表示。然后再在竖线左侧用横线、斜线、曲线来表示声调升降曲直的实际类型。普通话中的四种声调就可以表示为表5-1中的形式：

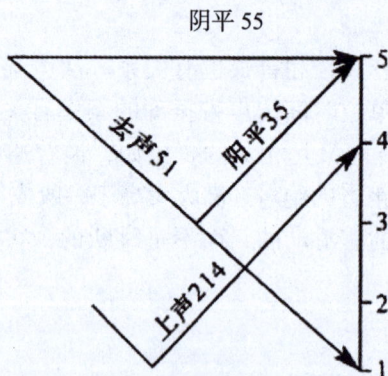

阴平 55

去声51　　阳平35

上声214

表 5-1　普通话声调表

调类（四声）	调号	例字	调型	调值	调值说明
1.阴平	−（ ˥ ）	妈（mā）	高平	55	起音高高一路平
2.阳平	−（ ˊ ）	麻（má）	中升	35	由中到高往上升
3.上声	ˇ（ ˇ ）	马（mǎ）	降升	214	先降后升曲折起
4.去声	ˋ（ ˋ ）	骂（mà）	全降	51	高起猛降到底层

1. 阴平

念高平，用五度标记法来表示，就是从 5 到 5，写作【55】。声带绷到最紧，始终无明显变化，保持音高。例如：

珍惜光阴　青春光辉　春天花开　公司通知　新屋出租

2. 阳平

念高升（或称中升），起音比阴平稍低，然后升到高。用五度标记法表示，就是从 3 升到 5，写作【35】声带从不松不紧开始，逐步绷紧，直到最紧，声音从不低不高到最高。例如：

豪情昂扬　人民团结　回国华侨　连年和平　牛羊成群

3. 上（shǎng）声

念降升，起音半低，先降后升，用五度标记法表示，是从 2 降到 1 再升到 4，写作【214】。声带从略微有些紧张开始，立刻松弛下来，稍稍延长，然后迅速绷紧，但没有绷到最紧。例如：

彼此理解　理想美满　永远友好　处理稳妥　远景美好

4. 去声

念高降（或称全降），起音高，接着往下滑，用五度标记法表示，是从 5 降到 1，写作【51】。声带从紧开始到完全松弛为止，声音从高到低，音长是最短的。例如：

变幻莫测 日夜奋战 报告胜利 创造利润 胜利在望

二、调类

调类是指声调的种类，是根据声调的实际读法归纳出来的，有几种实际读法就有几种调类，也就是把调值相同的归为一类。普通话有四种基本的调值，因而有四个调类。普通话音节中，调值为高平【55】的，归为一类，叫阴平；调值为中升【35】的，归为一类，叫阳平；调值为降升【214】的，归为一类，叫上声；调值为全降【51】的，归为一类，叫去声。阴平、阳平、上声、去声就是普通话调类的名称。调类名称也可以用序数表示，称为一声、二声、三声、四声，简称为"四声"。

调类和调值的关系是紧密相连的，在同一种方言里，有几种调值，就有几种调类，它们之间是一种名和实的关系。调类——声调的名称；调值——声调的实际读法。

要点梳理三：声调辨正

各种方言和普通话之间，声调有很大差别。声调对学习普通话的人来说是重点，也是难点。要想学好普通话声调，首先必须念准普通话四个声调的调值，既要清楚地念出平、升、曲、降的区别，又要掌握好高低升降的程度。

普通话有四个声调，按照音韵学分为阴平、阳平、上声、去声四个调类。从实际的读音来看，阴平读得高而平，调值是【55】；阳平是个中升调，调值是【35】；上声是个以低降为主的曲折调，调值是【214】；去声由高到低，是个降调。一些地方方言大都也有阴平、阳平、上声、去声四个调类，除入声字外，其他字的归类与普通话大体一致，但实际读音（即调值）不同。他们在说汉语时的声调调值，大都是以本地语言的调值为基础，并参照当地汉语方言声调的调值而形成的特定读法。这些都给学习普通话声调带来较大的困难：首先是发不准普通话四声的调值，尤其以上声与阳平的混读最为严重。其次是在碰到具体的字词时不知道应该读哪一个声调。知道普通话的读法，就按照普通话的调值读，不知道的就按照当地汉语方言的调值读。这样在一句话或一段话中，往往出现普通话和当地方言同时混读的现象，听起来很不自然。有的人这种混读现象较轻，有的人这种混读现象较重，甚至不能进行有效的交际。

要解决这些问题，首先是克服畏难情绪，增强学好普通话的信心。同时也要了解一定的语音学知识，以求提高认识，克服困难。

任何人对自己语言或方言中的声调都很敏感，他们能够听出调值的不同并以此区别不同的意义，而对其他语言或方言中的声调常常"充耳不闻"，不能进行有效的区别和归类。这并不是个人的耳朵有什么毛病，而是语音系统受约定俗成的社会习惯制约的反映，是语音的心理性质受社会性质制约的反映。同一语音现象在不同的语音系统中可以有不同的感知。通过训练，这种情况是可以改变的。

汉语普通话或方言的声调，都是相对音高的变化，不是绝对音高的变化。因而任何一个声调的具体读音（即调值），只有放在一定的声调系统中才有意义。只有同时与本语言中的其他声调相比较，才能具体地感知出它的调值，才不会把它与别的声调相混淆。普通话的四个声调是没有意义的。不变换整个声调的调值系统，只变换某几个字音或某一两个声调的读音，其结果是调值系统的混读。学习普通话声调，对说汉语方言的人来说，最重要的是进行整个调值系统的改换，或者是进行整个声调调值系统的重新学习。

从具体的训练实践来看，在学习普通话的调值系统时，遇到的具体问题是某些声调的调值发不准，最容易发的是普通话的阴平，其次是去声。阳平较难发一些，有的人往往读成中平调或中降调，但只要强调阳平升的趋势，一般也能发准。最困难的是上声。一般的情况是把上声发得像略低一点的阳平或者直接等同于阳平。也有少数人把阳平读得像上声。在这里，五度标记法就显得非常重要。普通话阳平的调值是【35】，上声的调值是【214】，如果没有低音【1】或低音【1】读得不明显，【24】与【35】就很容易相混。容易把普通话阳平与上声混读的人，首先应感知出阳平与上声的区别，特别要感知出【214】中【1】的存在。在明显感知出二者的区别以后，应把阳平与上声排在一起进行对比练习。

阳平调的末尾应当尽量读得高一些。上声是以低降为主的调型，低的部分应当尽量读得低一些，读的时间也应长一些。在发不准【214】的时候，可先发半上声【21】或【211】，在明显区分开阳平后，再加上调尾升到4的部分。如果一加上又与阳平混淆，可先暂时不加。因为在绝大多数语音环境中，上声出现的调值是【21】而不是【214】。【214】只是在词末或单独念时出现。

在发准普通话四声后，应反复做大量的替换对比练习，加强普通话声调的整体印象模式，使之形成习惯，以后一看见调号，便可脱口而出。在牢固建立起普通话声调模式后，可多读一些带有拼音的口语材料。

【辨音训练】

1）词语练习。

（1）单音节词。

【A】凹 āo

【B】胞 bāo　碑 bēi　嘣 bēng　镖 biāo

【C】揣 chuāi　踹 chuài

【D】挡 dǎng

【H】鹤 hè

【K】铐 kào　课 kè

【L】梨 lí　黎 lí

【N】捺 nà　纳 nà　攮 nǎng　挠 náo　腻 nì　年 nián　涅 niè　宁 níng　弄 nòng
努 nǔ　虐 nüè

【O】欧 ōu　殴 ōu　偶 ǒu　呕 ǒu

【P】拍 pāi　潘 pān　盼 pàn　瞟 piǎo　嘭 pēng

【Q】翘 qiào　妾 qiè　琴 qín　曲 qǔ

【R】刃 rèn

【S】腮 sāi　删 shān　社 shè　邵 shào　伸 shēn　斯 sī　顺 shùn

【T】他 tā　拓 tuò　涛 tāo　替 tì　添 tiān　童 tóng　褪 tuì

【W】哇 wā　豌 wān　忘 wàng　尾 wěi　为 wèi　无 wú

【X】习 xí　先 xiān　相 xiāng　肖 xiāo　谢 xiè　徐 xú　宣 xuān　讯 xùn

【Y】哑 yǎ　闫 yán　艳 yàn　杨 yáng　瑶 yáo　页 yè　玉 yù

【Z】砸 zá　增 zēng　炸 zhà　赵 zhào　遮 zhē　朱 zhū　酌 zhuó

（2）双音节字词。

①双音节连上词。

【A】矮小

【B】把柄　靶场　把守　板斧　板眼　保姆　保守　保险　保养　堡垒　饱满
北纬　本领　本土　绷脸　彼此　笔法　笔者　匕首　比拟　比武　扁柏
表尺　补给　补角　补考　补品　补养　补语　补选

【C】采访　采暖　采取　采种　踩水　彩礼　草本　草草　草稿　草莽　草拟
草体　草写　草纸　产品　场景　场所　厂长　炒米　吵嚷　吵嘴　扯谎
耻辱　尺码　楚楚　处理　处女　处暑　处死　蠢蠢

【D】打盹　打鼓　打滚　打扰　打扫　倒把　倒手　捣鬼　捣毁　导管　导体
导演　岛屿　底稿　诋毁　抵挡　典礼　典雅　碘酒　顶点　顶嘴　斗胆
抖擞　赌本　短跑　躲闪

【E】耳语

【F】法宝　法网　法语　砝码　反比　反悔　反感　反响　反省　仿古　匪首
粉笔　辅导　府邸　俯角　腐乳　腐朽　抚养　辅佐

【G】改悔　改口　改写　改选　改组　赶巧　赶走　感慨　感染　感想　港口

搞鬼　给以　耿耿　梗死　梗阻　拱手　苟且　枸杞　古典　古董　古老
古朴　骨髓　谷雨　拐角　管保　管理　广场　鬼脸　果脯

【H】海产　海岛　海底　海港　海里　海马　海米　海藻　好比　好感　好久
好手　好转　虎口　缓缓　悔改　火把　火海　火警　火腿　火种

【J】给养　给予　甲板　假使　假死　检举　检讨　简短　剪纸　减产　减法
减免　减少　检点　俭朴　俭省　奖品　讲稿　讲解　讲理　讲演　搅扰
解体　仅仅　酒鬼　久仰　久远　举止　矩尺　圈尺

【K】卡尺　咯血　楷体　坎坷　考场　考古　考取　拷打　可鄙　可耻　可好
可口　可巧　可取　可体　可喜　可以　恳请　口齿　口角　口紧　口水
口吻　口语　苦楚　苦胆　苦海　苦恼　苦水　傀儡　捆绑

【L】懒散　朗朗　老板　老虎　老茧　老手　老鼠　老小　冷场　冷暖　冷水
冷眼　冷饮　理睬　理解　理想　礼品　脸谱　两可　两手　了解　凛凛
领导　领海　领口　领取　领土　笼统　鲁莽　旅馆

【M】马脚　玛瑙　蚂蚁　美感　美好　美满　米酒　勉强　腼腆　渺小　敏感
母语　拇指

【N】奶粉　奶水　奶嘴　脑海　脑髓　恼火　拟稿　扭转　女子　努嘴

【O】偶尔　藕粉

【P】跑马　跑腿儿　捧场　漂染　撇嘴　品种　谱表　谱曲　谱写　普选

【Q】乞讨　起笔　起点　起稿　遣返　抢险　抢嘴　褓褓　请柬　取巧　取舍
龋齿　曲谱　犬齿　犬马

【R】乳母　软骨

【S】审美　使馆　使者　矢口　始祖　手笔　手感　手巧　手软　手写　甩手
爽口　爽朗　水笔　水产　水果　水火　水碱　水鸟　死党　索取　索引
所属　所以　所有　锁骨　首府　死板

【T】躺椅　讨好　讨巧　体检　体统　体癣　铁板　铁笔　铁饼　铁甲　铁塔
挺举　统属　统统　土产　土法　土匪　土改　土壤　铁索　腿脚

【W】婉转　稳妥　完场　晚点　晚景　往返　往往　萎靡　委婉　猥琐　武打
五彩　五谷

【X】喜酒　小脑　选举　鲜艳　先祖　想法　选手

【Y】演讲　以远　予以　眼底　掩体　养老　羊角　仰泳　窈窕　野史　也许
以免　雨水　引导　引起

【Z】辗转　左手　长官　张嘴　长子　诊所　整理　整体　直尺

②双音节变换。

阴平＋阴平

青春　交通　标兵　歌星　安装　专心　消失　通知

阴平＋阳平

窗帘　飞碟　安全　姻缘　征求　新年　区别　超前

阴平＋上声

真理　邀请　工厂　标语　加法　家属　优美　英勇

阴平＋去声

招待　亲切　书店　发动　声调　安静　猜测　商店

阳平＋阴平

承包　房东　南方　鱼缸　年青　熊猫　提高　传单

阳平＋阳平

园林　船员　服从　平常　流行　排球　文明　潮流

阳平＋上声

防止　停止　长久　全体　田野　明显　节省　河水

阳平＋去声

提倡　全面　煤气　矛盾　合计　文字　行动　严肃

上声＋阴平

捕捉　两天　体温　统一　水清　远山　土堆　有风

上声＋阳平

仿佛　主席　保持　取得　感觉　转移　阐明　免除

上声＋上声

美好　小岛　水鸟　厂长　冷水　米粉　表演　奖赏

上声＋去声

稳定　好像　主要　使用　反应　指示　赶快　软件

去声＋阴平

报刊　变声　菜汤　故乡　畅销　动机　化工　快餐

去声＋阳平

配合　证明　大局　对联　事实　尽职　漫谈　月球

去声＋上声

地铁　地理　默写　物理　市场　政府　带领　电脑

去声＋去声

梦幻　抱歉　记忆　状况　志愿　贺电　电器　浪费

（3）多音节词。

①四声顺序。

千锤百炼　瓜田李下　花红柳绿　高朋满座　阴阳上去　风调雨顺

②四声逆序。

妙手回春　墨守成规　字里行间　异曲同工　弄巧成拙　信以为真

③阴平相连

息息相关　攀登高峰　中央机关　东风飘香

④阳平相连

竹林乘凉　严格执行　轮流划船　豪情昂扬

⑤去声相连

正确判断　胜利在望　电报挂号　变幻莫测

⑥四声混和

精卫填海　美中不足　天南地北　畅通无阻　徇私舞弊

2）古诗词练习。

凉州词

王翰

葡萄美酒夜光杯，

欲饮琵琶马上催。

醉卧沙场君莫笑，

古来征战几人回？

破阵子·为陈同甫赋壮词以寄之

辛弃疾

醉里挑灯看剑，梦回吹角连营。

八百里分麾下炙，五十弦翻塞外声，沙场秋点兵。

马作的卢飞快，弓如霹雳弦惊。

了却君王天下事，赢得生前身后名，可怜白发生。

为了巩固普通话语音声调的读法，必须经常用词句练习。只会把一个个单字念准是不够的。在双音节词语练习的基础上，可以再利用一批现成的四字成语练习。四字成语比一般的句子简短，容易使我们集中注意力来顾及每个字的声调，特别是一批四字成语。它们的顺序正好是"阴、阳、上、去"的四声顺序，那就连小心顾及也不必，最好念成顺口溜，将若干句一串念下去，即等于把四声调值反复练习。成语都有意义，四字已密切结合，可以不假思索地顺口成诵，这类成语不太多，我们还可以仿照这种四声顺序的格式编一些语句，增多练习内容。此外，另有一批四字成语，恰巧是"去、上、阳、阴"的次序，把四声次序颠倒过来。这样的材料，对于练习也很有意义：顺序念能够把每个声调念得准确，逆序念也应该念得准确，以后就可以不再依凭顺序，任何地方都能念准。这些成语和四字句，如果声调念准，不论是自己听，还是别人听，都像是"够味道"的普通话了。初学的人可以由此坚定学习信心，提高学习兴趣。四字成语的四字声词，还有其他各种排列形式，都有练习价值。初步练习，每句不可太快，四个字要一个字一个字地念，以免因快速连读而引起"变调"现象，这样就失去练习读准基本调值的意义了。

【综合训练】

1.按标注的声调读准音节。

（1）按四声的调值念下面的音节。

一（yī）　姨（yí）　以（yǐ）　易（yì）　慧（huì）　回（huí）　毁（huǐ）　会（huì）

风（fēng）冯（féng）讽（fěng）凤（fèng）非（fēi）　肥（féi）　菲（fēi）　肺（fèi）

通（tōng）同（tóng）统（tǒng）痛（tòng）吁（yù）　鱼（yú）　雨（yǔ）　欲（yù）

（2）按四声顺序念语句。

guāng	míng	lěi	luò	jiān	chí	gǎi	jìn
光	明	磊	落	坚	持	改	进
zhōng	huá	wěi	dà	qiān	chuí	bǎi	liàn
中	华	伟	大	千	锤	百	炼
huā	hóng	liǔ	lù	shān	míng	shuǐ	xiù
花	红	柳	绿	山	明	水	秀
fēng	diào	yǔ	shùn	sī	qián	xiǎng	hòu
风	调	雨	顺	思	前	想	后

（3）按四声逆序念语句（上声按变调念半上）。

pò	fǔ	chén	zhōu	diào	hǔ	lí	shān
破	釜	沉	舟	调	虎	离	山
nòng	qiǎo	chéng	zhuō	yào	wǔ	yáng	wēi
弄	巧	成	拙	耀	武	扬	威
mò	shǒu	chéng	guī	hòu	gǔ	bó	jīn
墨	守	成	规	厚	古	薄	今
mù	gǔ	chén	zhōng	yì	kǒu	tóng	shēng
暮	鼓	晨	钟	异	口	同	声

（4）按顺序三调念语句。

qiāo	luó	dǎ	gǔ	tiān	yá	hǎi	jiǎo
敲	锣	打	鼓	天	涯	海	角
sān	nián	wǔ	zǎi	fēi	tóng	xiǎo	kě
三	年	五	载	非	同	小	可
fēng	hé	rì	lì	qiān	jiā	wàn	hù
风	和	日	丽	千	家	万	户
bāo	luó	wàn	xiàng	fēng	gōng	wěi	jì
包	罗	万	象	丰	功	伟	绩

（5）按逆序三调念语句。

zhì	lǐ	míng	yán	wèi	yǔ	chóu	miào
至	理	名	言	未	雨	绸	缪
wàn	lǐ	wú	yún	yuè	lǎng	fēng	qīng
万	里	无	云	月	朗	风	清
zuò	jǐng	guàn	tiān	yì	xiǎng	tiān	kāi
坐	井	观	天	异	想	天	开
shì	dú	qíng	shēn	ài	wū	jí	wū
舐	犊	情	深	爱	屋	及	乌
bǐng	bǐ	zhí	shū	yǒu	shǐ	wú	zhōng
秉	笔	直	书	有	始	无	终
biǎo	lǐ	rú	yī	gǔ	wǎng	jīn	lái
表	里	如	一	古	往	今	来

（6）按两调重叠念语句。

qīng	chū	yú	lán	fēng	yī	zú	shí
青	出	于	蓝	丰	衣	足	食
bēi	huān	lí	hé	xiān	shēng	duó	rén
悲	欢	离	合	先	声	夺	人

（以上阴、阳）

| huān 欢 | xīn 欣 | gǔ 鼓 | wǔ 舞 | fān 翻 | jiāng 江 | dǎo 倒 | hǎi 海 |
| zhōng 忠 | xīn 心 | gěng 耿 | gěng 耿 | gāo 高 | zhān 瞻 | yuǎn 远 | zhǔ 瞩 |

（以上阴、上）

| fāng 方 | xīng 兴 | wèi 未 | ài 艾 | pī 披 | xīng 星 | dài 戴 | yuè 月 |
| gēn 根 | shēn 深 | dì 蒂 | gù 固 | guāng 光 | fēng 风 | jì 霁 | yuè 月 |

（以上阴、去）

shí 十	ná 拿	jiǔ 九	wěn 稳	wú 无	dú 独	yǒu 有	ǒu 偶
yáng 洋	yáng 洋	sǎ 洒	sǎ 洒	yáo 摇	tóu 头	bǎi 摆	wěi 尾
mó 模	léng 棱	liǎng 两	kě 可	chóu 愁	méi 眉	kǔ 苦	liǎn 脸

（以上阳、上）

xuán 悬	yá 崖	qiào 峭	bì 壁	lín 淋	lí 漓	jìn 尽	zhì 致
héng 横	méi 眉	lì 立	mù 目	yún 云	lái 来	wù 雾	qù 去
bèi 勃	rán 然	dà 大	nù 怒	lái 来	lóng 龙	qù 去	mài 脉

（以上阳、去）

| hǎi 海 | dǐ 底 | lāo 捞 | zhēn 针 | yuǎn 远 | zǒu 走 | gāo 高 | fēi 飞 |
| tiě 铁 | mǎ 马 | jīn 金 | gē 戈 | fǔ 釜 | dǐ 底 | chōu 抽 | xīn 薪 |

（以上上、阴）

shǒu 守	kǒu 口	rú 如	píng 瓶	qiǎo 巧	qǔ 取	háo 豪	duó 夺
yǎ 哑	kǒu 口	wú 无	yán 言	yǔ 与	hǔ 虎	móu 谋	pí 皮
xiǎo 小	qiǎo 巧	líng 玲	lóng 珑	yǒu 有	yǒng 勇	wú 无	móu 谋

（以上上、阳）

| zì 自 | lì 力 | gēng 更 | shēng 生 | bàn 半 | yè 夜 | sān 三 | gēng 更 |
| yè 叶 | luò 落 | guī 归 | gēn 根 | wàn 万 | xiàng 象 | gēng 更 | xīn 新 |

（以上去、阴）

duàn	àn	rú	shén	pò	jìng	chóng	yuán
断	案	如	神	破	镜	重	圆

（以上去、阳）

（7）按两调交叉念语句。

shí	shì	qiú	shì	gōng	shì	gōng	bàn
实	事	求	是	公	事	公	办
lín	kě	jué	jǐng	máo	shǒu	máo	jiǎo
临	渴	掘	井	毛	手	毛	脚
bǔ	zhòu	bǔ	yè	jǔ	yī	fǎn	sān
卜	昼	卜	夜	举	一	反	三
zhì	tóng	dào	hé	míng	zhèng	yán	shùn
志	同	道	合	名	正	言	顺

（8）按四字同调念语句。

jiāng	shān	duō	jiāo	zhēn	xī	guāng	yīn
江	山	多	娇	珍	惜	光	阴
niú	yáng	chéng	qún	ér	tóng	wén	xué
牛	羊	成	群	儿	童	文	学
dǎ	jǐng	yǐn	shuǐ	chǎn	pǐn	zhǎn	lǎn
打	井	引	水	产	品	展	览
biàn	huàn	mò	cè	fèi	wù	lì	yòng
变	幻	莫	测	废	物	利	用

2. 读准下列按四声顺序排列的同声同韵字，仔细体会各类声调的音高变化特点。

哥格葛个　疵瓷此次　先贤显现　千钱浅欠　箱详想象　欺齐起气
申神审慎　鸦牙哑亚　敲乔巧俏　川船喘串　窗床闯创　八拔靶坝
温文吻问　衣移椅亿　青情请庆　拘菊举句　咽炎眼厌　呼胡虎户
翻凡反饭　锅国果过　些邪写谢　非肥菲废　亲琴寝沁　多夺躲惰
溜刘柳六　蛙娃瓦袜　骁淆小校　靴学雪穴　包雹饱抱　灰回悔会
通桐统痛　抽愁丑臭　烹朋捧碰　分坟粉奋　晕云允运　宣旋选绚

3. 同调双音节词语接力练习。

（1）阴平：高音—音箱—箱中—中心—心声—声腔

（2）阳平：和平—平常—常年—年轮—轮流—流行

（3）上声：选举—举手—手指—指导—导演—演讲

（4）去声：大会—会议—议事—事变—变动—动态

4. 四字同调。

（1）阴平：春天花开　江山多娇　歌声清晰　珍惜光阴　息息相关

（2）阳平：人民银行　豪情昂扬　牛羊成群　直达河南　文如其人

（3）上声：党委领导　理想美好　产品展览　请你指导　处理稳妥

（4）去声：月夜变化　创造纪录　运动大会　胜利闭幕　正确判断

5. 四声顺序、逆序、交错。

千锤百炼　瓜田李下　飞禽走兽　花红草绿　山明水秀　高朋满座
阴阳上去　风调雨顺　灯红酒绿　诗文笔记　雕虫小技　身强体壮

非常美丽	天然景象	山河美丽	妙手回春	救死扶伤	墨守成规
万古流芳	凤舞龙飞	信以为真	寿比南山	异曲同工	忘我无私
刻苦读书	大有文章	聚少离多	痛改前非	破釜沉舟	异口同声
忠言逆耳	语重心长	集思广益	教学相长	万马奔腾	卓有成就
身体力行	无可厚非				

6.念准下列词语的声调。

（1）阴阳：光荣　心情　积极　宣传　今年　资源
（2）阳阴：评估　国家　前锋　南非　年轻　阳光
（3）去阳：自然　调查　电台　立即　特别　客轮
（4）阳去：流畅　活动　情调　繁重　林木　财政
（5）阳阳：贫穷　雷同　篮球　平行　离别　荣华

7.对比记忆汉字声调。

截击—阶级	春节—纯洁	会意—回忆	长方—厂房	指示—致使
土地—徒弟	导演—导言	几时—计时	鲜鱼—闲语	佳节—假借
鸳鸯—远洋	指导—知道	孤立—鼓励	贺信—核心	灰白—回拜
吴叔—武术	天才—甜菜	无疑—武艺	大国—大锅	申请—深情
实施—事实	时节—使节	复辟—伏笔	估计—顾及	字母—字模
裁决—采掘	枝叶—职业	朱姨—竹椅	整洁—政界	展览—湛蓝
中华—种花	题材—体裁	河水—喝水	大雪—大学	司机—四季
表明—标明	从师—从事	主题—主体	小道—小岛	惆怅—愁肠
兄长—胸章	进取—禁区	事实—时事	土地—徒弟	敬意—惊异

8.朗读下列诗词。

沁园春·雪

毛泽东

北国风光，千里冰封，万里雪飘。

望长城内外，惟余莽莽；

大河上下，顿失滔滔

山舞银蛇，原驰蜡象，欲与天公试比高。

须晴日，看红装素裹，分外妖娆。

江山如此多娇，引无数英雄竞折腰。

惜秦皇汉武，略输文采；

唐宗宋祖，稍逊风骚。

一代天骄，成吉思汗，只识弯弓射大雕。

俱往矣，数风流入物，还看今朝。

再别康桥

徐志摩

轻轻的我走了，
正如我轻轻的来；
我轻轻的招手，
作别西天的云彩。

那河畔的金柳，
是夕阳中的新娘；
波光里的艳影，
在我的心头荡漾。

软泥上的青荇，
油油的在水底招摇；
在康河的柔波里，
我甘心做一条水草！

那榆荫下的一潭，
不是清泉，是天上虹，
揉碎在浮藻间，
沉淀着彩虹似的梦。

寻梦？撑一支长篙，
向青草更青处漫溯，
满载一船星辉，
在星辉斑斓里放歌。

但我不能放歌，
悄悄是别离的笙箫；
夏虫也为我沉默，
沉默是今晚的康桥。

悄悄的我走了，

正如我悄悄的来！
我挥一挥衣袖，
不带走一片云彩。

知识风暴六 音节

要点梳理一：音节概述

一、音节的定义

音节是听觉能感受到的最自然的最基本的语音单位。它是由一个或几个音素按一定规律组合而成的。一般情况下，一个汉字的读音就是一个音节，只有在快速说话或朗读时，两个字可以合成一个音节，如"我们"（wǒm），"什么"（shém）。另外，在儿化音节中，两个汉字读一个音节，如"花儿"（huār）。

根据现代语音学的方法划分，音节是由音素（元音、辅音）构成的，用中国传统音韵学的方法分析，音节是由声母、韵母、声调组合而成的。本节将用传统方法分析普通话的音节结构。

二、音节的特点及结构

普通话音节由声母、韵母和声调三个部分构成，韵母内部又可分为韵头、韵腹、韵尾（见表6-1）。

表6-1 普通话音节结构表

项目	声母	韵母			声调
		韵头	韵身		
			韵腹	韵尾（元音）（辅音）	
兄 xiōng	x	i	o	ng	阴平
口 kǒu	k		o	u	上声
维 wéi		u	e	i	阳平
允 yǔn			ü	n	上声
低 dī	d	u	i		阴平
夜 yè		i	e		去声
乌 wū			u		阴平
果 guǒ	g	u	o		上声

从表6-1可以看出，普通话音节结构有以下特点：

1. 构成的基本原则：一个音节可以没有声母、韵头、韵尾，但不可缺少韵腹和声调

diū（丢）、zhuī（追）中原有韵腹 o、e 省写了，故将 u、i 视作韵腹。

2. 普通话音节的结构方式有八种

（1）成分俱全的，如"兄"（xiōng）。

（2）缺韵头的，如"口"（kǒu）。

（3）缺声母的，如"维"（wéi）。

（4）缺声母、韵头的，如"允"（yǔn）。

（5）缺韵头、韵尾的，如"低"（dī）。

（6）缺韵尾的，如"果"（guǒ）。

（7）缺声母、韵尾的，如"夜"（yè）。

（8）缺声母、韵头、韵尾的，如"乌"（wū）。

3. 音素

组成音节的音素，最多四个，最少一个。

4. 辅音位置固定，只出现在音节的开头（作声母）或末尾（作韵尾）

普通话音节没有两个辅音连续排列的形式。

5 .10 个单元音韵母可作韵腹

充当韵头的只能是高元音 i、u、ü；充当韵尾的元音是 i、u、（o），辅音是 n、ng。

6. 元音占优势，少则一个，多则三个

三个元音必须连续排列，分别充当韵头、韵腹和韵尾。

要点梳理二：普通话声、韵、调配合规律

普通话的音节是由声、韵、调组合成的。普通话由 22 个声母和 39 个韵母共拼出约 400 个音节，加上四声的配合，共有 1 200 多个音节。掌握声母和韵母的配合，声母、韵母和声调的配合规律，更易于整体把握普通话音节的概况，减少拼音、拼写的错误，同时有利于纠正方音，学好普通话。

一、声母、韵母的配合规律

普通话声母和韵母的配合规律，大致可依据声母的发音部位和韵母的四呼来掌握。配合情况如表 6-2 所示。

表 6-2　声韵配合关系简表

声母		开口呼	齐齿呼	合口呼	撮口呼
双唇音	b p m	班	编	布（只限 u）	
唇齿音	f	番		富（只限 u）	
舌尖中音	d t	单	颠	端	
	n l	难	年	暖	虐

续　表

声母		开口呼	齐齿呼	合口呼	撮口呼
舌根音	g k h	干		官	
舌尖后音	zh ch sh r	占		专	
舌尖前音	z c s	赞		钻	
舌面音	j q x		坚		捐
零声母		安	烟	弯	冤

1. 声母

（1）双唇音 b、p、m

可以同开口呼、齐齿呼和合口呼的 u 拼合

（2）唇齿音 f

只拼开口呼和合口呼的 u。

（3）舌尖中音 d、t

不与撮口呼拼合，可与开口呼、齐齿呼、合口呼拼合。

（4）舌根音 g、k、h，舌尖后音 zh、ch、sh、r，舌尖前音 z、c、s

不拼齐齿呼、撮口呼，只拼开口呼、合口呼。

（5）舌面音 j、q、x

不拼开口呼、合口呼，只拼齐齿呼、撮口呼。

（6）零声母，舌尖中音 n、l

四呼齐全。

2. 韵母

（1）开口呼

配合能力最强，除舌面音 j、q、x 外，与其他声母都能配合。

（2）齐齿呼

不能与唇齿音、舌根音、舌尖后音、舌尖前音配合。

（3）合口呼

不能与舌面音配合，与双唇音、唇齿音配合只限于 u。

（4）撮口呼

配合能力最差。除零声母外，只拼 n、l 和 j、q、x。

河南方言的声韵配合规律与普通话差别不大，但也应比较其异同，掌握对应的配合规律。

二、音节表

由于汉语历史悠久、词汇丰富，在音节分析上我们对古语和方言的因素不易准确地排除，所以音节总数的确切数据不易获得。普通话音节按声、韵、调配合，约有 1 215 个。另外还有少量辅音音节，如 ng 阳平"嗯"表疑问，ng 上声"嗯"表出乎意料，ng 去声"嗯"表答应，hng"哼"表不信等 7 个，共约 1 222 个。《现代汉语词典》附列音节表共

为 1 332 个音节，其中包括了轻声音节、一部分古汉语音节和方言音节。表 6-3 至表 6-11 是声韵调配合表，即音节表。

表 6-3　韵母 a、ia、ua 与声母和声调的配合

	韵母											
	a				ia				ua			
	阴	阳	上	去	阴	阳	上	去	阴	阳	上	去
b	巴	拔	把	霸								
p	趴	爬		怕								
m	妈	麻	马	骂								
f	发¹	乏	法	发²								
d	答	达	打	大								
t	她		塔	踏								
n		拿	哪	娜								
l	啦	旯	喇	辣			俩					
g	旮	嘎	玍	尬					瓜		寡	挂
k	咖		卡³						夸		垮	胯
h	哈	蛤⁴	哈⁵						花	划		话
j					加	夹	假	架				
q					掐		卡⁶	恰				
x					瞎	霞		吓				
zh	渣	闸	眨	榨					抓		爪	
ch	插	茶	衩	岔								
sh	杀	啥	傻	厦					刷		耍	
r												
z	匝	砸										
c	擦											
s	撒⁷		洒	萨								
	啊				鸭	牙	雅	亚	哇	娃	瓦	袜

1. 发生　2. 头发　3. 卡车　4. 蛤蟆　5. 哈达　6. 卡子　7. 撒娇

表6-4　韵母o、uo、e、ê、ie、üe 与声母和声调的配合

声母	o 阴	o 阳	o 上	o 去	uo 阴	uo 阳	uo 上	uo 去	e 阴	e 阳	e 上	e 去	ê 阴	ê 阳	ê 上	ê 去	ie 阴	ie 阳	ie 上	ie 去	üe 阴	üe 阳	üe 上	üe 去
b	波	伯	跛	薄													憋	别	瘪	别				
p	泼	婆	叵	破													瞥		撇					
m	摸	膜	抹	末																				
f		佛																						
d					多	夺	朵	剁									爹	叠						
t					拖	驼	妥	拓									贴		铁	帖				
n						挪		糯									捏							
l					啰	罗	裸	洛				乐							咧	列				
g					郭	国	果	过	哥	格	葛	个												
k								扩	磕	咳	可	克												
h					豁	活	火	或	喝	合		赫												
j																	揭		姐	借	撅	决		倔¹
q																	切	茄	且	窃	缺	瘸		却
x																	歇	鞋	写	谢	靴	学	雪	穴
zh					桌				遮	折	者	这												
ch					戳				车		扯	撤												
sh					说			硕	奢	蛇	舍	社												
r								若			惹	热												
z					撮	昨	左	做		则		仄												
c					搓			错				策												
s					梭		锁					色												
零					窝		我	沃	阿²	鹅	恶³	恶⁴					噎	爷	也	页	约			月

1.倔强　2.阿附（迎合）3.恶心　4.恶人

表6-5 韵母 -i[ʅ]、-i[ɿ]、er、i、u、ü 与声母和声调的配合

声母	-i[ɿ]阴	-i[ɿ]阳	-i[ɿ]上	-i[ɿ]去	-i[ʅ]阴	-i[ʅ]阳	-i[ʅ]上	-i[ʅ]去	er阴	er阳	er上	er去	i阴	i阳	i上	i去	u阴	u阳	u上	u去	ü阴	ü阳	ü上	ü去
b													逼	鼻	笔	必			补	布				
p													批	皮	痞	屁	扑	仆	普	铺				
m													咪	迷	米	密		模	母	墓				
f																	夫	服	辅	富				
d													低	笛	抵	弟	都	独	赌	度				
t													梯	题	体	替	凸	图	吐	兔				
n														泥	拟	腻		奴	努	怒			女	
l														离	理	力		卢	鲁	路		驴	吕	滤
g																	姑		骨	顾				
k																	枯		苦	库				
h																	呼	胡	虎	互				
j													鸡	集	挤	济					居	菊	举	句
q													漆	其	起	气					区	渠	取	趣
x													西	习	洗	戏					需	徐	许	续
zh					知	值	止	智									朱	竹	主	助				
ch					吃	迟	齿	赤									出	除	楚	处				
sh					师	时	使	式									书	熟	数	树				
r								日										如	乳	入				
z	资		紫	自													租	族	组					
c	呲	辞	此	次													粗			醋				
s	丝		死	四													苏	俗		素				
（零声母）										儿	尔	二	一	咦	以	意	乌	无	五	误	迂	鱼	与	玉

表6-6　韵母 ai、uai、ei、uei 与声母和声调的配合

声母	ai 阴	ai 阳	ai 上	ai 去	uai 阴	uai 阳	uai 上	uai 去	ei 阴	ei 阳	ei 上	ei 去	uei 阴	uei 阳	uei 上	uei 去
b	掰	白	百	拜					杯		北	背				
p	拍	排		派					胚	陪						
m		埋	买	卖						没	美					
f									非	肥	绯					
d	呆		歹	待						得			堆			对
t	胎	台		太									推	颓	腿	退
n			奶	耐								内				
l		来		赖						雷	磊	泪				
g	该		改	盖	乖		拐	怪			给		规		轨	贵
k	开		恺	忾									亏	魁	傀	愧
h	嗨	还	海	害		怀		坏	黑				辉	回	毁	会
j																
q																
x																
zh	斋	宅	窄	债	拽¹			拽²					追			坠
ch	拆	柴			揣³		揣⁴	踹					炊	锤		
sh	筛			晒	衰		甩	帅		谁					水	睡
r														蕤	蕊	锐
z	灾		仔	在						贼					嘴	醉
c	猜	才	彩	菜									崔			脆
s	腮			赛									虽	随	髓	岁
	哀	癌	矮	爱	歪			外			欸		巍	维	尾	为

1. 拽过去　2. 拽上门　3. 拽在兜里　4. 揣摩

表6-7　韵母 an、ian、uan、üan 与声母和声调的配合

声母	an 阴	an 阳	an 上	an 去	ian 阴	ian 阳	ian 上	ian 去	uan 阴	uan 阳	uan 上	uan 去	üan 阴	üan 阳	üan 上	üan 去
b	班		板	办	边	便	扁	变								
p	潘	盘		盼	偏		免	骗								
m	颟	瞒	满	慢		眠		面								
f	帆	烦	返	范												
d	单		胆	但	滇	田	点	垫	端	团	短	断				
t	瘫	谈	忐	叹	天	年	舔	掭	湍		疃	彖				
n	囡	难		难	蔫	连	捻	念			暖					
l		栏	懒	烂			脸	练		銮	卵	乱				
g	干		感	干					观		管	贯				
k	刊		砍	看					宽		款					
h	憨	韩	喊	汉					欢	还	缓	唤				
j					间	前	剪	贱					娟		卷	隽
q					千	嫌	浅	全							犬	劵
x					先		显								选	炫
zh	詹	馋	展	站					专	传	转	赚				
ch	搀		产	颤					穿		软	串				
sh	山	然	闪	善					栓		纂	涮				
r		咱	染						钻	完		撰				
z	簪	残	攒	赞					蹿		晚	窜				
c	参		惨	灿					酸			算	冤	原	远	怨
s	三		伞	散					弯			万				
	安		俺	按	烟	言	掩	咽								

表6-8　韵母 ao、iao、ou、iou 与声母和声调的配合

声母	韵母 ao 阴	ao 阳	ao 上	ao 去	iao 阴	iao 阳	iao 上	iao 去	ou 阴	ou 阳	ou 上	ou 去	iou 阴	iou 阳	iou 上	iou 去
b	包	薄	宝	曝	标	镳	表	鳔								
p	抛	袍	跑	泡	漂	嫖	漂	票	剖	抔						
m	猫	毛	卯	贸	喵	描	秒	妙		谋	某					谬
f											否					
d	刀	捯	导	道	雕	调	屌	钓	兜		斗	豆	丢			
t	涛	淘	讨	套	挑	迢	窕	跳	偷	头		透				
n	孬	挠	脑	闹			鸟	尿						牛	扭	
l		牢	老	唠	撩	聊	了	撂	搂	楼	篓	漏	溜	留	柳	遛
g	高		稿	告					钩		狗	够				
k			考	铐					抠		口	叩				
h	蒿	豪	好	号						侯	吼	厚				
j					交	嚼	脚	叫					揪		酒	就
q					锹	桥	巧	撬					秋	球		
x					肖	淆	晓	校					修		朽	嗅
zh	招	着	找	照					周	轴	肘	皱				
ch	抄	嘲	炒						抽	愁	丑	臭				
sh	捎	韶	少	邵					收		手	瘦				
r		饶	扰	绕						揉		肉				
z	遭	凿	早	造					邹		走	揍				
c	糙	曹	草									凑				
s	骚		扫	臊					搜		叟	嗽				
		熬	袄	奥	邀	遥	咬	要	欧			怄	优	由	有	幼

表6-9 韵母en、in、un、ün与声母和声调配合

声母	韵母 en				in				un				ün			
	阴	阳	上	去	阴	阳	上	去	阴	阳	上	去	阴	阳	上	去
b	奔		本	笨	彬			鬓								
p	喷	盆		喷	拼	贫	品	聘								
m	闷	门		闷		民	闵									
f	分	坟	粉	份												
d				扽					蹲		盹	钝				
t									吞	屯		褪				
n				嫩		您										
l						林	凛	吝		轮		论				
g	根			艮							滚	棍				
k			垦	掯					坤		捆	困				
h		痕	很	恨					昏	魂		混				
j					金		紧	近					均			俊
q					亲	秦	寝	沁						群		
x					心			信					熏	寻		训
zh	真		枕	镇					谆		准					
ch	嗔	陈	碜	衬					春	纯	蠢					
sh	深	神	审	慎							吮	顺				
r		人	忍	认								润				
z			怎						尊							
c	参	岑							村	存	忖	寸				
s	森								孙		损					
	恩				因	银	引	印	温	文	稳	问	晕	云	允	运

表6-10　韵母ang、iang、uang与声母和声调的配合

声母	ang				iang				uang			
	阴	阳	上	去	阴	阳	上	去	阴	阳	上	去
b	帮		榜	棒								
p	乓	旁	膀	胖								
m		忙	莽									
f	方	防	纺	放								
d	当		挡	档								
t	汤	塘	躺	趟								
n		囊	攮	囔		娘		酿				
l		郎	朗	浪		良	两	亮				
g	刚		岗	杠					光		广	逛
k	康	扛		抗					匡	狂		况
h	夯	航		巷[1]					荒	黄	谎	晃
j					江		讲	匠				
q					腔	墙	抢	呛				
x					香	祥	想	向				
zh	张		掌	杖					装		奘[2]	壮
ch	昌	长	厂	唱					窗	床	闯	创
sh	商		赏	上					双			爽
r		瓤	壤	让								
z	脏			葬								
c	仓	藏										
s	桑		嗓	丧								
	肮	昂			央	杨	养	样	汪	亡	枉	望

1.巷道　2.身高要装

表6-11 韵母 eng、ing、ueng、ong、iong 与声母和声调的配合

声母	eng				ing				ueng				ong				iong			
	阴	阳	上	去	阴	阳	上	去	阴	阳	上	去	阴	阳	上	去	阴	阳	上	去
b	崩	甭	绷	泵	冰		饼	并												
p	嘭	朋	捧	碰	乒	瓶														
m		萌	猛	梦		明	酩	命												
f	风	冯	讽	缝																
d	登		等	邓	钉		顶	订					东		懂	栋				
t		腾			听	停	挺	铤					通	童	统	痛				
n		能				宁	拧	佞						浓		弄[1]				
l		棱	冷	愣		零	领	令						龙		弄[2]				
g	庚		梗	更									工		巩	供				
k	坑												空		孔	控				
h	亨	横[3]		横[4]									烘	宏	哄	讧				
j					京		景	净											窘	
q					青	晴	请	庆										琼		
x					星	行	醒	性									胸	熊		
zh	争		整	证									中		肿	重				
ch	撑	承	逞	秤									充	虫	宠	铳				
sh	生	绳	省	剩																
r	扔	仍												融	冗					
z	增			赠									棕		总	纵				
c		层		蹭									聪	从						
s	僧												松		耸	宋				
零					英		影	硬	翁								雍	颙	永	用

1.玩弄 2.弄堂 3.横行 4.强横

三、音节的拼读与拼写

1. 音节拼读

拼读，即按普通话语音的结构规律，将声母和韵母拼合成音节。掌握音节拼读，既可以把声母、韵母拼合成音节，又可以从音节中分析出声母和韵母来。学会音节拼读，有助于更快捷地查阅字典，更高效地认字、识字。

要使音节拼读准确，应注意如下问题：

（1）念准声母

声母的呼读音是在声母的本音后面加上一个元音。平常我们念声母，一般是念它的呼读音，但在拼音时要注意用声母的本音，去掉加进去以便呼读的元音。如果声母念得不准，就拼不出正确的读音。例如："腻 nì"，拼读时如果不去掉加在"n"后面以便呼读的"e"，就会把上面的音节拼成"内 nèi"。有效的办法是将声母读得轻些、短些，把韵母读得重些、长些，拼读的时候速度快些。

（2）念准韵母

念不准韵母，我们就不能正确拼读出音节。在拼读中，常见的现象是丢失韵头或改变韵头。有些人受方言影响，在音节拼读中常常丢失韵头。例如："锅 guō"，在一些地方被拼读为"gō"，"左"读成"zǒ"。有些方言没有撮口呼，往往将撮口呼念错。比如将"女 nǚ"念成"nǐ"，要注意纠正。需要注意的是，韵母要整体认读。音节中韵母的韵头、韵腹、韵尾也是一个整体，拼读时不可停顿或延长。例如："强 qiáng"要一下读完，不要读成 q—i—a—ng。

（3）念准声调

声调是普通话的必有成分，它附加在声母和韵母的组合结构之上。普通话的声调一平二升三曲四降，差异明显。但是，部分生活在方言区的同学往往读不准声调。比如阴平读得不够高、将各调类的调型读错。声调在汉语语音中具有区别意义的作用，是音节的重要组成部分。如果拼读时调值不准，语意就会改变，以至于影响我们的交际。

（4）牢记口诀

有个拼音的口诀叫"前音短些后音重，两音相碰猛一冲"。"前音短"是指声母轻些、短些，就是发本音；"后音重"是说拼音时韵母要比声母读得重些；"两音相碰猛一冲"是说拼音时声母和韵母间不能间歇，否则就不是一个音节了。例如：音节"飘 piāo"，如果中间断开读，就可能读成"皮袄 pi'ǎo"。

2. 音节拼写

音节的拼写必须按照普通话声韵配合规律进行，必须遵循《汉语拼音方案》制定的拼写规则。具体的拼写规则可概括为如下几方面：

（1）y、w 的使用

表 6-12　y、w 使用的具体规则

字母	韵母类型	用法	条件	音节形式
y	齐齿呼	加 y	i 后无元音	y　yin　ying
		i 改为 y	i 后有元音	ya　ye　yao　you　yan　yang　yong
	撮口呼	加 y，ü 上两点省略	无	yu　yue　yuan　yun
w	合口呼	加 w	u 后无元音	wu
		u 改为 w	u 后有元音	wa　wo　wai　wei　wan　wen　wang　weng

①《汉语拼音方案》规定，韵母表中 i 行的韵母，在零声母音节中，要用 y 开头。如果 i 后面还有其他元音，就把 i 改为 y。如果 i 后面没有其他元音，就在 i 前面加 y。这样，i 行的韵母在零声母音节中就分别写成 yi、ya、ye、yao、you、yan、yin、yang、ying、yang 等。例如：

　　ia→ya（压）　　　ie→ye（夜）　　　iao→yao（要）
　　iou→you（有）　　ian→yan（烟）　　iang→yang（央）
　　iong→yong（用）　i→yi（衣）　　　 in→yin（阴）　　　 ing→ying（英）

②《汉语拼音方案》规定，韵母表中 u 行的韵母，在零声母音节中，要用 w 开头。如果 u 后面还有别的元音，就把 u 改成 w。如果 u 后面没有其他元音，就在 u 前面加上 w。这样 u 行的韵母在零声母音节中就分别写成 wu、wa、wo、wai、wei、wan、wen、wang、weng 等。例如：

　　u→wu（乌）　　　　ua→wa（蛙）　　　　uo→wo（窝）
　　uai→wai（歪）　　　ue→wei（威）　　　 uan→wan（弯）
　　uen→wen（温）　　　uang→wang（汪）　　ueng→weng（嗡）

③《汉语拼音方案》规定，韵母表中 ü 行的韵母，在零声母音节中，一律在前面加 y，原韵母中 ü 上的两点要省去。这样 ü 行的韵母在零声母音节中就分别写成 yu、yue、yuan、yun 等。例如：

　　ü→yu（迂）　　　üe→yue（约）　　　üan→yuan（冤）　　　ün→yun（晕）

由此可见，y，w 的使用目的是使按词连写的音节界限分明。如 "dai"：如果不用 y，w，既可以读作 "dài（袋）"，又可以读作 "dà yī（大衣）"；如果在后一音节的开头加 y，就明确了它表示的是两个音节 "大衣" 了。再如：

　　河沿 he yan 如果不用 y，hei an，可能误拼为 "黑暗"
　　新屋 xin wu 如果不用 w，xi nu，可能误拼为 "息怒"
　　言语 yan yu 如果不用 y，ya nü，可能误拼为 "哑女"

（2）省写

《汉语拼音方案》规定了省写的规则。"iou、uei、uen" 前面加声母的时候，写成 iu、ui、un。例如：

d—iou → diu（丢）g—uei → gui（规）　ch—uen → chun（春）

省写的结果，既使拼式简短，又反映了发音的实际情况，且不致误读。但需要注意的是，不跟声母相拼（即自成音节）时就不能省写，仍然用y、w开头，写成yōu（优）、wēi（威）、wēn（温）。

（3）隔音符号的运用

《汉语拼音方案》规定，"a、o、e"开头的音节连接在其他音节后面的时候，如果音节界限发生混淆，可以用隔音符号（'）隔开。例如：

西安 xī'an 不用隔音符号，可能拼为"仙"。

方案 fāng'an 不用隔音符号，可能拼为"反感"。

激昂 jī'ang 不用隔音符号，可能拼为"江"。

生藕 shēng'ou 不用隔音符号，可能拼为"深沟"。

上腭 shàng'e 不用隔音符号，可能拼为"山歌"。

隔音符号只有当第二个音节开头的音素是a、o、e时才使用。如果第二个音节的开头是辅音则不必使用。例如"发难 fā nàn"就不必写成"fā'nàn"，这是因为汉语里辅音大都出现在音节的开头，因此汉语拼音音节的连读习惯是：音节中的辅音字母靠后不靠前。即一个辅音字母如果前后都有元音字母．这个辅音应当跟后面的元音字母连成音节；只有在辅音字母后面没有元音字母时，才跟前面的元音字母连成音节。例如"谈话 tánhuà"的第三个字母 n 后面没有元音字母，因此 n 跟前面的元音字母连成音节，而 h 跟后面的 ua 连成音节。

（4）连写

同一个词的音节要连写，词与词分写。例如：

Tuán jíe jiù shì lì liáng
　团　结　就　是　力　量

（5）标调法

《汉语拼音方案》规定"声调符号标在音节的主要元音上，即韵腹上"。轻声不标调。例如"妈 mā""麻 má""马 mǎ""骂 mà""吗 ma"。有两种情况需要注意：

①当音节的韵母为 iu、ui 时，声调符号应标在后面的 u 或 i 上。例如：

qiū（秋）　　　duī（堆）　　　　jiū（揪）　　　　kuī（盔）

②调号恰巧标在 i 的上面时，i 上的小点要省去。例如：

yī（衣）　　　　xīng（星）　　　duī（堆）

（6）大写

①专有名词、专有名称中的每个词，开头字母要大写。例如：

Zhū Zì qīng　Běi jing Shi
　朱　自　清　　北　京　市

②句子开头字母用大写。

wèi shén me yǔ yán yào xué bìng qiě yào yòng hěn dà de qì lì　qù xué
为　什　么　语　言　要　学，并　且　要　用　很　大　的　气　力　去　学？

（7）诗歌每一行开头的第一个字母要大写

Céng céng dié dié fěi cùi lóu
层　　层　　叠　叠　翡　翠　楼。

要点梳理三：普通话声、韵、调辨识

一、bo、po、mo、fo 和 be、pe、me、fe 的辨识

普通话双唇音 b、p、m 和唇齿音 f，只与 o 相拼，不与 e 拼。在河南方言中，只将其与 e 相拼，不与 o 相拼，例如："波"普通话读 bō，郑州话读 bē。因此，学习普通话时必须要把 be、pe、me、fe 音节的韵母改为圆唇元音 o，读准 bo、po、mo、to 四个音节。

bo

波涛 bō tāo　　　　博览 bó lǎn　　　　跛子 bǒ zi

po

湖泊 hú pō　　　　鄱阳 pó yáng　　　叵测 pǒ cè　　　　破除 pò chú

mo

磨炼 mó liàn　　　抹黑 mǒ hēi　　　陌生 mò shēng

fo

佛教 fó jiào

二、fei 和 li 的辨识

普通话中 f 不拼 i。但在河南方言中，尤其是在洛阳话中，f 可以与 i 拼。例如："飞"，普通话读 fēi，洛阳话读 fi。

短文练习：我爱家乡的山和水

我爱家乡的山和水

我爱家乡的山和水，
山水映朝晖。
花果园飘芳菲，
池塘鱼儿肥。
沃野千里泛金浪，
稻香诱人醉。
山笑水笑人欢笑，
歌声绕云飞。

三、ji、qi、xi、和 gi、ki、hi 的辨识

普通话中声母 g、k、h 是不跟 i 或其他齐齿呼韵母、ü 或其他撮口呼韵母相拼的，但在信阳话中，g、k、h 可以跟齐齿呼或撮口呼相拼。

诗歌练习：

人闲桂花落，夜静春山空。
月出惊山鸟，时鸣春涧中。

要点梳理四：单音节、多音节字词掌握技巧

一、单音节字词技巧

1. 声母发准

声母发准，是指发音要找准部位，方法正确。一是不能把普通话里某一类声母的发音读成另一类声母，比如 zh、ch、sh 与 z、c、s，f 与 h、n 与 l 不分。二是不能把普通话里某一类声母的正确发音部位用较接近的部位代替，以免造成读音缺陷。

练习：注意发准自己方言的难点音。

能 肥 尝 庇 哺 沸 鹅 概 穗 喷 酿 畔 秘
券 横 闹 族 滞 昨 杏 祥 膝 项 研 酵 坐

2. 韵母到位

韵母有单韵母、复韵母和鼻韵母。韵母的读音缺陷多表现为合口呼、撮口呼的韵母圆唇度明显不够，语感差；开口呼的韵母开口度明显不够；复韵母舌位动程明显不够等。

训练：注意口腔、舌位、唇形要到位。

甩 穷 抓 停 膏 蚕 球 霜 绕 孙 庄 税
面 庄 妙 额 送 赛 簸 常 审 伙 决 经

3. 声调要发全

声调方面，调型、调势基本正确，但调值明显偏低或偏高，特别是四声的相对高点或低点明显不一致的，判为声调读音缺陷。读单音节字词的声韵调要标准，要和谐自然，不能把声韵调割裂开来。

4. 不要将形近字误读

形近字误读有两种情况，一是朗读过快，如把"太"读作"大"。二是有些日常生活中不多用的字，或在词语中能念准，而单字一下子难以念准的字，极易念错。比如"赅""骇"在书面上常构成"言简意赅""惊涛骇浪"，如果单独出现，可能读错。

5. 速度要快慢适中

读单音节字词时，只要每个音节读完整，一个接一个地往下读，就不会超时。快速抢读，容易导致准确率降低，因此切忌抢读。当然，朗读也不能过慢，如果超时则要一次性扣分。

二、多音节词语技巧

朗读多音节词的要求与单音节字词基本相同，但比朗读单音节字词有更高的要求。以下几点是需要注意的问题。

1. 难点音

（1）边、鼻相间音

嫩绿 nèn lǜ　　　　老年 lǎo nián　　　　奶酪 nǎi lào　　　　冷暖 lěng nuǎn

（2）平翘相间音

宗旨 zōng zhǐ　　　　柱子 zhù zi　　　　蚕虫 cán chóng　　　　储藏 chǔ cáng

（3）前后鼻韵母相间音

烹饪 pēng rèn　　聘请 pìn qǐng　　　冷饮 lěng yǐn

（4）唇齿音和舌根音相间的音。

黄蜂 huáng fēng　富豪 fù háo　　　　粉红 fěn hóng

盒饭 hé fàn　　　返还 fǎn huán　　　缝合 féng hé

2. 儿化词要读对

儿化词有明显的标志，一般在第二个音节的末尾。切记不要把"儿"当作第三个音节读完整，要把"儿"音化在第二个音节的韵母之中。

3. 轻声词要读准

多音节词语中有很多轻声词。读轻声词，既要防止受前面非轻声词的影响，还要避免把轻声读得让人听不见。

4. 读双音节词语要连贯

双音节词语一般是两个语素组合表示一个意义，也有的是两个音节构成的单纯词，分开不表示任何意义。朗读时不能把它们割裂开来一字一字地读。

5. 读双音节词语要读好中重音格式

双音节词语除轻声词之外，一般都是"中重"格式，即第二个音节读得重一些。比如下列词语：

名称　性能　卫星　单凭　摄影　卧铺　遗嘱　旅馆　服装

出车　政策　早退　杂技　豆沙　蜜蜂　车床　饼干　尊敬

审核　百货　清真　溶解　朗诵　列车　批发　类似　乐观

【综合训练】

1. 单音节字词

第一组

董　娘　稚　铝　谎　捐　请　锁　划　撕　维　扭　垮　熏　臻　骏　硅　鸟

疮　砍　扒　拜　炯　憋　舔　咯　允　肥　茹　火　佘　版　召　熊　量　拖

翔　好　妄　砂　爵　嘘　侩　筋　隼　蹭　踹　阮　庸　您　贫　讽　磨　脏

题　骑　灭　恰　窜　死

第二组

贼　蔓　卷　混　谢　孙　蛆　贫　面　替　甩　栋　峡　亩　供　薛　钉　嘿

方　债　癣　凹　往　菲　恰　渠　挽　把　塔　判　达　纳　掐　略　拔　垮

舔　瞥　粟　涛　焚　狞　识　晌　挥　颇　脸　扯　喘　啪　了　别　撅　勺

尺　装　港　渗　凑　而

第三组

胞　润　全　阳　腮　跨　芯　盯　攒　襄　量　贫　秦　回　炸　母　区　软

熊　颊　脆　湿　混　跌　沽　泅　俊　塔　判　了　装　刷　龟　蜂　才　废

块　省　拐　腌　港　渗　凑　而　粟　涛　癣　凹　眯　百　猫　否　牛　指

抓　丢　类　愁　一　万

2. 多音节词语

第一组

拉拢	稳当	请求	虽然	穷困	刚强	百货	允许	脾气	永远	群众	角色
名册	约束	引导	组合	从而	软件	破灭	绑架	沸腾	孙女	养料	部分
显得	语法	盼望	舌头	演习	日常	扣子	挂号	爱称	观摩	纳闷儿	

第二组

办法	恳切	草地	整体	熊猫	指甲	走访	迅速	全部	军官	女儿	卑鄙
面条儿	孩子	牛奶	选举	慌乱	老头儿	怀旧	删节	囊括	绝对	意思	
夏天	贫困	有机	摆脱	烹饪	养料	畅通	窜改	双亲	荣辱	测绘	闰年

第三组

困难	聊天儿	沙包	拼命	闰月	旦角儿	附会	美味	飘扬	胖子	定购	
全体	仍旧	许多	下台	夹杂	失策	穷苦	扭转	兄弟	丢人	欢送	寻找
空间	锅贴儿	怪罪	掠夺	缩写	憎恨	花园	广场	坏处	贵姓	找零儿	

知识风暴七 音变

音变即语流音变。在人们说话时，不是孤立地发出一个个音节，而是把音节组成一连串自然的语流。而在这些语流中，语音有时会发生各种临时变化，这种现象叫作语流音变。普通话中的语流音变类型主要有：变调、轻声、儿化、"啊"的音变。本章重点介绍普通话中这几种类型的语流音变规律。

要点梳理一：变调

变调指在音节和音节相连时，由于相互影响，某些音节的声调发生了变化。普通话里最常见的变调现象有"一""不"变调、上声变调以及形容词重叠的变调。

一、"一""不"变调

"一""不"的变调，是普通话里比较突出的音变现象。需要注意的是，"一""不"在单念或在词句末尾时，以及"一"作序数词使用时，声调不变，读原调。"一"的原调是阴平，"不"的原调是去声。例如：一：正月初一、心口不一

不：从不、绝不、不得不

当"一"和"不"在其他音节前面时，声调往往发生变化，有以下几种情况：

1. 在去声前

一律念阳平【35】。例如：

一定　一夜　一大半　一大堆　一个人

一共　一块儿　一会儿　一溜儿　一下儿　一寸光阴

不怕　不屑　不顾　不对　不必　不是　不在　不便

不但　不料　不要　不论　不笑　不愿　不计其数

2. 在非去声前

念去声【51】。例如：

在阴平前：一朝　一经　一端　一心　一夫当关　一天到晚　一丝希望
　　　　　不轻　不依　不光　不知　不归　不慌　不偏心　不堪回首

在阳平前：一年　一枚　一直　一头　一级　一无所有
　　　　　不为　不值　不良　不全　不白　不如归去　不孚众望

在上声前：一碗　一笔　一举　一组　一桶　一把　一晌不少
　　　　　不可以　不远　不美丽　不好　不管　不以为耻　不可收拾

3. 夹在叠词中

念轻声。例如：

去不去　好不好　要不要　说不说　搞不搞　看不看

走一走　看一看　理一理　说一说　想一想　尝一尝

二、上声变调

在普通话中，上声音节除单念或处在词尾、句尾时声调不变外，在其他情况下都要发生变化。上声音节声调的变化最大、最多。

上声变调有以下几种情况：

1. 上声在上声音节前

两个上声音节相连时，前一个上声音节的调值由降升调变为与阳平调值相当的值。即由上声变得近乎阳平，调值由【214】变为【24】。例如：

染指　始祖　土匪　走狗　引导　美好　理想　领导　品种
打扫　胆敢　把守　岛屿　笔挺　举止　可口　理解　浅显
展览　采取　场景　恼火　选举　鼓掌　野草　水井　扭转
本领　产品　辅导　古老　好感　演讲　水果　勇敢　敏感

2. 上声在非上声音节前

在非上声前，即在阴平、阳平、去声、轻声前，上声音节的调值由降升调变为只降不升的"半上声"，只读上声的前半截，丢失后半截，调值由【214】变为半上声【21】，例如：

在阴平字前：北京　始终　普通　产生　老师　首都　小说　展开
在阳平字前：祖国　语言　改良　拱门　古文　旅游　表达　主持
在去声字前：领袖　老练　解放　土地　朗诵　主见　感谢　准确

3. 三个上声音节相连

前两个音节的变调有两种情况：

（1）当词语的结构是"双单格"时，第一、二个上声音节调值变为【24】，近乎阳平。例如：古典美　洗脸水　表演奖　管理组　展览馆　蒙古语　手写体

（2）当词语的结构是"单双格"时，第一个上声音节读半上，调值变为【21】，第二个上声音节调值变为【24】。例如：

小雨伞　米老鼠　很美好　好领导　党小组　小水桶　打草稿

4. 几个上声音节相连

三个以上上声两个一节、三个一节来划分，然后按上述规律变调。例如：

请你／往北走 qǐng nǐ／wǎng běi zǒu → qíng nǐ／wáng běi zǒu

永远／友好 yǒng yuǎn／yǒu hǎo → yóng yuǎn／yóu hǎo

我有／两把／纸雨伞 wǒ yǒu／liǎng bǎ／zhǐ yǔ sǎn → wó yǒu／liáng bǎ／zhǐ yǔ sǎn

上面讲上声变调的基本规律，但在实际的语流中，最后一个上声音节的变调有两种：

一是句末需拖腔，读原调。一般在诗的韵脚处或需要强调时才拖腔。例如：

春眠不觉晓【214】

处处闻啼鸟【214】

二是句末不需要拖腔，读半上。一般叙述语气或深沉、庄重的语气都不需要拖腔。例如：

他真的是一位好导演【21】！

三、重叠形容词变调

1. 单音节形容词重叠（aa式）

重叠部分如果儿化，第二个音节念成阴平【55】。例如：软软儿、好好儿、远远儿、慢慢儿。若重叠部分不儿化，则保持原调不变。

2. 双音节形容词后一个音节重叠（aBB式）

BB部分读阴平。例如：沉甸甸、绿油油、黑洞洞。

3. 双音节形容词重叠（aaBB式）

第二个音节读轻声，第三、四个音节（BB）读阴平。

例如：漂漂亮亮、老老实实。

根据《汉语拼音方案》拼写音节时，通常不写变调，而标原声调。

要点梳理二：轻声概述

一、轻声的定义及准确读法

轻声指在语流中，部分音节失去了原声调而被读成一个又短又轻的调子。例如：在"头脑""头发"这些词里，"头"读阳平调；可是，在"石头""木头""馒头"这些词里，"头"读得轻而短，变成了"tou"。轻声是一种特殊的音变现象，是一个非常模糊、不确定的声调，因此掌握起来有一定的难度。

轻声音节的位置往往在其他音节的后面或在词的中间，而绝不会出现在词或句子的开头音节中。轻声在声音四要素中，主要体现在音长和音强上，而一般声调的性质主要体现在音高上。轻声发音特点是用力特别小而轻，音强比较弱，音长比较短。

轻声音节从听感上显得轻短模糊，但如果仔细分辨，它也有依稀可辨的不同音高形式。轻声的音高并不固定，它受前一个音节调值的影响而有高低变化。变化的情况大致是这样的：阴平音节后的轻声读半低调2度；阳平音节后的轻声读中调3度；上声音节后的轻声读半高调4度；去声音节后的轻声读低调1度。例如：

阴平+轻声：妈妈　孙子　跟头　青的　飞了　趴下
阳平+轻声：爷爷　儿子　石头　黄的　来了　爬起
上声+轻声：奶奶　椅子　里头　紫的　跑了　滚出去
去声+轻声：爸爸　凳子　木头　绿的　去了　揍他们

二、轻声的作用

1. 区分词性
例如：
厉害 lì hai（剧烈、凶猛，形容词）　利害 lì hài（利和害，名词）
对头 duì tou（仇敌、对手，名词）　对头 duì tóu（正确、形容词）
2. 区别词义
例如：

大意 dà yi（疏忽）　　　　　　大意 dà yì（主要意见）

兄弟 xiōng di（弟弟）　　　　　兄弟 xiōng dì（哥哥和弟弟）

东西 dōng xi（物品）　　　　　东西 dōng xī（指方向）

是非 shì fei（纠纷、口舌）　　　是非 shì fēi（正确与错误）

注意：部分双音节词，第二个音节习惯上读轻声，没有区别词义或词性的作用。

例如：

粮食　萝卜　明白　柴火　包袱　骆驼　石榴　商量　窗户

阔气　葡萄　玻璃　耳朵　爷爷　包涵　白天　巴结　多么

三、正确变读轻声的规律

普通话口语中，下列类型常读轻声：

1. 名词、代词的后缀"子、头、巴、们、么"等读轻声

例如：凳子　椅子　木头　尾巴　你们　那么

2. 动词、形容词后的趋向动词读轻声

例如：进来　出去　好起来　坏下去　坐下　看出来

3. 动词后面的某些结果补语常读轻声

例如：站住　打开　关上

4. 语气词，如"呢、啦、吗、啊、吧、呐"等读轻声

例如：他呢　快呀　对吗　去吧　来呀　好哇　不行啊

5. 时态助词"着、了、过"，结构助词"的、地、得"读轻声

例如：看着　走了　来过　吃的　愉快地　写得好

6. 方位词，如"上、下、里、外、边、面、头"等读轻声

例如：屋里　桌上　山下　那边　晚上　暗地里　前边　河里

7. 某些量词读轻声

例如：写封信　打个电话　打个盹　喝口汤　看场戏

8. 作宾语的人称代词常读轻声

例如：找我　请你　叫他

9. 部分重叠音节的后一个音节读轻声

例如：奶奶　爷爷　星星　看看　说说

10. 部分约定俗成的双音节词的第二个音节读轻声

例如：清楚　事情　客气　聪明　太阳　月亮　消息

要点梳理三：语气词"啊"的音变

　　"啊"常用在句尾或句首，可作语气词，也可作叹词。作为语气词时，"啊"附着在句尾，可以表示祈使、疑问、感叹等语气。作为叹词时，"啊"独立于句外，可以表示喜悦、赞叹、惊疑、醒悟等感情色彩。当"啊"用在句尾时，因为受前面一个音节末尾音素的影响，常常发生同化、增音等音变现象。这种变化都是在 a 前增加一个音素，其变化规律如下：

1. 当"啊"前一个音节末尾的音素是 a、o、e、ê、i、ü 时，读成 ya，写成"呀"

例如：人真多呀！今天好热呀！快点写呀！快来呀！明天有雨呀！原来是他呀！

2. 当"啊"前一个音节末尾的音素是 u，或前一个音节的韵母是 ao、iao 时，"啊"读成 wa，写成"哇"

例如：我不哇！你好哇！有没有哇？她手多巧哇！你在哪里住哇？他真是个多面手哇！

3. 当"啊"前一个音节末尾的音素是 n 时，读成 na，写成"哪"

例如：真慢哪！小心哪！多鲜艳哪！多好的人哪！

4. 当"啊"前一个音节末尾的音素是 ng 时，读成 nga，仍写成"啊"

例如：不行啊！这样成不成啊？认真听啊！高声唱啊！

5. 当"啊"前一个音节末尾的音素是 –i〔ʅ〕时，读成 ra，仍写成"啊"

例如：是啊！多好的同志啊！

6. 前面的音素是 –i〔ɿ〕，读成 za，仍写成"啊"

例如：你去过开封几次啊？这样小的字啊！

"啊"的音变情况可归纳为表 7–1 的内容。

表 7–1   "啊"的音变规律表

"啊"前面音节的韵母	"啊"前面音节末尾的音素	"啊"的音变	汉字写法
a ia ua o uo ei üe	a o e ê	ya	呀
i ai uai ei uei ü	iu	ya	呀
u ou iou ao iao	u	wa	哇
an ian uan üan en in uen ün	n	na	哪
ang iang uang eng ing ueng ang iong	ng	nga	啊
–i（舌尖韵母）	–i	–ia	啊

要点梳理四：儿化概述

卷舌韵母 er 不与声母相拼，自成音节，是特殊的单韵母。以 er 自成音节的字很少，常用的只有"儿、尔、二"等几个。er 常附在其他音节的韵母之后，使这个韵母发生变化，成为一个带卷舌动作的韵母，这就是"儿化"现象。"儿化"后的韵母叫"儿化韵"。儿化韵的"儿"不是一个单独的音节，而是在一个音节末尾音上附加的卷舌动作，使那个音节因儿化而发生音变。如"花儿"，就是在发韵母 ua 的同时，在 a 的基础上加上一个卷舌动作而发出来的音。因此，儿化的基本性质就是卷舌。读儿化的时候要念成一个音节，拼写的时候在原来韵母的后面加一个 r，如"花儿"写成 huār。

一、儿化的作用

儿化跟语汇意义和语法意义都有密切关系，并不是纯粹简单的语音现象。它可以使汉语在表达上更加严密精确，有区别词义、词性和表示感情色彩等作用。

1. 区别词义

例如：眼（眼睛）——眼儿（小孔洞）

信（信件）——信儿（消息）

头（脑袋）——头儿（领头的）

2. 区别词性

例如：画（动词）——画儿（名词）

尖（形容词）——尖儿（名词）

活（形容词）——活儿（名词）

3. 表示感情色彩

（1）表示喜爱、亲切。例如：小猫儿　小孩儿　红花儿　老头儿

（2）表示细小、轻微。例如：小石子儿　纸条儿　树枝儿

二、儿化的音变规律

除 ê、er 韵母外，其余韵母均可以儿化，其规律见表 7-2，

表 7-2　儿化的音变规律表

原韵或尾音	儿化	实际读音	
韵母或尾音是 a、o、e、u	韵尾不变，加 r	号码儿（hào mǎr） 书桌儿（shū zhuōr） 唱歌儿（chàng gēr） 打球儿（dǎ qiúr）	花儿（huār） 草帽儿（cǎo màor） 小猴儿（xiǎo hóur）
尾音是 i、n	丢 i 或 n，加 r	盖儿（gàr） 刀背儿（dāo bèr） 弯儿（wār）	一块儿（yí kuàr） 心眼儿（xīn yǎr） 窍门儿（qiào mér）
尾音是 ng	丢 ng，加 r，元音鼻化	电影儿（diàn yǐr）	帮忙儿（bāng már）
韵母是 i、ü	不变，加 er	玩意儿（wán yièr）	毛驴儿（máo lǘer）
韵母是 i	丢 i，加 er	没事儿（méi shèr）	词儿（cér）
韵母是 ui、in、un、ün	丢 i 或 n，加 er	麦穗儿（mài suèr） 白云儿（bái yuér）	干劲儿（gànjìer）

1. 加 r

音节末尾是 a、o、e、u 的，加 r，韵母不变。

例如：没错儿　牙刷儿　人家儿　小狗儿

花儿　山坡儿　大个儿　眼珠儿　油画儿

韵母是 ai、ei、an、en 的，加 r，去掉韵尾，在发主要元音的同时卷舌。例如：小孩儿　大门儿　一块儿　旁边儿　香味儿　花篮儿

韵尾是 ng 的，去掉鼻尾音，使前面的元音鼻化并卷舌。

例如：胡同儿　帮忙儿　麻绳儿　门缝儿　唱腔儿

2. 加 er

韵母为 i、u 的，加 er，使元音舌位移到中央，卷舌发音。

例如：眼皮儿　有趣儿　小米儿　金鱼儿

韵腹是 ê、-i 的，元音变为 er。

例如：小事儿　瓜子儿　台词儿　半截儿　年三十儿

韵母为 in、ün 的，加 er，去掉韵尾。

例如：脚印儿　小树林儿　干劲儿　白云儿

【综合训练】

1. 读准带"一、不"的双音节词语。

一一 yī yī	一半 yí bàn	一定 yí dìng	一般 yì bān	一起 yì qǐ
一生 yì shēng	一路 yí lù	一体 yì tǐ	一起 yì qǐ	一行 yì háng
不好 bù hǎo	不顾 bú gù	不够 bú gòu	不屈 bù qū	不拘 bù jū

2. 读准带轻声字的双音节词语。

刀子 dāo zi	孙子 sūn zi	胳膊 gē bo	丫头 yā tou	哆嗦 duō suo
师傅 shī fu	时候 shí hou	扎实 zhā shi	模糊 mó hu	簸箕 bò ji
直溜 zhí liu	后头 hòu tou	苍蝇 cāng ying	黄瓜 huáng gua	
软和 ruǎn huo	月亮 yuè liang	进项 jìn xiang	硬朗 yìng lang	
抽屉 chōu ti	姑娘 gū niang	他们 tā men	朋友 péng you	
记得 jì de	便宜 pián yi	别扭 biè niu		

3. 读准带儿化韵的双音节词语。

本色儿 běn shǎir	冰棍儿 bīng gùnr	纳闷儿 nà mènr	照片儿 zhào piānr
小曲儿 xiǎo qǔr	好好儿 hǎo hāor	拈阄儿 niān jiūr	拔尖儿 bá jiānr
豆角儿 dòu jiǎor	蝈蝈儿 guō guor	墨水儿 mò shuǐr	围脖儿 wéi bór
玩儿命 wánr mìng	起名儿 qǐ míngr	片儿汤 piànr tāng	

4. 读准下列普通话中常见的轻声词语。

梆子	苍蝇	村子	包子	豹子	杯子	被子	鞭子	别扭	饼子	拨弄	步子
部分	裁缝	财主	车子	称呼	池子	尺子	窗子	锤子	刺猬	凑合	打量
打算	打听	大方	棒子	包袱	包涵	比方	鞭子	扁担	肠子	锄头	打扮
场子	窗户	打发	膀子	本子	簸箕	差事	绸子	奔拉	虫子	本事	脖子

5. 读准下列重叠式的形容词。

闷沉沉	闹哄哄	热烘烘	甜津津	喜滋滋	醉醇醇	白茫茫	怒冲冲	热辣辣
雾沉沉	香喷喷	黑压压	慢腾腾	暖烘烘	热腾腾	圆鼓鼓	沉甸甸	慢悠悠
暖呼呼	软绵绵	雾茫茫	眼巴巴	水汪汪	暖融融	胖乎乎	湿淋淋	稀溜溜
直挺挺	齐刷刷	暖洋洋	气冲冲	湿流流				

6. 朗读下面一段话，注意"啊"的音变。

漓江的水真静啊，漓江的水真清啊，漓江的水真绿啊，漓江的水真美啊！桂林的山真奇啊，桂林的山真秀啊，桂林的山真险啊，桂林的山真直啊!

7. 读下面的绕口令。

九与酒

九月九,九个酒迷喝醉。

九个酒杯九杯酒,九个酒迷喝九口。

喝罢九口酒,又倒九杯酒。

九个酒迷端起酒,"咕咚、咕咚"又九口。

九杯酒,酒九口,喝罢九个酒迷醉了酒。

知识风暴八　河南方言与普通话辨正

方言可谓地方文化的活化石。它承载了当地的历史、文化和地理变迁，反映着其使用者所在地区的世界观、思维方式及社会特性等。为了更好地传承历史文化，我们需要从所在区域的方言入手，掌握其自身发展的特点。因而，在学习普通话的过程中，我们需要找出方言与普通话的对应规律，进行方音辨正。

河南方言属于北方方言区，虽然有许多语音系统、词汇与普通话相同，但还有不少地方有很大的差距。本章力求能探索出一条河南方言与普通话对应参照的路径，为更好地学习普通话，更好地进行语言沟通奠定基础。

要点梳理一：声母辨正

一、唇音 f 和 h 的辨正

信阳大范围地区，如光山、潢川、罗山、新县等地方言易把 f、h 相混淆。如：

放飞 fàng fēi 读成 huàng huī（晃灰）　　　胡混 hú hùn 读成 fú fèn 福分
夫妇 fū fù 读成 hū hù（呼户）　　　绘画 huì huà 读成 fèi fā 废发

准确辨正 f、h，有以下两种方法：

1. 利用普通话声韵拼合规律

普通话中 f 不跟 ai 拼，方音念 fai 的"坏、怀、槐"等字，普通话中都读 huai；f 和 o 拼，普通话中只有一个"佛"字，除"佛"之外，方音中念 fo 的，如"火、活、祸、豁"等都读 huo。

2. 利用形声字旁直接类推

同声字旁的声母与声旁本身通常一致，记住了声旁字的声母，可以类推出一系列的声母。如："方"的声母是 f，以"方"为声旁的"放、防、房、访"等字的声母都是 f。"非"的声母是 f，以"非"为声旁的"非、菲、扉、霏、斐、匪、沸"等字的声母都是 f。

表 8-1　f 与 h 常用字辨音表

f	h（u）
fā 发	huā 花滑
fá 罚乏伐阀筏	huá 华滑划猾
fǎ 法砝	huǎ
fà（发）	huà 话化画桦
fān 番翻帆	huān 欢
fán 樊凡烦	huán 还环寰
fǎn 反	huǎn 缓
fàn 范饭犯	huàn 换患换唤幻桓灸烷豢宦

续　表

f	h（u）
fāng 方芳	huāng 慌
fáng 房妨	huáng 黄皇磺煌
fǎng 访纺仿	huǎng 谎恍晃
fàng 放	huàng（晃）
fēi 非飞扉妃	huī 辉灰恢徽
féi 肥	huí 回
fěi 匪	huǐ 悔毁
fèi 费沸废	huì 会汇慧惠
fēn 分纷芬氛	hūn 昏荤
fén 坟焚	hún 浑混魂
fěn 粉	hùn（混）
fèn 份奋粪愤	
fēng 锋丰风封	hōng 哄轰弘
féng 冯	hóng 宏洪红宏虹
fěng 讽	hǒng（哄）
fèng 缝凤	hòng（哄）
	huō 豁
	huó 活
fó 佛	huǒ 火伙
	huò 或祸惑货
fǒu 否	
	huái 槐怀淮踝徊槐
	huài 坏
fū 夫肤	hū 呼乎
fú 扶福服幅浮	hú 湖胡壶
fǔ 府抚	hǔ 虎
fù 附赋赴付父	hù 护互沪

【训练】

（1）读准下列词语：

① f—h

繁华 fán huá 　　饭盒 fàn hé 　　妨害 fáng hài 　　防护 fáng hù

风寒 fēng hán 　　丰厚 fēng hòu 　　发行 fā xíng 　　发挥 fā huī

② h—f

耗费 hào fèi 　　后方 hòu fāng 　　恢复 huī fù 　　合法 hé fǎ

化肥 huà féi 　　伙房 huǒ fáng 　　划分 huà fēn 　　横幅 héng fú

（2）对比辨音：

飞鱼 fēi yú—黑鱼 hēi yú 　　　　　互利 hù lì—富丽 fù lì

工会 gōng huì —公费 hōng fèi   防空 fáng kōng—航空 háng kōng

幅度 fú dù —弧度 hú dù   湖面 hú miàn—浮面 fú miàn

（3）朗读下面的诗，注意加点的字的声母：

《早发白帝城》

朝辞白帝彩云间，   Zhāo cí bái dì cǎi yún jiān,

千里江陵一日还。   Qiān lǐ jiāng líng yí rì huán。

两岸猿声啼不住，   Liǎng àn yuán shēng tí bú zhù,

轻舟已过万重山。   Qīng zhōu yǐ guò wàn chóng shān。

二、舌尖中音 n 和 l 的辨正

信阳、光山、罗山及豫西等地，把开口呼、合口呼韵母相拼的音节读为 l 声母。而信阳地区的固始、潢川、商城等地，在方音中没有 n 声母，把 n 声母一律读成 l 声母。例如：

男女 nán nǚ   读成 兰吕 lan lǚ

浓重 nóng zhòng   读成 隆重 lóng zhòng

因此，在学习普通话时，必须先要弄清 n、l 二者发音上的差别，不要错读。

【训练】

（1）读准下列词语：

①n—l

能量 néng liàng   暖流 nuǎn liú   奴隶 nú lì

尼龙 ní lóng   奶酪 nǎi lào   鸟类 niǎo lèi

②l—n

老年 lǎo nián   留难 liú nàn   羚牛 líng niú

龙脑 lóng nǎo   烂泥 làn ní   林农 lín nóng

（2）对比辨音：

年年 nián nián—连年 lián nián   蓝天 lán tiān—南天 nán tiān

留念 liú niàn—留恋 liú liàn   男裤 nán kù—蓝裤 lán kù

（3）朗读下面的诗，注意带点的字的读音：

《问刘十九》

绿蚁新醅酒，   Lǜ yǐ xīn pēi jiǔ,

红泥小火炉。   Hóng ní xiǎo huǒ lú。

晚来天欲雪，   Wǎn lái tiān yù xuě,

能饮一杯无？   Néng yǐn yì bēi wú ?

三、舌尖前音和舌尖后音的辨正

河南许多地区舌尖前音和舌尖后音不分，安阳、鹤壁、许昌、开封等地区把部分应该读舌尖后音的字读成舌尖前音。而新乡、信阳、驻马店、周口等地区只有舌尖前音而无舌尖后音。正确掌握方法有：

1. 从发音部位上掌握

练习发音时要注意：1.发舌尖前音时舌尖不翘，抵住上齿背；发舌面音时，舌面前部抵上齿龈和硬颚前部。2. 发舌尖后音时，舌尖要翘起来，抵住前硬颚。

2. 利用普通话声韵拼合规律

如 z、c、s 不能与 i、ü 或以 i、ü 起头的韵母相拼，而 j、q、x 只能与 i、ü 或以 i、ü 起头的韵母相拼，如家、恰、瞎、卷、选，声母一定是舌面音。ua、uai、uang 这三个韵母只跟舌尖后音 zh、ch、sh 相拼，不跟舌尖前音 z、c、s 相拼，所以抓、装、拽、瑞、甩、霜等都为舌尖后音。ong 只跟 s 相拼，如松、送、篸等，而不与相 sh 拼。

3. 利用形声字声旁类推

形声字由表意义的形旁和表声音的声旁来构成，如由"者"这一声旁构成的汉字有：著、煮、储、褚；还有召——绍、照、超、昭等。它们的声旁相同，声母也相同。我们可以利用形声字的这一特点，来辨别记忆一些属于同一声母或同一韵母的字。

zh、ch、sh 与舌尖中音 d、t 有一定的渊源关系，当一个形声字的声旁的声母是 d、t 的，这个字大都读舌尖后音，如滞、橙、税、禅、终、社、蛇、治等，有一部分形声字的声旁声母虽不读 d、t，但这个声旁和读 d、t 的其他字有关。（用这个声旁与另一个形旁组成形声字时可读 d、t）。这些形声字大都读舌尖后音。如：也（他、地、拖）——池、施、驰、弛；寺（等、待、特）——诗、痔、侍、峙。

4. 可以只记单边音

部分方言中的一类音在普通话里分为两类，这两类音经常出现一边字数少，一边字数多的情况。由此，我们可以通过记忆字数少的一边，来记忆另一边。如 a、e、ou、en、eng、ang 为韵母的字里，舌尖前音很少，舌尖后音字多；zen 只有两个字，zhen 有 30 多个字；ca 只有五个字，cha 却有 30 多个字；sen 只有一个字"森"，shen 则有 30 多个字。

5. 利用舌尖后音字数多舌尖前音字数少的特点

普通话中这两类声母字数一共九百多。舌尖后音占了其中的百分之七十，而舌尖前音只占百分之三十，记住少数字就可以了。

表 8-2（a）　舌尖前音与舌尖后音声母常用字辨音

	z	zh
a	杂咋匝扎砸	闸眨诈渣炸
ai	宰患再在灾栽载	窄债寨债斋摘宅翟
an	赞暂攒咱	展占战沾粘
ang	葬藏赃赃脏	涨掌帐胀张章长
ao	澡糟枣造凿早燥	着找赵照兆肇昭沼朝招
e	泽责啧仄则择	者辄褶蛰这浙遮着哲折
ei	贼	
en	怎	珍疹诊枕镇阵振真针桢
eng	憎赠增	整政症证郑挣正争蒸睁拯
-i	子紫梓渍姊字滋姿孜资滋	纸止制质志职知之只值直指
ong	粽宗综踪鬃总纵	踵冢仲种中盅忠衷钟盅终肿

续 表

	z	zh
ou	邹走揍奏鳅	轴肘皱骤咒昼宙粥周舟
u	组祖阻诅租卒足族	逐竹主注祝瞩猪朱珠
ua		抓爪
uai		拽
uan	纂赚钻	
uang		妆状撞桩装
ui	最嘴醉罪	缀缒赘惴追雅锥坠
un	尊遵樽	谆准
uo	佐做坐作座柞作琢昨左	拙浊啄酌镯研捉桌灼

表8-2（b）　舌尖前音 c 与舌尖后音 ch 常用字辨音表

	c	ch
a	擦嚓	茶察权叉岔诧刹差插查
ai	彩采踩菜蔡猜才裁财	钗柴豺拆差
an	餐参蚕惨惭灿	掺搀馋缠蝉产铲潺颤忏
ang	仓苍舱沧藏	昌常肠偿长场厂敞畅倡唱
ao	操糙曹槽嘈嘈草	超抄朝潮晁巢吵炒
e	策测册厕侧侧	车扯撤彻掣诉澈
ei		
en	参岑	陈晨尘臣掺趁衬
eng	曾层蹭	撑呈程惩橙成垂呈程逞秤
-i	磁慈辞词此刺次赐	吃痴迟持池尺齿耻赤翅
ong	匆葱囱涂琼从丛聪	春冲憧幢充冲忡虫宠崇重冲
ou	凑	抽筹愁丑仇臭
u	粗醋促簇	初出除雏厨楚储触畜处触
ua		
uai		踹揣
uan	蹿攒窜篡	川穿传椽船喘串
uang		床闯创窗疮
ui	催璀翠萃脆淬粹	吹炊垂锤
un	村存忖寸	淳鹑纯蠢春唇醇
uo	撮搓磋锉措错挫	戳绰辍

表 8-2（c）　舌尖前音 S 与舌尖后音 sh 常用字辨音表

	s	sh
a	撒洒撒飒萨册	杀刹煞傻霎厦杉沙裟砂纱
ai	塞腮鳃塞赛	晒筛
an	三叁散伞散	衫杉擅闪陕扇煽山灿
ang	丧桑嗓	商墒伤赏上晌尚上
ao	躁搔骚缥扫嫂躁扫	烧鞘梢捎稍勺韶少哨
e	色瑟涩塞	奢赊蛇舌佘舍社设摄涉赦
ei		
en	森	申神伸身参深沈婶审慎肾甚
eng	僧	绳省胜圣胜盛升生牲笙甥声
-i	私丝思撕斯死似饲寺肆	失诗施狮石实时使史世势
ong	松凇篙耸悚宋颂诵	
ou	搜馊嫂擞嗽	收首瘦手守授售寿缓受兽
u	俗素速诉宿酥苏	殊淑熟赎属鼠蜀黍署书输舒
ua		刷唰耍刷
uai		摔衰甩帅率蟀
uan	算酸蒜	栓门拴测
uang		爽双霜
ui	虽随隋髓岁碎穗	谁水睡税说
un	荪笋桦缈孙损	吮顺舜瞬
uo	所锁索琐梭嗦蓑缩	硕砾说朔烁

另外，在焦作的武涉、濮阳的范县等地区常把舌尖后音 sh 读作 f，规律大多是 sh 后有合口呼韵母时（韵母是 u 或以 u 开头的）。如：

喝水（shuǐ 不能读作 fěi）　　　　刷牙 shuā yá 不能读成 fā yā

梳子 shū zi 不能读成 fū zi　　　　吃馍不熟（shú 不能读作 fú）

【训练】

（1）读准下列词语：

① z—zh

载重 zài zhòng　　　　自传 zì zhuàn　　　　杂志 zá zhì

总之 zǒng zhī　　　　阻止 zǔ zhǐ　　　　座钟 zuò zhōng

② zh—z

渣滓 zhā zǐ　　　　制造 zhì zào　　　　帐子 zhàng zi

职责 zhí zé　　　　准则 zhǔn zé　　　　种族 zhǒng zú

③ c—ch

财产 cái chǎn　　　　车次 chē cì　　　　船舱 chuán cāng

仓储 cāng chǔ　　　　磁场 cí chǎng　　　　残春 cán chūn

差错 chā cuò　　　　冲刺 chōng cì　　　　促成 cù chéng

④ ch—c

陈醋 chén cù	蠢材 chǔn cái	楚辞 chǔ cí

⑤ s—sh

桑树 sāng shù	算数 suàn shù	唆使 suō shǐ
松鼠 sōng shǔ	损伤 sǔn shāng	死水 sǐ shuǐ

⑥ sh—s

哨所 shào suǒ	神色 shén sè	时速 shí sù
上司 shàng sī	胜诉 shèng sù	伸缩 shēn sùo

（2）zh、ch、sh 和 z、c、s 对比练习

申诉 sù—申述 shù	八成 chéng—八层 céng	乱吵 chǎo—乱草 cǎo
商业 shāng—桑叶 sāng	午睡 shuì—五岁 suì	找到 zhǎo—早到 zǎo
鱼刺 cì—鱼翅 chì	粗布 cū—初步 chū	宗旨 zōng—中止 zhōng
物资 zī—物质 zhī	搜集 sōu—收集 shōu	自动 zī—制动 zhī

（3）朗读下面的诗，注意带点的字的声母：

《夜雨寄北》

君问归期未有期，	Jūn wèn guī qī wèi yǒu qī,
巴山夜雨涨秋池。	Bā shān yè yǔ zhǎng qiū chí.
何当共剪西窗烛，	Hé dāng gòng jiǎn xī chuāng zhú,
却话巴山夜雨时。	Què huà bā shān yè yǔ shí.

四、舌面音

在河南不少地区，当韵母为 i、ü 或以 i、ü 开头（齐齿呼）时，习惯把普通话的声母 j、q、x 分成了 j、q、x 与 z、c、s 两套系统。汉语语音学中把 j、q、x 作声母与齐齿呼韵母相拼的叫团音；z、c、s 作声母，与齐齿呼韵母相拼的叫尖音。在普通话语音中只有团音没有尖音，因此，必须把读成尖音的字改为读团音。

z、c、s 都是舌尖前音，是在发音时舌尖前部顶住或接近上齿背，气流在这一部位受阻后从窄缝中挤出而发出的一种辅音。而 j、q、x 的发音部位是舌面而不是舌尖，它是舌面与硬颚前部形成靠近硬颚阻碍或前部，而舌尖是绝不能有阻碍的，如果此时舌尖受阻的话，那就会发出十分明显的尖音。在发 j 时，舌面前部抵住硬颚前部，软颚上升，气流因通路被完全封闭而积蓄起来，然后舌面前部微离硬颚，形成一个窄缝，气流从窄缝中泄出，摩擦成声，声带不振动。发 q 的阻碍部位和发音方式与发 j 相同，只是在发 q 时，冲出的气流比 j 时要强许多。在发 x 时，舌面前部靠近硬颚前部，形成一个窄缝，软颚上升，气流从舌面与硬颚间的窄缝里挤出，摩擦成声，声带不振动。如：接近 jiē jìn 不能读成 ziē zìn　休闲 xiū xián 不能读成 siū sián。

如果不是由于分尖团音，而是发舌面音 j、q、x 时发音部位靠前舌尖碰着了上齿背，发在 z、c、s 或带有 z、c、s 的色彩，也称为有尖音，判作语音缺陷。纠正时只需按舌面音的发音部位（舌面抬起接触硬颚前部）练习发准带有 j、q、x 的音节。

纠正尖音的方法：

1.放松下巴（让学生像发呆一样使下巴自然下垂），这时舌头会自然平放于口腔中，

舌尖轻触下齿背，上下牙齿也会有一定间隙。

　　2. 在此基础上发出"哩——"（li）的声音，体会发元音"i"时的舌位。

　　3. 保持发元音"i"时的状态（舌位、下巴、牙齿均保持不动），然后让气流从舌面与上颚之间通过，发出小带兀音"i"的"希——"声，这个声音是气流通过时与舌面和上颚的摩擦声（这点特别重要），舌尖、牙齿均不可阻碍气流。若发的声音含"嘶（si）"或"师（shi）"的成分，则说明舌尖或牙齿对气流形成了阻碍，就是不正确的。

　　4. 在"希——"音结束时带出元音"i"，发成"希——衣"（x——i），注意是顺便带出，中途气流不断，不可有意去发"衣"。

　　5. 在保持上述状态下直接发出"xi——"音，这时就没有尖音成分了。

　　6. "xi"发好了，再扩展练习x与其他i、ü起头的韵母相拼，达到熟练程度，张口即发音到位。

　　需要特别注意的是，通过这样的训练，尖音去除了，但发音的成阻部位过于靠后，听起来像有舌根成阻的感觉。多练习，强调保持微笑状态，发音部位不要过于紧张，在发"xi"时逐渐使口腔闭合一些（即：让舌位变高一点），这样成阻部位就从舌根过渡到舌面了。

　　【训练】

　　（1）z、c、s—j、q、x对比练习：

quē sǔn	qū cóng	jìn qǔ	zēng jiā	quàn zǔ
缺 损	屈 从	进 取	增 加	劝 阻
jǔ cuò	jué suàn	jù zǔ	jù zuò	quán sù
举 措	决 算	剧 组	剧 作	全 速

　　（2）朗读下面的诗，注意带点的字的声母：

《滁州西涧》

独怜幽草涧边生，　　Dú lián yōu cǎo jiàn biān shēng,
上有黄鹂深树鸣。　　Shàng yǒu huáng lí shēn shù míng。
春潮带雨晚来急，　　Chūn cháo dài yǔ wǎn lái jí,
野渡无人舟自横，　　Yě dù wú rén zhōu zì héng,

　　（3）练习绕口令，注意避免尖音：

请将九十七卷极细极细的细丝线，
织成九十七个极小极小的小家雀。
九十七个极小极小的小家雀，
剪断九十七卷极细极细的细丝线，
飞向极峭极峭的悬崖下。

五、送气音与不送气音

　　在塞音b、d、g、p、t、k与塞擦音z、zh、j、c、ch中，分别有两种不同的音：b、d、g、z、zh、j属于不送气音，p、t、k、c、ch、q属于送气音。普通话里，不送气音b、d、z、zh、j六个音冲出气流较弱，而送气音p、t、k、c、ch、q冲出气流较强。但在灵宝方音中，许多不送气音却读成了送气音。例如：

加倍 jiā bèi 读成 加配 pèi；棒子 bàng zi 读成 胖子 pàng zi

又有顺口溜说：

> 你坐下我坐下，
>
> 你喝汤我喝茶，
>
> 一下一下又一下，
>
> 肚子喝饱了。

灵宝方言念之为：

> 你错 cuo 哈 ha 我错 cuo 哈，
>
> 你火 huo 汤我火 huo 茶 ca
>
> 一哈一哈又一哈，
>
> 兔 tu 子火 huo 炮 pao 了。

关于送气不送气的方音辨正，有其以下规律：普通话读为不送气声母而灵宝方音读成送气声母，是那些古代全浊声母的仄声字。即今天读上声、去声的字，古代全为仄声字。而今天读阴平、阳平的字。一般为古代平声字，不存在改读送气、不送气的问题。对于上声去声的字，则要注意把 p、t、k、c、ch、q 改读为 b、d、g、z、zh、j。

【训练】

读准下列词语

① b、p

b 刨床 páo chuáng	弊病 bì bìng	便条 biàn tiáo	被动 bèi dòng
p 排球 pái qiú	皮蛋 pí dàn	培植 péi zhí	评弹 píng tán

② d、t

d 地段 dì duàn	导弹 dǎo dàn	奠定 diàn dìng	逮捕 dài bǔ
t 调停 tiáo tíng	搪瓷 táng cí	徒弟 tú dì	提拔 tí bá

③ g、k

g 逛荡 guàng dàng	共同 gòng tóng	柜台 guì tái	
k 馈赠 kuì zèng	狂暴 kuáng bào	葵花 kuí huā	

④ j、q

j 近代 jìn dài	竞技 jìng jì	尽情 jìn qíng	巨匠 jù jiàng
q 渠道 qú dào	奇特 qí tè	前途 qián tú	琴键 qín jiàn

⑤ zh、ch

zh 助词 zhù cí	状态 zhuàng tài	郑重 zhèng zhòng	站台 zhàn tái
ch 成群 chéng qún	陈旧 chén jiù	沉静 chén jìng	朝廷 cháo tíng

⑥ z、c

z 罪状 zuì zhuàng	字调 zì diào	暂时 zàn shí	座谈 zuò tán
c 辞别 cí bié	磁场 cí chǎng	慈善 cí shàn	财权 cái quán

六、舌根音

淮阳、商丘、驻马店等地区把 g、k、h 读成 j、q、x。例如：

刻骨 kè gǔ 不能读成 qie gu　　蛤蟆 há ma 不能读成 xie ma

朗读下面绕口令，注意舌根音的发音：

一班有个黄贺，二班有个王克；

黄贺王克二人搞创作，黄贺搞木刻，王克写诗歌。

黄贺帮助王克写诗歌，王克帮助黄贺搞木刻。

由于二人搞协作，黄贺完成了木刻，王克写好了诗歌。

七、零声母

普通话中，有许多音节不是以辅音声母开头，而是以元音 a、o、e 和 y、u、ü 开头。例如：

乌鸦 wū yā　　　雨夜 yǔ yè　　　　衣服 yī fu

安阳 ān yáng　　欧洲 ōu zhōu　　　俄语 é yǔ

零声母方音辨正：

1. 零声母 a、o、e 前介入 [r]

[r] 是舌尖后边音声化韵，是 h 的浊化。河南话以 a、o、e、ê 等零声母开头的音节，很多前面都介入了 [r] 作声母。例如：

袄 读成 rao　　　暗 读成 ran　　　额 读成 re　　　儿 读成 rer

2. w — v

[v] 是 [f] 的浊音，发唇齿音 [f] 是让声带颤动就是 [v]。河南大多数市县把 w 读成 [v]。

【训练】

（1）读准下列词语：

①a、o、e 起头的零声母字

a　傲骨 ào gǔ　　邀游 áo yóu　　　碍眼 ài yǎn　　　艾叶 ài yè

o　藕粉 ǒu fěn　　偶然 ǒu rán

e　扼要 è yào　　　讹诈 é zhà　　　鹅蛋 é dàn　　　定额 dìng é

②i（y、yi）、u、ü 起头的零声母字

i（y、yi）

移用 yí yòng　　疑问 yí wèn　　　议定 yì dìng　　沿岸 yán àn　　岩层 yán céng

严格 yán gé　　　严寒 yán hán　　业务 yè wù　　　冶金 yě jīn

u（w）

闻名 wén míng　　问候 wèn hòu　　文艺 wén yì

袜子 wà zi　　　瓦房 wǎ fáng　　外文 wài wén

味精 wèi jīng　　维持 wéi chí　　微弱 wēi ruò

ü（yu）

岳父 yuè fù　　　玉石 yù shí　　　元月 yuán yuè

愚公 yú gōng   语言 yǔ yán   原野 yuán yě

要点梳理二：韵母辨正

一、单韵母方音辨正

1.e 与 ê、uo 的辨正

普通话中 e 与舌尖中声母 d、t、n、l 和舌尖前声母 z、c、s、zh、ch、sh、r 相拼时，河南的滑县、清丰、许昌、南阳、信阳地县市则把读 e 作 ê，如："特、车、色"等分别读作 tê、chê、sê、e 与舌根音声母相拼时，一部分地区读作 uo，如"戈、科、禾、棵"等分别读作 guō、kuō、huō、kuò；一部分地区读作 ê，如"革、客"分别读作 gê、kê。

由于 ê 不单独与声母相拼，所以河南部分地区的人只要记住 ê 改为 e 即可，e 念成 uo 的也只是极个别字，所以个别记忆即可。

2.i 与 ei 的辨正

普通话中的 i，河南有些地区读成了复韵母 ei，相反，却把普通话中有些读 ei 的字读成了 i。例如开封、许昌、南阳等地。

（唇齿音声母）非常 fēi cháng   读成 fī cháng   飞机 fēi jī   读成 fī jī
（双唇音声母）钢笔 gāng bǐ   读成 gāng běi   披衣 pī yī   读成 pēi yī

这些变化都有规律性，即这类音节只限于唇音声母，如把 i 读成 ei 的，音节声母为 b、p。把 ei 读为 i 的，音节声母为唇齿音 f。个别记忆即可。

3.u 和 ou 的辨正

u 与舌尖中声母 d、t、n、l 相拼时，河南信阳的罗山、新县、南阳的新野、邓州、西峡、内乡、镇平、许昌的长葛等地则把 u 读成 ou，而把 ou 读成 u，如：

独自 dú zì   读成 dóu zì   突然 tū rán   读成 tōu rán
怒火 nù huǒ   读成 nòu huǒ   鲁迅 lǔ xùn   读成 lǒu xùn
俘虏 fú lǔ   读成 fú lǒu   计谋 jì móu   读成 jì mú

4.u 与 [ü] 的辨正

焦作的修武、博爱等地的字，把 u 与 zh、ch、sh 相拼的一部分字读为 [ü]。[ü] 是舌尖后圆唇韵母，发 [ü] 时让嘴唇拢圆就可以发这个音。如：

读书 dú shū   读成 du sh [ü]
朱庄 zhū zhuāng   读成 zh[ü] zhang
舒服 shū fu   读成 sh[ü] fu

信阳、罗山等地，则不仅把 u 韵母与 zh、ch、sh 相拼的一部分字改读为 [ü] 韵母，同时还把 zh、ch、sh 改读为 j、q、x，如：

母猪 mǔ zhū   读成 mǔ jǔ
出来 chū lái   读成 qū lái
说话 shuō huà   读成 xuē huà

此外，河南很多县市把："俗、肃、宿"su 读为 xu，把"损"sun 读为"xun"，而把"全

quan 俊 jun" 则读为 "cuan 和 zun"。河南人在学普通话时，应注意区分 "u" 和 "ü"。

【训练】

读准下列词语

①计策 jì cè　　　地图 dì tú　　　　　碧绿 bì lù

　沙漠 shā mō　　拔河 bá hé　　　　巴黎 bā lí

　默许 mò xǔ　　　河马 hé mǎ　　　　许可 xǔ kě

②只是 zhǐ shì　　咫尺 zhǐ chǐ　　　　致辞 zhì cí

　赤子 chì zǐ　　　磁石 cí shí　　　　师资 shī zī

二、复韵母的方音辨正

复韵母在河南方言中的变读，主要是韵头 u 的丢失或增加，个别韵母的改读现象等。

1 .ai 与 e、ei 的辨正

当 ai 与声母相拼时，河南省很多地市把 ai、ei 读成 ê，如：

白菜 bái cài 读成 bê sê　　　　　　黑色 hēi sè 读成 hê sê

一百 yī bǎi 读成 yī bê　　　　　　宅基 zhái jī 读成 zhê jī

ê 是单韵母，口腔动程不变，而 ai 和 ei 是复韵母，口腔由大到小变化，河南人应注意把 "白、百、黑、麦、拍、柏、窄、拆" 等音节中的 ê 韵母改读为 ai。

2.uei 和 ei 的辨正

普通话中的 uei 韵母，河南话念起来常丢失韵头 u。就音节来讲，多出现在 uei 与 z、c、s 相拼和；而丢失韵头 u 限于南阳、信阳两地区，与 d、t、sh 相拼时丢失韵头 u 则反映在河南省的大部分县、市。

前者如：最后 zuì hòu　读成 zèi hòu　　随便 suí biàn 读成 séi biàn

后者如：睡觉 shuì jiào 读成 shèi jiào　对待 duì dài　读成 dèi dài

与丢失普通话 uei 韵母中的韵头 u 相反，当普通话 ei 与韵母 n、l 相拼时，河南多数县市却增加了一个韵头 u，把 ei 读成了 ui。

例如：眼泪 yǎn lèi 读成 yǎn luì　　　气馁 qì něi 读成 qì nuǐ

由于普通话中 z、c、s、d、t、sh 与 ei 拼和的音节，zei 仅有 "贼" 与 "鲗" 两个音；dei 音节只有 "得" 一个字；shei 音节只有 "谁" 一个字，因此，读时要记住这四个字，其他的全改成 uei。

又因为普通话中 n、l 与 uei 根本不拼，所以在 nui、lui 里甩掉 u 更为容易。

3. 读准 üe 韵母

普通话中的 üe 是由 ü 与 e 构成，但许多方言区却把它当成 y 和 e 构成，念起来很接近 [yo]，如 "月、缺、略、决、掠、觉、掘、学、雪、鹊" 等，韵母都接近 [yo]，应把 [yo] 韵母的音节全改为 üe 韵母的音节。

4.iao 与 iuo，ao 与 uo 的辨正

河南、郑州、开封、许昌等地在读 j 与 iao 相拼的音节或 iao 自成音节时，常把 iao 改为 iuo，把 ao 读为 uo。例如：

药具 yào jù 读成 yiuò jù

嚼碎 jiáo suì 读成 jiuó suì

勺子 sháo zi 读成 shuō zi

【训练】

（1）读准下列词语：

① ai—ei

白煤 bái méi 　　败类 bài lèi 　　栽培 zāi péi

② ei—ai

内海 nèi hǎi 　　黑麦 hēi mài 　　佩带 pèi dài

③ uai—uei

外汇 wài huì 　　快慰 kuài wèi 　　衰退 shuāi tuì

④ uei—uai

鬼怪 guǐ guài 　　嘴乖 zuǐ guāi 　　毁坏 huǐ huài

⑤ ao—ou

逃走 táo zǒu 　　报酬 bào chóu 　　保守 bǎo shǒu

⑥ ou—ao

厚道 hòu dào 　　寿桃 shòu táo 　　手套 shǒu tào

⑦ iao—iou

要求 yāo qiú 　　表舅 biǎo jiù 　　飘游 piāo yóu

⑧ iou—iao

油条 yóu tiáo 　　邮票 yóu piào 　　有效 yǒu xiào

（2）对比辨音：

bǎi shǒu 　 bǎ shǒu	xiǎo mài 　 xiǎo mèi	fēn pài 　 fēn pèi
摆　手 — 把　手	小　麦 — 小　妹	分　派 — 分　配
mài lì 　 mèi lì	bèi zi 　 bài zi	méi tóu 　 mái tóu
卖　力 — 魅　力	被　子 — 稗　子	眉　头 — 埋　头
wèi lái 　 wài lái	kǎo shì 　 kǒu shì	xiāo xī 　 xiū xī
未　来 — 外　来	考　试 — 口　试	消　息 — 休　息

（3）朗读下面的诗，注意带点的字的韵母

《山居秋暝》

空山新雨后，	Kōng shān xīn yǔ hòu，
天气晚来秋。	Tiān qì wǎn lái qiū。
明月松间照，	Míng yuè sōng jiān zhào，
清泉石上流。	Qíng quán shí shàng liú。
竹喧归浣女，	Zhú xuān guī huàn nǚ，
莲动下渔舟。	Lián dòng xià yú zhōu。
随意春芳歇，	Suí yì chūn fāng xiē，
王孙自可留。	Wāng sūn zì kě liú。

三、鼻韵母方音辨正

1.an、ian、uan、üan 的辨正

（1）以上四个韵母都以 n 作韵尾，n 的发音部位为舌尖抵住上齿龈，以上韵母收音必须落在齿龈上，但鹤壁北郊、林州市的人发这些音时习惯把 n 丢失，a、ian、uan 分别读成 ia、ua、üa。例如：

宣传 xuān chuán	读成 xuā chuā	泉水 quán shuǐ	读成 quá shuǐ
扳子 bān zi	读成 bā zi	期限 qīxiàn	读成 qī xià（七下）
前进 qián jìn	读成 qià jìng（恰境）	官兵 guān bīng	读成 guā bīng（刮冰）。

又因为林州市、鹤壁北郊把单韵母 a 发为 o，我们可以通过当地的打油诗来更直观地了解。

诗句	普通话	林州市鹤壁北郊方言	歌谱
啥饭？	shá fàn？	so fa？	54？
大米饭！	dà mǐ fàn！	do mi fa！	134！
啥大米饭？	Shá dà mǐ fàn？	so do mi fa？	5134？
大米稀饭。	dà mǐ xī fàn。	do mi xi fa。	1374。

【训练】

①读准下列词语：

an

chán mián	màn yán	shǎn xiàn	cān guàn	dàn wán
缠绵	蔓延	闪现	参观	弹丸

ian

piān yuǎn	piān tǎn	yàn suàn	yán ān	tián dàn
偏远	偏袒	验算	延安	恬淡

uan

hái yuán	duān yàn	wǎn fàn	suàn pán	chuán dān
还原	端砚	晚饭	算盘	传单
yuǎn jiàn	quán yǎn	yuán bǎn	xuán àn	xuàn làn
远见	泉眼	原版	悬案	绚烂

②朗读下面诗歌，注意带点的字的韵母：

《月夜》

更深月色半人家，　　Gèng shēn yuè sè bàn rén jiā,
北斗阑干南斗斜。　　Běi dǒu lán gān nán dǒu xié。
今夜偏知春气暖，　　Jīn yè piān zhī chūn qì nuǎn,

虫声新透绿窗纱。　　Chóng shēng xīn tòu lù chuāng shā。

（2）与上面相反，新乡的长垣县在读 an、ian、uan、üan 时，则读成 ai、uai、uai、üai。例如：

一般 yì bān　　　　读成 yì bǎi（一百）　　　馒头 mán tou　　　读成 mái tou（埋头）

管理 guǎn lǐ　　　　读成 guǎi lǐ（拐理）

宣扬 xuān yáng　　读成 xuāi yáng

我们可以通过当地的打油诗来更直观地了解：

从南关，到北关，　　Cóng nán guān，dào běi guān，

一路电线杆。　　　　Yí lù diàn xiàn gān。

买了几个酸丸子，　　Mǎi le jǐ gè suān wán zi，

酸甜酸甜。　　　　　Suān tián suān tián。

长垣话读成：

Cóng nán guān dào běi guān，

Yí lù diài xiàn gān。

Mǎi le jǐ gè suāi wāi zi，

Suāi tiái suāi tiái。

（3）焦作的武涉，温县，孟县等地，则把 an、ian、uan、uei 读成 ei、iei、uei、üei。"i" 仍是半鼻化的 "~i"。例如：

前进 qián jìn　　　读成 qiéi jìn

县城 xiàn chéng　读成 xiài chéng

2. en、in、uen、ün 中的 n 读成 ng，或 en 与 ei 不分，或 uen 丢失韵头成 en。

（1）林州市、鹤壁郊区的人因为在读 an、ian、uan、üan 时常丢失韵尾 n，而在读 en、in、uen、ün 时又把 n 读成 ng。这两地方言中几乎没有前鼻韵尾 n，因此，区分 n 与 ng 成为难点。例如：

村庄 cūn zhuāng　读成 cōng zhuāng（从庄）

群众 qún zhòng　读成 qióng zhòng（穷众）

笨蛋 bèn dàn　　读成 bèng dà（蹦达）

（2）温县、洛宁、长垣地区的人则把 en、uen 读成 ei、uei，i 为鼻化的 i。例如：

滚蛋 gǔn dàn　　读成 guǐ dài

恩准 ēn zhǔn　　读成 ēi zhǐ

昏暗 hūn àn　　　读成 huī ài

（3）新县、罗山、光山等地在读 uen 时，常丢失韵头，改读 en。例如：

盾牌 dùn pái　　读成 dèn pái

尊严 zūn yán　　读成 zén yán

这些地区要想读准这些音时，没有规律可循，只有死记。

由于林州市、鹤壁郊区没有前鼻韵母（要么丢失 n，要么变 n 为 ng），情况比较严重，这些地区学习普通话特别困难，为了更好地分清前后鼻韵母，特附辨音字如表 8-3 所示：

表 8-3（a） 韵母 en 与 eng 的常用字辨音表

	en	eng
b	bēn 奔 běn 本 bèn 笨	bēng 崩 bèng 蹦
p	pēn 喷 Pén 盆	pēng 烹 péng 朋 Pěng 捧 pèng 碰
m	mén 门 mèn 闷 mēn 们	méng 盟 měng 猛 mèng 梦
f	fēn 芬 fén 焚 fěn 粉 fèn 份	fēng 风 féng 逢 fěng 讽 fèng 奉
d	dèn	dēng 登 děng 等 dèng 瞪
t		téng 疼
l		léng 棱 lěng 冷 lèng 愣
g	gēn 跟 gén 哏 gěn 艮 gèn 亘	gēng 耕 gěng 耿 gèng 更（更加）
k	kěn 恳	kēng 坑
h	hén 痕 hěn 狠 hèn 恨	hēng 哼 héng 衡 hèng 横（蛮横）
zh	zhēn 针 zhěn 诊 zhèn 震	zhēng 争 zhěng 整 zhèng 症

	en	eng
ch	chēn 嗔 chén 陈 chèn 趁	chēng 撑 chéng 程 chěng 骋 chèng 秤
sh	shēn 身 shén 神 shěn 婶 shèn 肾	shēng 声 shéng 绳 shěng 省 shèng 剩
r	rén 人 rěn 忍 rèn 任	rēng 扔 réng 仍
z	zěn 怎	zēng 憎 zèng 赠
c	cēn 参（参差） cén 岑	céng 曾（曾经）层 cèng 蹭
s	sēn 森	sēng 僧
零声母	ēn 恩 èn 摁	

表 8-3（b）　韵母 uen 与 ong 的常用字辨音表

	uen	ong
d	dūn 吨敦墩 dǔn 盹 dùn 炖顿囤钝	dōng 东冬 dǒng 董懂 dòng 动冻栋洞恫
t	tūn 吞 tún 豚	tōng 通 tóng 铜
n		nóng 农 nòng 弄
l	lūn 抡 lún 伦 lùn 论	lóng 龙 lǒng 笼 lòng 弄（弄堂）
g	gǔn 滚 gùn 棍	gōng 工 gǒng 巩 gòng 共
k	kūn 昆 kǔn 捆 kùn 困	kōng 空 kǒng 恐 kòng 控

	uen	ong
h	hūn 婚 hún 魂 hùn 浑	hōng 轰 hóng 红 hǒng 哄 hòng 讧
zh	zhūn 谆 zhǔn 准	zhōng 忠 zhǒng 种 zhòng 众
ch	chūn 春 chún 纯 chǔn 蠢	chōng 充 chóng 重 chǒng 宠
sh	shǔn 吮 shùn 瞬	
r	rùn 润	róng 容 rǒng 冗
z	zūn 尊	zōng 综 zòng 纵
c	cūn 村 cùn 寸 cún 存 cǔn 忖	cōng 聪 cóng 丛
s	sūn 孙 sǔn 损	sōng 松 sǒng 怂 sòng 送讼颂诵
w	wēn 温 wén 闻 wěn 稳 wèn 问	wēng 瓮 wěng 蓊 wèng 瓮

表 8-3（c）　韵母 in 与 ing 的常用字辨音表

	in	ing
b	bīn 斌 bìn 殡	bīng 兵 bǐng 秉饼柄 bìng 并
p	pīn 拼 pín 贫 pǐn 品 pìn 聘	pīng 乒 píng 瓶
m	mín 民 mǐn 敏	míng 名 mìng 命
d		dīng 丁 dǐng 顶 dìng 订

	in	ing
t		tīng 听 tíng 停 tǐng 挺
n	nín 您	níng 凝 nìng 泞
l	lín 林 lǐn 凛 lìn 赁	líng 灵 lǐng 领 lìng 令
j	jīn 金 jǐn 仅 jìn 禁	jīng 惊 jǐng 警 jìng 净
q	qīn 侵 qín 勤 qǐn 寝 qìn 沁	qīng 卿 qíng 擎 qǐng 请 qìng 庆
x	xīn 新 xìn 衅	xīng 兴 xíng 型 xǐng 醒 xìng 杏
y	yīn 音 yín 银 yǐn 瘾 yìn 荫	yīng 英 yíng 盈 yǐng 影 yìng 映

表 8-3（d） 韵母 ün 与 iong 的常用字辨音表

	ün	iong
j	jūn 钧 jùn 俊	jiǒng 迥
q	qún 群	qióng 琼
x	xūn 熏 xùn 殉	xiōng 兄 xióng 熊
y	yūn 晕 yún 云 yǔn 允 yùn 蕴	yōng 墉 yǒng 咏 yòng 用

【训练】

（1）读准下列词语：

① an—ang

nán fāng　　fǎn kàng　　zàn shǎng　　ān fàng　　fán máng　　gān zāng
南 方　　　反 抗　　　赞 赏　　　安 放　　　繁 忙　　　肝 脏

② ang—an

gàng bǎn　　táng shān　　dāng rán　　bàng wǎn　　chàng tán　　fāng àn
钢 板　　　唐 山　　　当 然　　　傍 晚　　　畅 谈　　　方 案

③ en—eng

wén fēng　　zhēn zhèng　　rén zhèng　　běn néng　　rén chēng　　shén shèng
文 风　　　真 正　　　人 证　　　本 能　　　人 称　　　神 圣

④ eng—en

chéng rèn　　chéng fēn　　chéng kěn　　dēng mén　　féng rèn　　shèng rèn
承 认　　　成 分　　　诚 恳　　　登 门　　　缝 纫　　　胜 任

⑤ in—ing

yín xìng　　xīn líng　　mín jǐng　　pìn qǐng　　xīn xīng　　yǐn qíng
银 杏　　　心 灵　　　民 警　　　聘 请　　　新 兴　　　引 擎

⑥ ing—in

yǐng yìn　　lǐng jīn　　qīng xīn　　líng mǐn　　tǐng jìn　　yíng xīn
影 印　　　领 巾　　　倾 心　　　灵 敏　　　挺 进　　　迎 新

（2）朗读下列古诗，注意带点的字的韵母：

《嫦娥》

云母屏风烛影深，　　Yún mǔ píng fēng zhú yǐng shēn，
长河渐落晓星沉。　　Cháng hé jiàn luò xiǎo xīng chén。
嫦娥应悔偷灵药，　　Cháng é yīng huǐ tōu líng yào，
碧海青天夜夜心。　　Bì hǎi qīng tiān yè yè xīn。

（3）朗读表 8-4 韵母易误读的常用字：

表 8-4　韵母易误读的常用字

字词	正确读音	错误读音	字词	正确读音	错误读音
摄	she	nie	嫩	nen	lun
发	fa	fe	液	ye	yi
笼	long	lou	剖	pou	pao
津	jin	jing	睡	shui	shei
墨	mo	mei	飞	fei	fi
弄	nong	neng	做	zuo	zu
披	pi	pei	后	hou	hu
剪	jian	jiao	俗	su	xu
皮	pi	pei	倾	qing	qiong

要点梳理三：声调方言辨正

普通话的基本调有阴平、阳平、上声、去声四种，河南省多数地方声调也是阴平、阳平、上声、去声四种。但在豫北的新乡、安阳、鹤壁等地除四声外，还有一个入声调类，即音节发音时常以喉塞音结尾。

1. 非入声区

河南话的非入声区很多，这些地区调类的名称与普通话一样，但有百分之十几的字归类情况与普通话不相同。因为调类的名称来源于两地入声消失后分合关系的一致。豫方言与普通话都将古平声的字分成了阴平、阳平两类，古上声、去声字基本保留，古入声先后消失。于是两地声调同是四个，名称也完全相同。但古入声音消失以后，普通话将这类声调的字分别归到了阴平、阳平、上声、去声四个调里，而大部分字归入了去声。而河南非入声区的入声消失以后也将这部分字归入阴、阳、上、去四个调里，但绝大部分字归入了阴平。这种分化也造化成了一种误读现象，很多河南人把本该读二声三声的字也读成一声。例如：

法律 fǎ lù 　　读成 fā lù 　　钢铁 gāng tiě 　　读成 gāng tiē
钢笔 gāng bǐ 　　读成 gāng běi 　　下雪 xià xuě 　　读成 xià xuē
国家 guó jiā 　　读成 guō jiā 　　问答 wèn dá 　　读成 wèn dā

因此，在学习普通话时，要注意把以上读成阴平的归入到阳平、上声里。但同时，不要认为本地方言与普通话调类相同的字，调值也相同。实际情况是：调类相同调值却因地而异，具有明显的个性。

河南人学习普通话的主要任务，是将本地方言的调值改为普通话的调值。河南方言调值与普通话调值情况有明显的对应规律。如表 8-5 所示。

表 8-5　河南各方言区调值与普通话调值对应规律

调类		阴平	阳平	上声	去声
例字		春天花开	急忙完成	请你走好	胜利闭幕
普通话调值		55	35	214	51
发音特点		起音高高一路平	由中到高往上升	低降然后再扬起	高起猛降到底层
方言地区调值	郑州开封许昌商丘南阳	升调或中升 24 或 34	降调 42	平调 55 或 44	低降或曲折 31 或 312
	信阳	升调 24	降调 53	平调 55	曲调 312
	洛阳	平调 44	降调 42	平调 55	曲调 312

河南地区学习普通话调值有两个难点：一是上声降不下去，二是阳平升不高。

第一，上声降不下去

上声调值为 214，而河南地区学习时却读为 324，由于起点较高，降时降不到最低点，而且整个音节动程较快，感觉没有读完就结束了。河南人读上声时须下功夫练习 5 度标记法的高音，起点从 2 开始，降至最低，然后转折上升，到 4 度为止，整个动程放慢，使发音清晰完足。

第二，阳平升不高

普通话的阳平是中升调，河南话的阳平在绝大部分县市中是降调。如"农民"普通话调值为 35，而河南人念时却读为 42，河南方言读阳平的通病是尾音升不高。学习普通话时，声调往往只能升到 4，或起点就从 5 开始，拼命往上抬，结果很像 55，因此，河南地区学普通话，一是要起点合适，由 3 度开始，二是尾音一定要升到 5。升要升得自然，不可太急促。

2. 入声区

豫北的新乡、安阳、鹤壁等地除阴、阳、上、去之外，还有一个入声，入声调值的特点是：全部入声音节均以喉塞音结尾，读音短促，如"麦""福""特"等。如果仔细观察会发现：韵母变化的结果是，收尾音的开口度居中，如 a 韵母本来口腔大开，处于入声字尾音时，新乡、安阳、鹤壁地区度为口腔较闭的 [o]；普通话 i 韵母本来口腔最闭处于入声尾音时，新乡等地却读得开口度稍大。

入声区的人学习普通话的声调，首先需要将入声的调值拉长，之后自然会发现韵母读音与普通话的差异，从而调整自己的开口度，将入声分到阴、阳、上、去里，其次，也要像非入声区一样，掌握阳平读法的关键，解决阳平升不高的弱点。

入声字的声调辨正，以下三种方法可以借鉴：

第一，查入声字表记忆入声字的声调。

第二，用类推记忆法记住一部分入声字的声调。鼻音声母 m、n，边音声母 l 和零声母的古入声字绝大部分在普通话中读去声。如：

m 末磨密蜜目木麦卖灭　　　　　　　n 纳逆溺诺虐

l 辣例六簏绿虑略掠　　　　　　　　零声母 意亦叶欲玉

第三，将常用入声字组成双音节词语进行集中强化训练。

附：常见的古入声字词语

（bù） 布匹	（bǎi） 柏树	（běi）北方	（bī）逼迫
（bó） 停泊	（pì） 偏僻		
（pú） 仆人	（pò） 魂魄		
（mì） 蜜蜂	（mò） 陌生		
（mù） 木头	（mài） 脉搏		
（miè） 蔑视	（fǎ） 法律		
（fú） 幸福	（dé） 德育		
（lǎng） 朗读	（tǎ） 宝塔		
（tè） 特殊	（tì） 剔除		
（tiě） 铁丝	（nà） 呐喊		
（niè） 姓聂	（nüè） 虐待		

（liè）　打猎　　　　（luò）　骆驼
（gé）　革命　　　　（guó）　国家
（kuò）　扩大　　　　（huò）　或者
（jiǎo）　脚踝　　　　（jú）　橘子
（lüè）　省略　　　　（gǔ）　谷物
（kè）　时刻　　　　（hè）　显赫
（jí）　脊梁　　　　（jié）　结束
（jué）　觉悟　　　　（qià）　恰巧

【训练】

（1）读准下列词语：

阴平—阴平

xiē xī	qiē gē	bō xuē	tū chū
歇息	切割	剥削	突出

阴平—阳平

qī liáng	qū zhé	bā shí	jī jí
凄凉	曲折	八十	积极

阴平—上声

qī bǎi	jīn shǔ
七百	金属

阴平—去声

pū miè	dū cù	pāi shè	pī lì
扑灭	督促	拍摄	霹雳

阳平—阴平

zhí jiē	xué shuō	xí jī	jié chū
直接	学说	袭击	杰出

阳平—阳平

jié hé	jué chá	gé mó	guó jí
结核	觉察	隔膜	国籍

阳平—上声

xiá gǔ	zhí shǔ	xiá zhǎi	huá xuě
峡谷	直属	狭窄	滑雪

阳平—去声

dé yù	dí què	bá shè	dá fù
德育	的确	跋涉	答复

上声—阴平

biǎn dī	jiǎo jiān	mǒ shā
贬低	脚尖	抹杀

上声—阳平

pǐ dí	pǔ shí	běi fá	bǐ zhí
匹 敌	朴实	北伐	笔 直

上声—上声

tiě tǎ	biě gǔ	jiǎo gǔ	
铁塔	瘪谷	脚骨	

上声—去声

fǎ lǜ	bǐ mò	jiǎo luò	
法律	笔墨	角落	

去声—阴平

sè cā	shù shuō	liè jì	
塞擦	述 说	劣迹	

去声—阳平

liù shí	mù fá	mì jí	liè xí
六 十	木筏	密集	列席

去声—上声

yì bǐ	yuè qǔ	liè shǔ	chè gǔ
一 笔	乐 曲	烈 属	彻 骨

去声—去声

lù xù	bì yè	nà rù	là yuè
陆 续	毕 业	纳 入	腊 月

（2）朗读下面的诗，注意带点的字的读音：

《江雪》

千山鸟飞绝，　　Qiān shān niǎo fēi jué,
万径人踪灭。　　Wàn jìng rén zōng miè.
孤舟蓑笠翁，　　Gū zhōu suō lì wēng,
独钓寒江雪。　　Dú diào hán jiāng xuě.

要点梳理四：河南方言汇总

不难发现，河南方言中的字词读音大部分与普通话相吻合或基本吻合。但由于历史、地域以及其他方面因素的影响，一些河南方言中的字词读音、声调和释义与普通话的差距依然很大。因此，我们依然有必要学好普通话，丰富我们的民族语言。

表8-6　河南方言中的日常用语与普通话对照表

河南方言中的词汇	普通话相对应的词汇
中不中　不中	行不行？不行
中中、中中中（不耐烦时）	应付

河南方言中的词汇	普通话相对应的词汇
中中、中中中（重语气时）	肯定行
不中不中（加重语气时）	确实不行
着 着不着 不着	舒服，爽、如意
恁好 恁孬 恁不中用	很好 很不好 很不行
木牛	没有
得劲	知道 知道不知道？不知道
空壳篓	什么也没有
瓷实	结实、牢固
细发	仔细
大约莫	估计
咋了	怎么了
兴（示例：这地方不兴这东西）	可行、时兴、流行
应承	答应、许诺
抓（读音四声）	啥？干什么？多用于打招呼（口语）
弄（示例：你弄啥哩？）	干、做
啥	什么？
包（bao）、白	别
外气	客气、见外
自己约（yo）	个人、独自一人
一骨段、一骨节	一截、一节、一段
一尊儿（人）	一块的、一起的、一伙的
一蹲儿（物）	一小堆
去胡	算了、散伙
压根	从来、从开始
怪（示例：怪不好意思）	很
怪好（示例：小伙长得怪好啊）	很好（示例：小伙长得很帅啊）
这股劲气（示例：你这人咋这股劲气？）	这个样子（示例：你这人怎么这个样的）
招呼着点（有威胁的含义）	小心点
蒙（示例：这种做法显然是蒙人的）	蒙骗
诓	欺骗、骗人、糊弄人
去球	完了、完蛋

河南方言中的词汇	普通话相对应的词汇
阿（a音或e音）杂	龌龊、垃圾
掏劲	使劲
出（读音）（示例：这布一洗，出两寸）	缩水
出不出？	缩水不缩水？
掉板（示例：这事办的太掉板）	丢脸、没成功
较起悠（有）、求其儿	有一点，稍微
不大点	可少、很小
不大里儿	差不多
瞥、瞥腔拉调	说话时拿调（装腔作势）、南腔北调
自两下子	水平不错
（门）对子	春联、对联
齐古盾儿	整齐
老末	最后
皮实	泼辣、健康、顽、颇皮
实受	老实、诚实
派仗、排场（人）（示例：这人很排场）	有面子
瞎话（示例：显然是说瞎话）	说谎话、撒谎
不粘板	不行、不可以
胡吊乱	没规矩、胡乱做事
糊涂叉	不怎么地、一踏糊涂
住贵、竹贵	贵重、很贵重
金贵	稀罕物品
徐古不徐古	想起来没？
看扁人	瞧不起人、看不起人
作业	作孽、丧良心
作践（不好的作为、行为）	摧残

表8-7 描述人的动作、行为的河南方言与普通话对照表

河南方言词汇	普通话相对应的词汇
挺（示例：上床挺一会儿）	躺下、身体平躺、稍微休息一会儿
挺了（示例：冻挺了；死挺了）	僵硬、直挺挺
瓦（了）（示例：早就瓦了）	跑（了）、逃跑
绷住嘴	闭嘴
突鲁（示例：裤子突鲁了）	下滑、褪下
板倒（示例：不小心，板倒了）	跤、摔跟斗
使里慌	很累
骨禄（示例：你骨禄一边去吧）	滚一边、滚蛋（骂人）
跌、掉（示例：从屋顶跌下来）	高处掉下来、跌落
瞅瞅	看看（一下）
秘缝眼	闭眼、半闭眼
易睁（示例：你发易睁，不知道吧）	睡觉时说梦话
光嘟鲁、赤马肚子	赤身裸体、不穿衣服
拍巴掌	鼓掌
搁（示例：这东西搁到那儿）	放
忽、煽（巴掌）	打耳光
逮（音"开"）	捉
够	挑、取、拿（高处的东西）
合捞	用棍棒找暗处的东西
戳（用棍捅）	捅
仰卜叉（示例：不小心，摔了个仰卜叉）	后仰、四肢朝天
姑堆	蹲下
压（示例：压这条路走）	沿着
缺（示例：缺点蒜）	捣制（示例：捣制点蒜泥）
舀、瓦（饭、菜、水）	盛（饭、菜、水）
踹（示例：被踹了一脚，现在还疼）	踢
捌（读音"快"）痒痒	抓痒、挠痒
格致（为使对方发笑的挠痒）	挠痒痒肉
对（堆）（示例：他先对了我一拳，……）	打、击
格气	闹别扭（多用于儿童）
布拉（示例：衣服脏了，快布拉布拉）	用手拍拍，抚平
拽（示例：快拽我一把）	拉、扯、搀扶

河南方言词汇	普通话相对应的词汇
库券（示例：睡觉时库券着腿）	腿弯曲
藏模乎（示例：一群小孩做藏模乎游戏）	捉迷藏
扳道（绊倒）（示例：地太滑，扳道了）	摔跤、摔跟斗
布住（示例：好好的布住孩子）	抱着、抱住（示例：抱着孩子）
急里麻察（表示动作行为慌乱）	慌乱
磨蹭、磨磨蹭蹭	动作迟缓、很慢、故意放慢速度
各气	闹别扭、打嘴仗
赶会	逛庙会
杀	宰
杀个瓜	切个瓜
麻离里、利索	动作快
拢灼火、拢火	点燃火（点燃炉灶）
出门（示例：今早就出门了）	外出
出远门（示例：今早就出远门了）	到外地
悠悠、逛逛、逛悠、悠逛	游玩、散步、散心
玩、耍	各种休闲活动统称
摆制（示例：收音机摆制响了）	修理（物）
可张（示例：这孩子从小就可张）	过分张扬、不稳重、爱显示自己
卖能（示例：这人总是爱卖能）	卖弄、呈能、显示小本领、耍小聪明
扁（示例：他该扁一回了）	揍人、打人
憋勒慌、憋屈	郁闷
冤屈、憋屈	委屈、冤枉
出马（示例：看来这事需要老兄出马了）	出手、参与
拾道（示例：家里拾道后，干净了）	收拾、整理（物）
串门子	去邻居家闲坐
厥人、卷人	骂人
么火，协活	喊、叫
喷、喷喷	聊天（侃大山、拉瓜）
啪啪（示例：抽空咱俩啪啪）	说知心话、聊天
徐哩很、徐叨	啰嗦、唠叨得很
嚷、挨嚷（示例：这孩子早该挨嚷）	训斥、口头批评、挨说、挨训
求告、求爷爷告奶奶	祈祷、请求、哀求

河南方言词汇	普通话相对应的词汇
扯球蛋	闲扯、胡扯
睹咒（示例：这事我敢对天睹咒）	发誓
戳祸、戳蚂蜂窝（比喻） （示例：这件事是戳了蚂蜂窝）	惹祸
卖野眼（示例：他像丢魂似的卖野眼）	东张西望、精力不集中
地道（人）（示例：买卖做的很地道）	正经人（示例 地道的商人）
地道（物）（示例：地道的郑州货）	好的、正宗
信（示例：你信给我点青菜下面条）	白拿，白要
信给（示例：这东西是别人信给的）	送给别人东西、赠送
欣（信）（示例：闺女欣下了没有？）	嫁人、出嫁
待见（指某人招人喜欢）	招人喜欢
娶媳妇	结婚
出门儿（示例：闺女三月初就出门儿）	嫁女、女儿出嫁
早晨	清儿起儿
搐	系裤子 腰带
摆置	处理、解决、掌握、拥有、玩弄、整治
镖劲	跟某人斗气、对着干
不捏不捏	用两手指轻轻转动某物
缠磨头	对某人某事爱纠缠不休
登倒	互换
邋遢 邋磨	不利索 不卫生 不整洁
迷瞪	头脑不灵活、没有眼色、动作迟缓
目眵	闭上眼睛休息一会儿
腻歪	让人恶心、不喜欢
齐整	好看、漂亮
上脸	借势撒娇或恶作剧
闪	丢下或甩下
奢 急奢慌	着急、慌了手脚
夜隔儿 夜喝儿晌	昨天
撮住	由五个手指头聚拢的手势引申出停住、闭口
浪白（bei）	轻薄、不庄重
妥	中、行
枯搐 枯搐皮	干枯、衰老、萎缩 皱纹

河南方言词汇	普通话相对应的词汇
些	很、非常、特别 "他跑得些快"
老柞（zha）	不时髦、土气、过时
支棱	作物受灾后重新生长，或某人春风得意。
支应	伺候
姿腻	漂亮、好
撮（chua）	把别人手里的东西抢过来
疵毛	不行、差劲、没能力
籴（di）	买粮食
多嫌	厌烦某人在某场合的存在
行易	习以为常
姑泳	蠕动
恼了	生气了、发脾气
不忿儿（示例：他的态度真叫人不忿儿）	不服气
紧巴、紧紧巴巴	勉强（经济困难或时间紧张）
拿捏（示例：总不能让人拿捏着过日子）	约束、受限制、摆布
骚主意、骚办法	馊主意
可球美（示例：这事办的可球美了）	真是好
办瞎了	事儿办错了（办坏了）
叉屁、屁了（示例：这事叉屁了）	完了、办坏了
晒百，甩脸子（示例：我被晒百一顿）	不满意、不给好脸看
屙囊（示例：这地方真厨囊）	脏
窝囊（示例：这人真窝囊）	脏、没本领
各意、各意人	恶心人、烦人
各蔫（形容人不精神，像霜打过一样）	没精打彩
磕衬（示例：这事办的真磕衬）	恶心人、不欢迎
搁住不搁住	值不值得？
不得劲、不舒坦（示例：身体不得劲）	身体不舒服、有小疾病
美气（表示心情）	舒服，高兴
眼气（表示心理）	眼馋、羡慕

知识风暴九　朗读训练

要点梳理一：朗读概述

一、朗读的含义

朗读就是运用普通话把书面语言清晰、响亮、富有感情地读出来，变文字这种视觉形象为听觉形象。朗读是一项口头语言表达艺术，需要创造性地还原语气，把无声的书面语言变成活生生的有声的口头语言。写文章是一种创造，朗读则是一种再创造，这正如北京大学学者孔庆东所言："朗读是文本在头脑中的再现，声音带动了整体的思维，听了以后需要再创作。"

二、区别朗读与朗诵

有人常常把朗读和朗诵混为一谈，认为朗读就是朗诵，朗诵就是朗读，其实这是一种误解。下面我们就从这两种语言形式所承担的任务、文本选择、评价标准和技巧方面，谈一谈它们之间的区别和联系。

朗读就是出声地读。一切文字都可以作为朗读对象，长到一篇长篇小说，短到一个字、一个词。它所承担的任务只是传递信息，朗读者所要做的就是"照本宣科"，把"沉默"的字、词、句、章转换成有声语言。评价一个人朗读水平的好坏，就是看他这个转换是否正确、清晰、完整。要做到这几点其实不容易。除了要读准声、韵、调，还要做到不添字、不漏字、不回读、不颠倒语序、语调平稳。概括地说，朗读就是用声音再现文本内容，不仅再现文字，甚至标点符号、行文格式、表达的内容都要再现出来。因此，朗读除了要求说好普通话，还要正确处理好停顿、语调、语气，并力求做到"眼口不一"，即嘴读到这一句时眼已看到下一句。

朗诵属于艺术表演范畴。朗读是一种再现，而朗诵是一种再创造。朗诵是依托文本，结合自己的审美体验进行二次创作。朗读强调的是忠实于原文，朗诵则允许朗诵者在忠于原文的基础上进行艺术加工，用丰富多彩的语言手段及其他声音形式（比如音乐）创造优美动人的意境和形象。因此，评价朗诵的优劣往往是看朗诵者的艺术创造是否能给人一种美的享受。这样，朗诵者的文化修养、对语言文字的感悟能力、语音运用技巧、艺术表现能力往往就成了决定朗诵水平高低的因素。朗诵文本的选择范围较朗读狭窄得多。一般说来，抒情色彩较浓的文学作品适宜作为朗诵的文本；另外，在选择文本时还要兼顾到朗诵者的性别、年龄、个性特征及音色等因素。一个文弱且音域狭窄的少女不宜选择豪放的"大江东去"来进行朗读，一个豪情万丈、声如洪钟的关东大汉朗诵李清照的早期词作也未免显得有些扭怩作态。朗读考虑的是让听众听清楚，朗诵考虑的是让听众受感动。而要感动别人，首先要感动自己。所以，朗诵时一定要做到"眼前有景，心中有情"，可以借助音乐、态势等辅助手段造成一种"未有曲调先有情"的氛围。在音色、音量、语速、节律等方面也可作些适当的夸张，以渲染气氛。

当朗读的对象为抒情浓郁的文学作品时，朗读和朗诵的区别基本也就不着痕迹了。

要点梳理二：朗读的基本要求

一、语言规整，使用普通话语音朗读

朗读是一种郑重的转述，是一种比较庄重、质朴的再创作。因此，朗读时使用的语言应当是规整的，无须追求夸张和渲染。

语言规整，包含字音准确；词或词组的轻重格式正确；语法关系和逻辑关系明确；词的疏密度相对适中；语势的峰谷、起伏得体，不忽高忽低；节奏变化要平稳；音色不应该超越朗读者的声音范围造成忽尖忽粗，更忌"抖音""滑音"等。另外，朗读还要做到"七不"：不读错字、不添字、不掉字、不颠倒、不中断、不重复、不拖腔。但规整不等于平板，朗读的语言应当是生动感人的。如果朗读时有声语言没有思维过程，没有感情运动，而语调又缺少变化，单调雷同，就难免会显得呆板、平淡。朗读语言来源于生活语言，但它又不同于日常生活中聊天说话式的表达。它比自然语言更准确、更生动，更具有美感，是一种既规整又有一定艺术性的语言。

二、把握作品基调，声音富于变化

朗读，是把文字作品转化为有声语言的创作活动，也就是朗读者在理解作品的基础上用自己的语言塑造形象、反映生活、说明道理、再现作者思想感情的再创造过程。朗读者面对文字作品，无论是在分析、理解作品时，还是在进行朗读时，都必须对文字产生相应的感受。因此，朗读者在朗读之前要对语义进行认真的分析、深入的理解，把握住全篇的主题和层次之间的逻辑关系，明确重点段落和重点语句。只有这样，朗读时才能够把意思表达清楚，把重点突出出来。

要使语义明晰，首先要做到语音规范，除了要求朗读者忠于作品原貌，不添字、漏字、改字外，还要求朗读时在声母、韵母、声调、轻声、儿化、音变以及语句的表达方式等方面都符合普通话语音的规范。朗读一篇作品，如果连普通话都读不准确，甚至读错了，那就会影响听者对原文的理解，甚至会闹笑话。

要使语义明晰，还要处理好具体的语句，恰当的安排停连与重音。停连，指的是朗读语流中声音的中断和延续，朗读的过程中，再区分转折、呼应、递进等地方，造成了适当的声音空隙，承上启下，就需要运用停顿；在组织严密、感情奔流、语言推进、意思连贯等地方，造成声音的流动，一气呵成，就需要运用连接。一个文本里最重要的词或词组，甚至某个音节，或者说，在朗读时需要强调或突出的词或词组，甚至某个音节，叫做重音。要处理好重音，就要解决作品内部词语关系的主次，我们时常见到有些人，在朗读之前，对作品不作认真准备和细致处理，或者一看没什么生字就拿来便读，结果只能是含糊一片，甚至会出现一些笑话。

三、感情真挚，使听众产生共鸣

感情是朗读根基的核心，是朗读再创作的精华，是朗读有声语言的生命，是朗读技巧的灵魂。感情色彩是朗读者在感受作品内容的基础上进行再体验的产物，它要经过脑神经、机体内部器官反复交错的活动和化学的、生理的变化，是感受的发展、态度的深化。"情动于衷而形于言"，爱憎、悲喜、惧欲、急冷、怒疑，不仅融入作品的字里行间，更要通过朗读者的有声语言传达出来。设身处地、如临其境，把自己的思想感情激发调动起来，使作品的字字句句仿佛是从自己心中流出来的。当然激情并不是感情不可遏止的泛滥，别林斯基说过"激情永远是观念在人心灵中激发出来的一种热情，而且永远向往观念。因此，它是一种纯粹的、道德的、极其完美的热情"。

比如说在朗读叶挺的《囚歌》时，我们就应该体会作者身陷囹圄时坚贞不屈、面对利诱毫不动摇的豪情壮志。读这样的诗时，一种对革命前辈的崇敬之情会油然而生，把革命战士坚贞不屈、视死如归的英雄气概表现出来的愿望也会愈加强烈，此时，我们将诗句形之于声，就会饱含激情，听者也会为之感染，产生共鸣。而那种只动口不动心，没有真情的流露，缺乏饱满热情的朗读也是苍白无力的。

要点梳理三：朗读的技巧

一、停连技巧

在普通话口语表达过程中，需要一些表达的技巧来表现思想感情的变化，从而使表情达意的有声语言形式更加丰富，内容更加准确。停连是表达思想感情的重要方法，对思想感情的表达有能动的反作用。

1. 停连的定义与作用

停连，是指在有声语言的流动过程中，声音的中断与连接。在有声语言表达过程中，声音中断、休止的地方就是停顿。反之那些不中断、不休止的地方（特别是有标点符号，而不中断、不休止的地方）就叫连接。

停连，存在于有声语言之中，既是生理需要，也是心理需要。从生理上说，我们不可能一口气说完一大段话，或者一口气读完一大篇作品，必须有不断补充、调整气息和调节声音的生理过程。从心理上说，我们说话都是为了表达思想感情，要使自己的意思表达得更清楚，感情抒发得更充分，这就不能不将词语进行适当的组织。对那些区分、转折、承上启下的地方，就需要运用停顿；而那些意思连贯、感情奔流，应该一气呵成的地方，就需要运用连接。无论停或连，都是思想感情发展变化的要求，而不是任意的。

例如：小明对小玲不好。

这句话是想说："小明对待小玲不好。"要使听话人明确这个意思，说这句话时就需要在"小明"之后稍加停顿，否则，一连气说下来，意思就显得模糊。如果把词语另加组合，将"小明""对"连起来说，然后稍停一下，就会使人听成另一种意思"小明做得对，而小玲做得不对"。

停连的作用可以表现在许多方面，可用于组织区分，使语意明晰；可用于转折呼应，使目的鲜明；可用于表现思考判断，使表达生动；也可以令人回味想象，创造出意境。与其他语言技巧相比，停连最主要的作用是使语意更清楚、更明白，也就是说，它可以帮助说话人组织语言，明确语意，同时又能便于听话人理解、思考和接受。

2. 停连的位置和类型

停连与呼吸关系密切，需要相互配合。但停连并不只是为了换气，满足生理需要是最基本的，而更重要的是表情达意的需要。所以，停连的位置主要从以下几个方面考虑。

（1）语句意义需要区分、强调之处

每句话都有其确定的意思，安排停连最基本的要求就是使语句意思清楚明白，这也是安排停连最基本的标准。

1）区分性停连　区分语意、顺畅语气，以求听众一听就懂，不会造成歧义，产生误会。在稿件中词与词之间、句与句、层与层、部分与部分之间都有区分性停连。比如：阿拉法特指责以色列企图破坏中东和谈基础。

如果在"以色列"的后面安排一个停顿，说明阿拉法特单纯指责的是以色列这个国家，但实际上，他指责的是以色列的做法，那么，正确的停顿应该在"指责"后面。

2）强调性停连　与重音有密切的关系，是用得最多的一种。强调性停连有时候反映一定的观点倾向和感情色彩。这时，应该在所强调的词句前面或后面，或者前后两面同时安排一个停顿，而将不强调的词句连接起来，即使停顿也相应缩短时间，这就是强调性停连。

例如：植树节前夕，洛阳市政府统计全市所辖9个县去年的造林面积。下面汇总上报的数字是42万亩。市政府林业局到各县进行现场丈量、核实的结果是全市造林面积实有28万亩。在这28万亩中，真正合格的也只有一部分。

3个需要强调的数词前就可以安排一个停顿以表示强调，而不需要强调的地方，如"在这28万亩中"，就可以用连接的方式和下句衔接时一带而过。

（2）逻辑关系需要显示、明确之处

语言表达中，语句都有一定的逻辑关系。安排停连的第二个标准就是语句间的逻辑关系。

1）呼应性停连　在理清语句本意的基础上，分析前后语句之间的照应关系。要分清是一呼一应、一呼多应还是多呼一应或先呼后应。在一呼多应中，要理清多应之间的关系，是并列、递进还是其他关系。例如：

他十六岁上大学，二十岁读研究生，二十三岁参加工作。

句子中"他"为呼，"十六岁""二十岁""二十三岁"等为应。"呼"和"应"之间应该停顿，三个"应"间应该连接，即缩短逗号间的停顿。

2）转换性停连　利用停连将语意和感情色彩的转换表现出来。注意先在心里实现转换，嘴上才能出声。例如：

他丢下自己的小孙孙，把伤员背进了防空洞。当他再回去抢救小孙孙的时候，房子已经炸平了。

在语意和感情色彩的转换处停顿，而语意和感情色彩一致处应该连接。

3）并列性停连　这是最容易理解和掌握的一个类型了，因为有标志性的连词和标点符号提示我们，当句子中有"和、与、跟、同、及"或者顿号时，涉及并列关系。并列词的两端或者顿号的两端是否平等关系，停连的时间和方式是否一定相同，这要灵活处理。比如，大家熟悉的《满汉全席》的贯口，那么多菜名，就是并列关系，这时就需要把并列的各项按内容、数目、类别分组，相似的分成一组，组内用连接，组与组之间用停顿。

4）分合胜停连 一般用在分合句式上，这种句式一般都有领起句、分说句和总括句，停连的位置一般在分合的交叉点上。例如：

这些石刻狮子，有的母子相抱，有的交头接耳，有的像倾听水声，千态万状，惟妙惟肖。

（3）情景神态需要描绘、表现之处

光有以上两种停连还不能把语句所蕴含的生动的形象充分表现，为了描绘出生动的情景、神态，把形象刻画得逼真传神，也可以运用停连的技巧。

1）生理性停连 指稿件中人物因生理上的需要产生的异态语气。比如，激动、上气不接下气、无力完整说话、断断续续地、口吃等状态。要注意把握好分寸，能够传神即可，以免打断稿件语气的脉络。例如：

他蓦地抽回手去，深深地吸了一口气，用尽所有的力气举起手来，直指着正北方向："好，好同志……你……你……你把它……带给……"

2）判断性停连 清楚表达思维过程的脉络和思维过程中的感受，主要是在判断和思索的地方进行停连。例如：

床前明月光，疑是地上霜。

（4）听者需要想象、回味之处

这是为了加深听者的印象，引发其思考和回味的回味性停连。例如：

有一次，我从飞机的舷窗俯瞰珠江三角洲，在明净的苍穹下，纵观秀丽的景色，啊，真美呀！水网和湖泊熠熠发光，大地竟像是一幅碧绿的天鹅绒，公路好似刀切一样笔直，一丘丘田又好似棋盘般整齐。

最后一句为了引发听者的回味和思考，就可以在"一丘丘田"后安排一个停顿。

（5）停连的灵活运用

由于文化修养等因素的差异，对稿件的理解是因人而异的，受到语感、声音条件等具体因素的影响，每个人处理停连的方式可能不尽相同。为此，可以根据自己的理解综合运用多种停连技巧。加强对生活中各种语言的分析、研究，加深对语言的文学性、科学性的理解是丰富有声语言灵活性的关键。

3. 停连的方式

在停连的位置确定之后，我们还不能忽视停连的处理方式。不明确停连的位置，就无从谈处理的方式；不讲究处理停连的方式，位置即使准确了也还不能使表达结果更恰切。

例如：我抬起头来／＼透过天边的风雨／＼透过无边的黑暗／＼我仿佛看见了一条光明大路／＼这条路／＼一直通向遥远的陕北。

这段话中的停连位置我们都确定了。但是，是不是在播读的时候所有该停的地方都一样地停呢？显然不行。那么，停顿时间的长和短、停前声音的扬和落、气息状态的弱和强等等，这些问题就是停连方式的问题。连接方式，则是指连接时语流的急和缓、曲和直等形式。

下面我们就简单介绍几种常见的停连方式。

（1）落停

这种方式一般用于一个完整的意思讲完之后（带回味性的意思有例外）。它的特点是：第一，停顿的时间较长。第二，停时气也呼完。第三，句尾声音顺势而落。落停要缓收，是指在一句话、一个层次或一篇文章结束后使用的。落停一般用于较为平稳的、松弛的内容。而在这种情况下的落停一般都是缓缓收住。

例如：盼望着，盼望着，东风来了，春天的脚步近了。

（2）扬停

这种方式一般用在句中无标点符号之处，或一个意思还没有说完而中间又需要停顿的地方。它的特点是：第一，停顿时间较短（有时仅仅是一瞬而已）。第二，停时声停气未尽（有时甚至虽停却不换气）。第三，停前声音稍上扬或是平直拉开。

例如：中央人民广播电台！现在播送／＼中央气象台／＼今天上午十点发布的天气预报——这段话中可以有几处停顿，其中如"气象台"之后的小顿挫就可以采用扬停的方式。

扬停要强收，语势上扬，给人以期待感，节奏明快。一般情况下，在稿件内容表达较奔放、自豪、坚定的情绪时运用扬停强收。

（3）直连

这种方式一般用于有标点符号而内容又联系紧密的地方，它的特点是：顺势连带，不露接点。

例如：听了他的话，我快走几步，紧紧地跟着他，但是不一会儿，我又落下了一大段。

这段话中"快走几步"与"紧紧地跟着"之间要连一下，连的时候就可以采用直连的方式。

（4）曲连

这种方式一般用于标点符号两边既需要连接又需要有所区分的地方，特别是一连串的顿号相间之处，或者是排比句式之类的连接点。它的特点是：连环相接，连而不断，悠荡向前。

例如：北京、天津、上海、武汉、长沙等地也都下了雨。

这句话中的顿号之处都需要连接一下，因为都停则会显得语意零碎，但如果直连又会使五个地名没有区分。采用曲连的方式正可以恰当表达。

采用曲连方式的时候，可以把接点前的那个字音拖长一点甩向接点后的那个字。当然任何方法都需要在实践中反复体会摸索才能使用自如。

停连方式的选用，不管是以上四种还是其他任何一种，都需要依具体的语言环境下的具体语句形式而定，而运用时必须遵从的总原则，就是张颂教授在《朗读学》一书中所指出的"按文意，合文气，顺文势"。

二、重音技巧

和停连一样，重音也是表情达意的基本技巧之一。在表情达意过程中，有些音节要轻读，有些音节要重读，这样才能传达出生动活泼的语气，突出文章的重点。

1. 重音的概念

语言是由各个句子组成的，句子又是由词和短语构成的，而词语在表情达意时占的分量有重要些的，又有次要些的。其中，那些最能体现语句目的、最能表达思想感情的词或短语就是重音。

人们说话都有明显的或潜在的目的。落实到语句中，每句话也都有其目的。一句话中总有最能表明说话目的的主要词语，需要在说话时加以强调。

例如下面这句话，由于把不同的词或短语确定为重音，整个句子的意思也就发生了很大的变化。

A. 莉莉乘火车去西藏旅游。（主角是莉莉而不是别人）

B. 莉莉乘火车去西藏旅游。（交代是火车而不是其他的交通工具）

C. 莉莉乘火车去西藏旅游。（点明是去西藏而不是其他地方）

D. 莉莉乘火车去西藏旅游。（说明是去旅游而不是去做别的事情）

在口语表达中，重音具有很大的作用，它和停连一起使语意清楚准确，使语句目的突出，使逻辑关系严密，使感情色彩鲜明。

例如：旧社会把人变成鬼，新社会把鬼变成人。

这句话的目的是说"新社会好"。假如在说这句话时，不强调任何词语，言语目的就很模糊；假如去强调重复两次的"社会""把""变成"之类的词语，就会使人听不出两个社会的区别，因而使逻辑上的对比关系被淹没了。只有正确地选定了重音："旧""鬼""新""人"，并用恰当的声音形式强调出来，这句话的言语目的才能突出地显露出来。由此可见，重音是口语表达中不可忽视的重要技巧之一。

2. 语句重音的位置和分类

一句话中哪些词语是重音，需要加以强调，这应当根据语句所表达的思想感情，联系语言环境（或上下文）来考虑。重音体现着言语目的，并为言语目的服务。重音存在于非重音之中，体现了词语之间的主次关系。明确了言语目的，把握住词语之间的主次关系，才能较准确地确定重音的位置。

下面就从三个方面谈谈语句重音的选择办法。

（1）突出语句目的的中心词

这类词，是指那些在语句中占主导地位和最能揭示语句本质意义的词或词组。它们是准确、鲜明地传达语句目的的核心。

1）陈述事实的主要词语 有些语句的目的主要是传达清楚事实。那么，在这类语句中，那些交代人物、时间、地点和事件概括的主要词语就是突出语句目的的中心词。

例如：天津市宝坻县一位叫陈光兴的农民，最近从农村来到天津市专利局，要求申请白杨树扦插技术的专利权。

2）起说明、修饰、限制作用的主要词语 有些语句中的重点除了叙述的事实本身之外，更重要的是，那些与语句目的最直接相关的说明、修饰、限制性的词语，也是突出语句目的的中心词。

例如：一曲完了，她激动地说："弹得多纯熟啊！感情多深啊！"

当然，说明、修饰、限制性的词语并不一定都需要强调，我们强调的是那些突出语句目的的主要词语。

3）表示判断的主要词语　有些语句的目的主要是表明肯定或否定的态度。那么这类语句中的判断或起判断作用的词语，也可以成为突出语句目的的中心词。

例如：我是新闻系的学生。

4）反语中的主要词语　有些语句的真正目的恰与文字表面的意思相反，读这类语句往往要在某些关键的词语上体现出反意来，才能使语句的真正目的得以突出。

例如：他们掠夺了当地的财宝，还杀害了当地的土著，真是"文明"啊！

5）主要的数量词语　有些语句中的数量词与语句目的的显露有直接关系。那么这类词语也可以作为重音。

例如：现在的青年要价太高了，年薪十万元都不去。

另外，在用数量对比来说明问题的语句中，数量词更是常常要强调的中心词。

例如：都一个小时了，他才反应过来。

语句中的数量词，一般都是会作为强调的重音的。强调数量词语时，一般是强调数词而不强调量词，数目比较大时，通常强调最高的数位上的数。这种带有规律性的现象，尤其值得我们注意。

（2）体现逻辑关系的对应词

这类词是指那些具有转折、呼应、对比、并列、递进等作用的词语。它们是语句目的实现过程中的重要逻辑线索。

1）线索性的重复出现的词语　有些稿件中常使用首尾呼应或反复提示一个线索的手法。在这种重复两次以上的语句中，经常要重复一些词语用以呼应或提示。

例如：《西里西亚的纺织工人》中的"我们织，我们织"。

2）相区别而不相重复的词语　在复句中常常有明显的或潜在的逻辑关系。除关联词（如"不但而且""虽然但是""因为所以"等）以外，真正能体现复句逻辑关系的往往是那些相区别而不相重复的词语，它们是相关联内容的实质，是我们所要强调的体现逻辑关系的对应词。

例如：竹叶烧了，还有竹枝；竹枝断了，还有竹鞭；竹鞭砍了，还有深埋在地下的竹根。

（3）点染感情色彩的关键词

这类词是指那些对显露丰富的感情色彩、情景神态和烘托气氛等有重要作用的比喻、象声以及其他形容性的词或词组。它们可以使特定环境中的语句目的生动形象地突出出来。

1）比喻词　有些语句中常用比喻的手法来叙述抽象的或难以理解的事物和道理。这样可以使人听来通俗易懂、生动形象。这类比喻词也可以成为重音。

例如：月光如流水一般，静静地泄在这一片叶子和花上。

2）象声词　有些语句中，常常用象声词来突出人物或事物的情状，表达某种感情。这种象声词在一定的语句中也可以成为重音。

例如：一连几天，雨总是哗哗地下着，快把人闷死了。

以上我们从三个方面谈了对语句重音的选择。这三条标准，也只是给大家提供了一些确定重音的途径，实践中，可根据不同情况灵活运用。

重音，应有主要重音和次要重音之分。一般情况下，在一个语句中主要重音只有一个（并列成分和对比成分除外），次要重音可根据不同情况有一至数个。

选择重音有一个问题需要引起注意，就是"无意隐含性对比"现象。"无意隐含性对比"是指由于说话者不适当地强调了某一个词或词组，与潜在的某一个词或词组形成了对比，使语句目的出现偏差，对听者的理解产生误导，从而造成理解上的歧义或者反义。

例如：中央领导同志还到部分受灾群众家中探望。

他的本意是说领导慰问受灾群众，本应强调"探望"，如果强调了"部分"，就会使"部分"这个词与潜在的"所有"形成了一种"隐含性对比"，这就给句子附加了"领导只是看望了个别人"的歧义。由于这个失误不是说话者主观有意为之，因此叫"无意隐含性对比"。这种重音技巧运用不当的情况在语言表达实践中是比较普遍的。

选择确定重音的总的原则是：以能否突出语言目的为首要标准，综合考虑逻辑关系和感情表达的需要，有利则取，不利则舍。

3. 重音的表达方法

在朗读中使用重音，是为了更好地表现作品的思想感情。通常，加重音的词语在朗读时要读得重一些、响一些，但并非所有重音都是如此。和停连一样，重音也是朗读的基本技巧之一。朗读过程中，有些音节要轻读，有些音节要重读，这样才能传达出生动活泼的语气，突出文章的重点。如果将所有音节都读得一样重，就很难把文章的内容传达清楚。下面介绍几种重音的处理方法。

（1）高低强弱法

要"欲高先低，欲强先弱"或"低后渐高，弱中渐强"。

1）高低法　对非重音使用较低的声音，而读重音词语时提高声音，显出重音与非重音的高低对比。

例如：——让暴风雨来得更猛烈些吧！

"更猛烈"作为递进性重音，既要表现坚定昂扬的斗志，迎接胜利的激情，又要使全篇的结尾耐人寻味，因此，我们可以采用陡然提高声音的方法加以表达，使之起到振聋发馈、鼓动人心的作用。

2）强弱法　使全句的非重音词语处于较弱的声音中，对重音词语用较强的声音加以强调。

例如：中国人民革命军事博物馆里，有一个粗瓷大碗，是赵一曼用过的。

这是递进性重音，句中的"有一个"和"粗瓷大碗""用过的"和"赵一曼"

相比较，前者应稍轻些，后者稍重些，句子的意思就会叙述得比较清楚了。弱中加强的方法，在口语表达中经常使用，但强弱对比的幅度很不一样，可以有稍强、较强、很重、较重等多级区别。

重音有时也可以用强中见弱的方法加以表达。例如：漓江的水真静啊，静得让你感觉不到它在流动。

句中的"静"字只有用轻一点的声音才能较贴切地表现出来。

（2）快慢停连法

1）要强调的字词前后加以停顿，可表现浓重的感情色彩。

例如：我想画下遥远的风景……让他们相爱。

你把多少颗，多少颗渴求团聚的心隔断。

家乡的桥／／是我／／梦中的桥。

2）表明否定或判定的词语前加停顿。

例如：巡捕只说了一个字／／贪。（《贪得一钱丢了官》）

（3）虚实变化法

突出重音，一般应该用响亮实在的声音，但在有些语句中也可以用声轻气多的虚声加以表达。

例如：我忍着笑，轻轻走过去。

"轻轻"是不被人发觉，使人顿生风趣之感，如果声音太实、太重，就索然无味了。

（4）夸张延音法

在所强调的重音上，延长调值时长，突出表达目的。

例如：一头绝顶聪明的猪。

例如：吃西瓜嘛，当然是吃皮了。

例如：这孩子，将来是要发财的。

4. 表达重音时的基本原则——对比原则

重音的突出强调，都是在对比中实现的，有时是"水涨船高"，有时又需要"水落石出"。主要的原则就是在非重音中体现重音，加以对比。总的要求是：加强对比，协调适当，讲究变化，切忌呆板。

重音的表达，还必须注意处理好重音与非重音的关系。在强调重音的时候，不能不同时注意非重音的表达，应当既保证重音的突出，又保证非重音部分的明晰。具体选择何种表达方法，既要从内容整体的高度着眼，做到主次分明；又要从听与说的正常习惯考虑，不显生硬。这是重音表达应遵循的基本原则。

三、节奏技巧

生活中充满着节奏。自然界寒暑季节的更替轮转，大海波涛的时起时落，以至我们心脏的搏动起伏等都有各自的节奏。节奏，是随着客观世界物质的运动而产生的。物质运动的盈虚涨消、升降沉浮、和合分离等呈一定规律的变化，都构成了节奏。节奏也是有声语的重要表达技巧。

1. 节奏的概念

节奏应该是由全篇稿件生发出来的，是读者思想感情的波澜起伏所造成的抑扬顿挫、轻重缓急的声音形式的回环往复。

2. 节奏的类型

节奏的类型，表现为有较多相似特点的声音形式。一般是从声音形式的强弱、起伏、快慢等方面的变化来归类的。

运用节奏时，一方面要掌握节奏的基本类型，以确保思想感情的表现准确、鲜明和完整；另一方面也要注意节奏的丰富和变化，以烘托思想感情变化的层次性，增强生动性，以感动听众。

张颂教授着眼于节奏的声音形式及其精神内涵的特点，把节奏分为6种类型：轻快型、凝重型、低沉型、高亢型、舒缓型、紧张型。这6种分类，主要是从声音形式的速度、力度和亮度方面的特点来划分的。各节奏类型的具体特点只是轮廓上的大体相似，并没有刻板划一的模式。请看6种节奏类型在声音形式上的典型特点。

（1）轻快型

多扬少抑，声轻不着力，语流中顿挫少，且顿挫时间短暂，语速较快，轻巧明丽，有一定的跳跃感。全篇重点处的基本语气、基本转换，都比较轻快。如朱自清的《春》、巴金的《鸟的天堂》、孙犁的《荷花淀》、杨朔的《雪浪花》等，都是轻快型节奏，重点段更为突出。

（2）凝重型

多抑少扬，多重少轻，音强而着力，色彩多浓重，语势较平稳，顿挫较多，且时间较长，语速偏慢。重点处的基本语气、基本转换都显得分量较重。如景希珍的回忆录《在彭总身边》、王愿坚的小说《草地夜行》、广播通讯《生命之歌的最后乐章》，就是典型的凝重节奏。

（3）低沉型

声音偏暗偏沉，语势多为落潮类，句尾落点多显沉重，语速较缓：重点处的基本语气、基本转换多偏于沉缓。夏衍的报告文学《包身工》、老舍的小说《骆驼祥子》片断《在烈日和暴雨下》，都是典型的低沉节奏。

（4）高亢型

声多明亮高昂，语势多为起潮类，峰峰紧连，扬而更扬，势不可遏，语速偏快。重点处的基本语气、基本转换都带有昂扬积极的特点。袁鹰的散文《井冈翠竹》、茅盾的散文《白杨礼赞》、高尔基的《海燕》、毛泽东的《沁园春·雪》等是典型的高亢节奏。

（5）舒缓型

声多轻松明朗，略高但不着力，语势有跌宕但多轻柔舒展，语速徐缓。重点处的基本语气、基本转换都显得舒展徐缓。老舍的散文《济南的冬天》、朱自清的《荷塘月色》、杨朔的《荔枝蜜》，以及散文《桂林山水》等，都是典型的舒缓节奏。

（6）紧张型

声音多扬少抑，多重少轻，语速快，气较促，顿挫短暂，语言密度大。重点处的基本语气、基本转换都较急促、紧张。闻一多的《最后一次的讲演》、外国文学作品《麻雀》，都属于紧张节奏。

这6种节奏类型，主要从语速的快慢、音调的扬抑、声音的轻重等方面划分归类。如果我们单就其中的语速因素分析，则轻快型、高亢型、紧张型都具有语速较快的特点，而凝重型、低沉型、舒缓型的语速就比较徐缓。在语速快慢差别的基础上，可以进一步看出，轻快型与凝重型的主要区别还在于轻重分量，即语言力度上；高亢型与低沉型明显的区别在于声音的扬抑，即语言的亮度上；舒缓型与紧张型的区别在于着力轻重的差异。

此外，这6种节奏类型声音形式的特点，只是概略地反映其具有代表性的规律，实际上每个类型都包含有许多亚类型。了解节奏类型的典型特点，有利于对节奏声音形式的驾驭和感知。

3. 节奏的转换形式

声音的高低、轻重、疾徐三方面不同的对比组合关系，构成节奏的三种基本转换形式。

（1）欲扬先抑，欲抑先扬

声音向高的趋势发展，称为"扬"，声音向低的趋势变化，叫做"抑"。扬有稍扬、再扬、更扬；抑有稍抑、再抑、更抑等等不同程度的差别。

（2）欲快先慢，欲慢先快

语流的快与慢，是由吐字音节长短的差异，由顿挫次数的多少，由顿挫之后衔接的紧松不同来区分的。

（3）欲重先轻，欲轻先重

声音形式的轻与重，与吐字力度、口腔松紧及气息密度有关，吐字力度强，口腔控制紧，气息密度大，声音就重，反之则轻。轻与重还与声音的虚实有关，虚则显得轻，实则显得重。

（4）节奏的转换技巧

所谓转换技巧，主要是从转换的速度、幅度和向度（顺逆指向）来说的，即突转、渐转；大转、小转；顺转、逆转就是典型的低沉节奏。

1）突转　是指节奏形式的转换速度快，一般在内容发生较大的、明显的变化时采用。突转往往用在句与句，或段与段之间，很少出现在句中。

2）大转　一般用在前后内容衔接不是那么紧凑之时。尤其在同一段落中，如果句与句之间前后独立性较强，有着明显的转换，那么转换前的停顿有时甚至长于段落间的停顿。

3）逆转　主要指内容色彩上向反方向的转换，重在色彩的变化，而变化的幅度或速度，则视具体情况而定。

4）渐转　指节奏形式转换时采用缓转慢回的办法，往往在比较统一、而略有变化的氛围中出现。

5）小转　即指虽有转换，但幅度不大，主要是分寸尺度上的变化。

6）顺转　是指转换前后的感情色彩基本一致。从顺向关系的不同角度，不断积累、逐步深化感情的过程。

四、语气技巧

语气是播音表达技巧之一。了解语气的内涵、特点以及表达方法，有助于我们把握和驾驭有声语言这个精灵，提高我们语言的表现力和感染力。语气在表现内心情感的准确性和丰富性，克服固定腔调，增强语言的灵动变化等方面起着重要作用。

1. 语气的概念

语气是思想感情运动状态支配下语句的声音形式。这个解释揭示了语气的内涵，突出了有声语言的特点，易于从有声语言形式及其思想感情依据两个方面去把握，是科学的、恰切的，并具有很强的可操作性。

我们可以从三个方面来认识和把握语气：一是具体的思想感情在语气中处支配地位，它是语气的灵魂。二是语气要通过具体的声音形式来体现。三是语气以句子为单位，也就是说，语气是通过一个个句子展现它的不同风采或个性特征的。

2. 语气的感情色彩和分量

语气中具体的思想感情包含两个方面，一是语气的感情色彩，二是语气的分量。它们是语气的灵魂。

（1）语气的感情色彩

语气的感情色彩，主要是指"语句所包含的是非和爱憎"。是非是指态度方面的具体性质。比如是赞扬、支持、亲切、活泼，还是批评、反对、严肃、郑重等。爱憎是指感情方面的具体性质。比如，是喜悦、热爱、焦急，还是悲伤、憎恨、冷漠等。在把握具体语句的感情色彩时，应该做到准确贴切，丰富细腻。

（2）语气的分量

语气的分量是指"在把握语气感情色彩的基础上，区分是非、爱憎的不同分寸的'度'。强调语气的分量，就是要求我们掌握语气感情的分寸、火候，表达时不温不火，恰到好处。"语气的分量可以从两方面去把握：一是语气感情色彩本身的级差；二是外部相关因素影响下态度分寸方面的级差，二者融合在一起，共同构成了语气的分量。为了便于说明，我们将语气的分量分为重度、中度和轻度。

综上所述，语气的色彩和分量构成了语气的灵魂——具体的思想感情，在具体把握时，一要准确，二要鲜明，这是表现出来的语气是否具体鲜明、贴切深刻的关键。

3. 语气的声音形式

当我们把握了语气的思想感情后，就必须用一定的声音形式表现出来。我们不能停留在内心体验这一阶段，而一定要找到恰当的方法来体现具体的思想感情，对其载体——声音形式的构成要素进行具体分析。

声音形式包括气息、声音、口腔状态三方面要素。这三方面多层次、多侧面的立体变化及多重组合构成了丰富多彩、千变万化的声音形式。

（1）语气色彩与声音形式

不同的感情色彩需要通过不同的声音形式来表现，在两者之间是有一定规律可循的。

张颂先生在《朗读学》中对表现不同感情色彩的气息、声音、口腔状态的特点进行了如下概括（表9-1）：

表9-1　语气色彩与声音形式

感情色彩	声音形式
爱的感情	气徐声柔：口腔宽松，气息深长
憎的感情	气足声硬：口腔紧窄，气息猛塞
悲的感情	气沉声缓：口腔如负重，气息如尽竭
喜的感情	气满声高：口腔似千里轻舟，气息似不绝清流
惧的感情	气提声凝：口腔像冰封，气息像倒流
欲的感情	气多声放：口腔积极敞开气息力求畅达
急的感情	气短声促：口腔似弓箭，飞剑流星；气息如穿梭
怒的感情	气粗声重：口腔如鼓，气息如椽
疑的感情	气细声黏：口腔欲松还紧，气息欲连不断

（2）语势

有声语言的表达是动态的，一个个字、一句句话从我们的口中流淌出来就形成了不断起伏的语流。思想感情的不断运动是语流曲折变化的内在力量，口腔、气息、声音的丰富变化是语流曲折变化的关键。语流的曲折性和波浪式，是语气丰富变化的外部特征。我们用语势这个概念来说明语气在声音形式方面的特点。

语势：指一个句子在思想感情运动状态下声音的态势，或者说，是有声语言的发展趋向。这中间，包括气息、声音、口腔状态三大部分内容。

（3）语势的种类

语流的曲折变化是丰富的，"语无定势"更说明了语势运用没有什么定律。但我们仍试图将语势的基本形态描述一下，以使大家对语势的曲折性能有直观的了解，能够在表达中自觉地运用它，使我们的语言更富于变化。

我们把有声语言的语势归纳为五种基本形态。

1）波峰类　声音的发展态势是由低向高再向低行进，状如波峰。

例如：世界上没有花的国家是没有的。

"花"就处于波峰的位置，句头、句尾的词略低。

2）波谷类　声音由高向低再向高发展，即句头、句尾较高，句腰较低，状如波谷。

例如：乔·华盛顿是美利坚合众国的第一任总统。

3）上山类　声音由低向高发展，即：句头最低，句尾最高，状如登山。不过，有时是步步高，有时是盘旋而上。

例如：让暴风雨来得更猛烈些吧！

4）下山类　特点是句头最高，而后顺势而下，状如下山。应注意的是它有时是直线而下，有时是呈蜿蜒曲折的态势。

例如：就在那年秋天，母亲离我们去了。

5）半起类　特点是句头较低，而后呈上行趋势，行至中途，气提声止。由于没有行至最高点，所以称为半起。

例如：这到底是什么幻景呢？

（4）如何避免语势单一

初学者在语言表达方面存在的一个问题，即固定腔调的问题。固定腔调最突出的一个特点，就是以不变应万变。

在符合语句内容的前提下，为避免单一语势的重复出现，形成固定腔调，我们要掌握以下几点要求：

1）句头起点不宜相同　我们把语势的变化幅度假设为5度，那么，在你说的每句话的开头，起点高度不要一样。

2）句腰波形不宜相同　不要连续使用同一种波形，如果不可避免，应根据语句的具体情况，表达出它们的差别。

3）句尾落点不宜相同　每句结束的落点最好不要在同一高度，而且停时声音的轻重缓急也不宜相同。

语气在有声语言的创作中有着重要的作用，对此，需要我们不断地学习和探索。

要点梳理四:"文章朗读"测试应试技巧

朗读是一种技能,不经过刻苦练习是难以提高水平的。文章朗读测试时,朗读材料有60篇之多,它们的文体和风格又不尽相同,这就要求应试者在测试前应认真练习,做好充分的准备。

一、重视正音

朗读测试时,对语音的评分十分严格。因此,练习起始,就要做好正音的工作。正音时,一要注意文后的语音提示,这些字词是朗读中比较容易念错的。二要勤查词典,碰到吃不准读音的字,不能主观臆断,而应翻查词典或测试手册。三要有针对性,几乎每个人都有自己的语音薄弱环节,要做到心中有数,着重纠正。

二、加强对文章的分析理解

要读好一篇文章,首先需要理解文章内容,知道作者想说什么、说了什么、怎么说的。了解了这些,朗读就有了内在的心理依托,就能做到情绪自然、语脉流畅,表意准确也就不难了。否则,眼前只见白纸黑字,难免念得平淡无味,流露出方言语调。因此,初期应该对文章做些分析,要了解文章的体裁、风格,把握文章的中心思想,理清文章的结构关系,还要感受文章的情感变化,为读好文章打下基础。

三、针对难点,强化练习

60篇短文中,每一篇都有一些朗读难点。对于这些难点,应试者测试时,在比较紧张的氛围中十分容易出现失误。如有些结构复杂的长句,即使事先安排好了顿歇处,没朗读经验的人还是易读破句。又如有的短文中儿化音较为集中,有的短文中外国人名多,有的短文中还有些拗口的句子……对这类难点,必须进行强化训练。方法只有一个:反复朗读,读到准确、流畅、和谐为止。

四、克服不良的语言习惯

有些应试者有一些不良的语言习惯,如通篇用一种语调,或全扬,或全抑;又如每句话的末尾读得特别重或特别轻;再如常回头重复读,等等。在测试中,这些现象都会被判为方言语调,或被视为严重失误。练习时,要注意发现自己的不良语言习惯,尽力加以克服。

五、充分利用朗读示范录音磁带

规定的朗读篇目,都有规范的标准的朗读录音,应试者在平日里就可以模仿别人的语音语调和语速节奏进行练习,以培养语感、增强语感,帮助朗读。

知识链接:普通话水平测试60篇朗读作品

1号作品

我在加拿大学习期间遇到过两次募捐,那情景至今使我难以忘怀。

一天,我在渥太华的街上被两个男孩子拦住去路。他们十来岁,穿得

整整齐齐，每人头上戴着个做工精巧、色彩鲜艳的纸帽，上面写着"为帮助患小儿麻痹的伙伴募捐"。其中的一个。不由分说就坐在小凳上给我擦起皮鞋来，另一个则彬彬有礼地发问："小姐，您是哪国人？喜欢渥太华吗？""小姐，在你们国家有没有小孩儿患小儿麻痹？谁给他们医药费？"一连串的问题，使我这个有生以来头一次在众目睽睽之下让别人擦鞋的异乡人，从近乎狼狈的窘态中解脱出来。我们像朋友一样聊起天儿来……

几个月之后，也是在街上。一些十字路口处或车站坐着几位老人。他们满头银发，身穿各种老式军装，上面布满了大大小小形形色色的徽章、奖章，每人手捧一大束鲜花，有水仙、石竹、玫瑰及叫不出名字的，一色雪白。匆匆过往的行人纷纷止步，把钱投进这些老人身旁的白色木箱内，然后向他们微微鞠躬，从他们手中接过一朵花。看了一会儿，有人投一两元，有人投几百元，还有人掏出支票填好后投进木箱。那些老军人毫不注意人们捐多少钱，一直不停地向人们低声道谢。同行的朋友告诉我，这是为纪念二次大战中参战的勇士，募捐救济残废军人和烈士遗孀，每年一次；认捐的人可谓踊跃，而且秩序井然，气氛庄严。有些地方人们还耐心地排着队。我想，这是因为他们都知道：正是这些老人们的流血栖牲换来了包括他们信仰自由在内的许许多多。

我两次把那微不足道的一点儿钱捧给他们，只想对他们说声"谢谢"。

节选自青白《捐诚》

2 号作品

我常常遗憾我家门前那块丑石：它黑黝黝地卧在那里，牛似的模样；谁也不知道是什么时候留在这里的，谁也不去理会它。只是麦收时节，门前摊了麦子，奶奶总是说：这块丑石，多占地面呀，抽空把它搬走吧。

它不像汉白玉那样的细腻，可以刻字雕花，也不像大青石那样的光滑，可以供来浣纱捶布。它静静地卧在那里，院边的槐荫没有庇护它，花儿也不再在它身边生长。荒草便繁衍出来，枝蔓上下，慢慢地，它竟锈上了绿苔、黑斑。我们这些做孩子的，也讨厌起它来，曾合伙要搬走它，但力气又不足；虽时时咒骂它，嫌弃它，也无可奈何，只好任它留在那里了。

终有一日，村子里来了一个天文学家。他在我家门前路过，突然发现了这块石头，眼光立即就拉直了。他再没有离开，就住了下来；以后又来了好些人，都说这是一块陨石，从天上落下来已经有二三百年了，是一件了不起的东西。不久便来了车，小心翼翼地将它运走了。

这使我们都很惊奇，这又怪又丑的石头，原来是天上的啊！它补过天，在天上发过热、闪过光，我们的先祖或许仰望过它，它给了他们光明、向往、憧憬；而它落下来了，在污土里，荒草里，一躺就是几百年了！

我感到自己的可耻，也感到了丑石的伟大，我甚至怨恨它这么多年竟会默默地忍受着这一切！而我又立即深深地感到它那种不屈于误解、寂寞的生存的伟大。

节选自贾平凹《丑石》

3 号作品

没有一片绿叶，没有一缕炊烟，没有一粒泥土，没有一丝花香，只有水的世界，云的海洋。

一阵台风袭过，一只孤单的小鸟无家可归，落到被卷到洋里的木板上，乘流而下，姗姗而来，近了，近了！……

忽然，小鸟张开翅膀，在人们头顶盘旋了几圈儿，"噗啦"一声落到了船上。许是累了？还是发现了"新大陆"？水手撵它它不走，抓它，它乖乖地落在掌心。可爱的小鸟和善良的水手结成了朋友。

瞧，它多美丽，娇巧的小嘴，啄理着绿色的羽毛，鸭子样的扁脚，呈现出春草的鹅黄。水手们把它带到舱里，给它"搭铺"，让它在船上安家落户，每天，把分到的一塑料筒淡水匀给它喝，把从祖国带来的鲜美的鱼肉分给它吃，天长日久，小鸟和水手的感情日趋笃厚。清晨、当第一束阳光射进舷窗时，它便敞开美丽的歌喉，唱啊唱，缨缨有韵，宛如春水淙淙。人类给它以生命，它毫不悭吝地把自己的艺术青春奉献给了哺育它的人。可能都是这样？艺术家们的青春只会献给尊敬他们的人。

小鸟给远航生活蒙上了一层浪漫色调。返航时，人们爱不释手，恋恋不舍地想把它带到异乡。可小鸟憔悴了，给水，不喝！喂肉，不吃！油亮的羽毛失去了光泽。是啊，我们有自己的祖国，小鸟也有它的归宿，人和动物都是一样啊，哪儿也不如故乡好！

慈爱的水手们决定放开它，让它回到大海的摇篮去，回到蓝色的故乡去。离别前，这个大自然的朋友与水手们留影纪念。它站在许多人的头上，肩上，掌上，胳膊上，与喂养过它的人们，一起融进那蓝色的画面……

节选自王文杰《可爱的小鸟》

4 号作品

那是力争上游的一种树，笔直的干，笔直的枝。它的干呢，通常是丈把高，像是加以人工似的，一丈以内，绝无旁枝；它所有的桠枝呢，一律向上，而且紧紧靠拢，也像是加以人工似的，成为一束，绝无横斜逸出；它的宽大的叶子也是片片向上，几乎没有斜生的，更不用说倒垂了；它的皮，光滑而有银色的晕圈，微微泛出淡青色。这是虽在北方的风雪的压迫下却保持着倔强挺立的一种树！哪怕只有碗来粗细罢，它却努力向上发展，高到丈许，二丈，参天耸立，不折不挠，对抗着西北风。

这就是白杨树，西北极普通的一种树，然而决不是平凡的树！

它没有婆娑的姿态，没有屈曲盘旋的虬枝，也许你要说它不美丽，——如果美是专指"婆娑"或"横斜逸出"之类而言，那么白杨树算不得树中的好女子；但是它却是伟岸，正直，朴质，严肃，也不缺乏温和，更不用提它的坚强不屈与挺拔，它是树中的伟丈夫！

当你在积雪初融的高原上走过，看见平坦的大地上傲然挺立这么一株或一排白杨树，难道你就只觉得它只是树，难道你就不想到它的朴质，严肃，坚强不屈，至少也象征了北方的农民；难道你竟一点儿就也不联想到，在敌后的广大土地上，到处有坚强不屈，像这白杨树一样傲然挺立的守卫他们家乡的哨兵！难道你又不更远一点想到这样枝枝叶叶靠紧团结，力求上进的白杨树，宛然象征了今天在华北平原纵横决荡用血写出新中国历史的那种精神和意志。

节选自茅盾《白杨礼赞》

5 号作品

一天，爸爸下班回到家已经很晚了，他很累也有点儿烦，他发现五岁的儿子靠在门旁正等着他。

"爸，我可以问您一个问题吗？"

"什么问题？""爸，您一小时可以赚多少钱？""这与你无关，你为什么问这个问题？"父亲生气地说。

"我只是想知道，请告诉我，您一小时赚多少钱？"小孩儿哀求道。"假如你一定要知道的话，我一小时赚二十美金。"

"哦，"小孩儿低下了头，接着又说，"爸，可以借我十美金吗？"父亲发怒了："如果你只是要借钱去买毫无意义的玩具的话，给我回到你的房间睡觉去。好好想想为什么你会那么自私。我每天辛苦工作，没时间和你玩儿小孩子的游戏。"

小孩儿默默地回到自己的房间关上门。

父亲坐下来还在生气。后来，他平静下来了。心想他可能对孩子太凶了——或许孩子真的很想买什么东西，再说他平时很少要过钱。

父亲走进孩子的房间："你睡了吗？""爸，还没有，我还醒着。"孩子回答。

"我刚才可能对你太凶了，"父亲说，"我不应该发那么大的火儿——这是你要的十美金。""爸，谢谢您。"孩子高兴地从枕头下拿出一些被弄皱的钞票，慢慢地数着。

"为什么你已经有钱了还要？"父亲不解地问。

"因为原来不够，但现在凑够了。"孩子回答："爸，我现在有二十美金了，我可以向您买一个小时的时间吗？明天请早一点儿回家——我想和您一起吃晚餐。"

节选自唐继柳编译《二十美金的价值》

6 号作品

爸不懂得怎样表达爱，使我们一家人融洽相处的是我妈。他只是每天上班下班，而妈则把我们做过的错事开列清单。然后由他来责骂我们。

有一次我偷了一块糖果，他要我把它送回去，告诉卖糖的说是我偷来的，说我愿意替他拆箱卸货作为赔偿。但妈妈却明白我只是个孩子。

我在运动场打秋千跌断了腿，在前往医院途中一直抱着我的，是我妈。爸把汽车停在急诊室门口，他们叫他驶开，说那空位是留给紧急车辆停放的。爸听了便叫嚷道："你以为这是什么车？旅游车？"

在我生日会上，爸总是显得有些不大相称。他只是忙于吹气球，布置餐桌，做杂务。把插着蜡烛的蛋糕推过来让我吹的，是我妈。

我翻阅照相册时，人们总是问："你爸爸是什么样子的？"天晓得！他老是忙着替别人拍照。妈和我笑容可掬地一起拍的照片，多得不可胜数。

我记得妈有一次叫他教我骑自行车。我叫他别放手，但他却说是应该放手的时候了。我摔倒之后，妈跑过来扶我，爸却挥手要她走开。我当时生气极了，决心要给他点儿颜色看。于是我马上爬上自行车，而且自己骑给他看。他只是微笑。

我念大学时，所有的家信都是妈写的。他除了寄支票外，还寄过一封短柬给我，说因为我不在草坪上踢足球了，所以他的草坪长得很美。

每次我打电话回家，他似乎都想跟我说话，但结果总是说："我叫你妈来接。"

我结婚时，掉眼泪的是我妈。他只是大声擤了一下鼻子，便走出房间。

我从小到大都听他说："你到哪里去？什么时候回家？汽车有没有汽油？不，不准去。"爸完全不知道怎样表达爱。除非……

会不会是他已经表达了，而我却未能察觉？

节选自 [美] 艾尔玛·邦贝克《父亲的爱》

7 号作品

我爱月夜，但我也爱星天。从前在家乡七八月的夜晚在庭院里纳凉的时候，我最爱看天上密密麻麻的繁星。望着星天，我就会忘记一切，仿佛回到了母亲的怀里似的。

三年前在南京，我住的地方有一道后门，每晚我打开后门，便看见一个静寂的夜。下面是一片菜园，上面是星群密布的蓝天。星光在我们的肉眼里虽然微小，然而它使我们觉得光明无处不在。那时候我正在读一些天文学的书，也认得一些星星，好像它们就是我的朋友，它们常常在和我谈话一样。

如今在海上，每晚和繁星相对，我把它们认得很熟了。我躺在舱面上，仰望天空。深蓝色的天空里悬着无数半明半昧的星。船在动，星也在动，它们是这样低，真是摇摇欲坠呢！渐渐地我的眼睛模糊了，我好像看见无数萤火虫在我的周围飞舞。海上的夜是柔和的，是静寂的，是梦幻的。我望着许多认识的星，我仿佛看见它们在对我眨眼，我仿佛听见它们在小声说话。这时我忘记了一切。在星的怀抱中我微笑着，我沉睡着。我觉得自己是一个小孩子，现在睡在母亲的怀里了。

有一夜，那个在哥伦波上船的英国人指给我看天上的巨人。他用手指着：那四颗明亮的星是头，下面的几颗是身子，这几颗是手，那几颗是腿和脚，还有三颗星算是腰带。经他这一番指点，我果然看清楚了那个天上的巨人。看，那个巨人还在跑呢！

节选自巴金《繁星》

8号作品

这是入冬以来，胶东半岛上第一场雪。

雪纷纷扬扬，下得很大。开始还伴着一阵儿小雨，不久就只见大片大片的雪花，从彤云密布的天空中飘落下来。地面上一会儿白了。冬天的山村，到了夜里就万籁俱寂，只听得雪花簌簌地不断往下落，树木的枯枝被雪压断了，偶尔咯吱一声响。

大雪整整下了一夜。今天早晨，天放晴了，太阳出来了。推开门一看，嗬！好大的雪啊！山川、河流、树木、房屋，全都罩上了一层厚厚的雪，万里江山，变成了粉妆玉砌的世界。落光了叶子的柳树上挂满了毛茸茸亮晶晶的银条儿；而那些冬夏常青的松树和柏树上，则挂满了蓬松松沉甸甸的雪球儿。一阵风吹来，树枝轻轻地摇晃，美丽的银条儿和雪球儿簌簌地落下来，玉屑似的雪末儿随风飘扬，映着清晨的阳光，显出一道道五光十色的彩虹。

大街上的积雪足有一尺多深，人踩上去，脚底下发出咯吱咯吱的响声。一群群孩子在雪地里堆雪人，掷雪球儿。那欢乐的叫喊声，把树枝上的雪都震落下来了。

俗话说，"瑞雪兆丰年"。这个话有充分的科学根据，并不是一句迷信的成语。寒冬大雪，可以冻死一部分越冬的害虫；融化了的水渗进土层深处，又能供应庄稼生长的需要。我相信这一场十分及时的大雪，一定会促进明年春季作物，尤其是小麦的丰收。有经验的老农把雪比做是"麦子的棉被"。冬天"棉被"盖得越厚，明春麦子就长得越好，所以又有这样一句谚语："冬天麦盖三层被，来年枕着馒头睡。"

我想，这就是人们为什么把及时的大雪称为"瑞雪"的道理吧。

节选自峻青《第一场雪》

9号作品

在达瑞八岁的时候，有一天他想去看电影。因为没有钱，他想是向爸妈要钱，还是自己挣钱。最后他选择了后者。他自己调制了一种汽水，向过路的行人出售。可那时正是寒冷的冬天，没有人买，只有两个人例外——他的爸爸和妈妈。

他偶然有一个和非常成功的商人谈话的机会。当他对商人讲述了自己的"破产史"后，商人给了他两个重要的建议：一是尝试为别人解决一个难题；二是把精力集中在你知道的、你会的和你拥有的东西上。

这两个建议很关键。因为对于一个八岁的孩子而言，他不会做的事情很多。于是他穿过大街小巷，不停地思考：人们会有什么难题，他又如何利用这个机会？

一天，吃早饭时父亲让达瑞去取报纸。美国的送报员总是把报纸从花园篱笆的一个特制的管子里塞进来。假如你想穿着睡衣舒舒服服地吃早饭和看报纸，就必须离开温暖的房间，冒着寒风，到花园去取。虽然路短，但十分麻烦。

当达瑞为父亲取报纸的时候，一个主意诞生了。当天他就按响邻居的门铃，对他们说，每个月只需付给他一美元，他就每天早上把报纸塞到他们的房门底下。大多数人都同意了，很快他有了七十多个顾客。一个月后，当他拿到自己赚的钱时，觉得自己简直是飞上了天。

很快他又有了新的机会。他让他的顾客每天把垃圾袋放在门前，然后由他早上运到垃圾桶里，每个月加一美元。之后他还想出了许多孩子赚钱的办法。并把它集结成书，书名为《儿童挣钱的二百五十个主意》。为此，达瑞十二岁时就成了畅销书作家，十五岁有了自己的谈话节目。十七岁就拥有了几百万美元。

节选自 [德] 博多舍费尔《达瑞的故事》，刘志明译

10 号作品

三百多年前，建筑设计师莱伊恩受命设计了英国温泽市政府大厅。他运用工程力学的知识，依据自己多年的实践，巧妙地设计了只用一根柱子支撑的大厅天花板。一年以后，市政府权威人士进行工程验收时，却说只用一根柱子支撑天花板太危险，要求莱伊恩再多加几根柱子。

莱伊恩自信只要一根坚固的柱子足以保证大厅安全，他的"固执"惹恼了市政官，险些被送上法庭。他非常苦恼，坚持自己原先的主张吧，市政官员肯定会另找人修改设计；不坚持吧，又有悖自己为人的准则。矛盾了很长一段时间，莱伊恩终于想出了一条妙计，他在大厅里增加了四根柱子，不过这些柱子并未与天花板接触，只不过是装装样子。

三百多年过去了，这个秘密始终没有被人发现。直到前两年，市政厅准备修缮大厅的天花板，才发现莱伊恩当年的"弄虚作假"。消息传出后，世界各国的建筑专家和游客云集，当地政府对此也不加掩饰，在新世纪到来之际，特意将大厅作为一个旅游景点对外开放，旨在引导人们崇尚和相信科学。

作为一名建筑师，莱伊恩并不是最出色的。但作为一个人，他无疑非常伟大，这种伟大表现在他始终恪守着自己的原则，给高贵的心灵一个美丽的住所，哪怕是遭遇到最大的阻力，也要想办法抵达胜利。

节选自游宇明《坚守你的高贵》

11 号作品

两个同龄的年轻人同时受雇于一家店铺，并且拿同样的薪水。

可是一段时间后，叫阿诺德的那个小伙子青云直上，而那个叫布鲁诺

的小伙子却仍在原地踏步。布鲁诺很不满意老板的不公正待遇。终于有一天他到老板那儿发牢骚了。老板一边耐心地听着他的抱怨，一边在心里盘算着怎样向他解释清楚他和阿诺德之间的差别。

"布鲁诺先生，"老板开口说话了，"您现在到集市上去一下，看看今天早上有什么卖的。

布鲁诺从集市上回来向老板汇报说，今早集市上只有一个农民拉了一车土豆在卖。

"有多少？"老板问。

布鲁诺赶快戴上帽子又跑到集上，然后回来告诉老板一共四十袋土豆。

"价格是多少？"

布鲁诺又第三次跑到集上问来了价格。"好吧，"老板对他说，"现在请您坐到这把椅子上一句话也不要说，看看阿诺德怎么说。"

阿诺德很快就从集市上回来了。向老板汇报说到现在为止只有一个农民在卖土豆，一共四十口袋，价格是多少多少；土豆质量很不错，他带回来一个让老板看看。这个农民一个钟头以后还会弄来几箱西红柿，据他看价格非常公道。昨天他们铺子的西红柿卖得很快，库存已经不多了。他想这么便宜的西红柿，老板肯定会要进一些的，所以他不仅带回了一个西红柿做样品，而且把那个农民也带来了，他现在正在外面等回话呢。

此时老板转向了布鲁诺，说："现在您肯定知道为什么阿诺德的薪水比您高了吧！"

节选自张健鹏、胡足青《故事时代》之《差别》

12 号作品

我常想读书人是世间幸福人，因为他们除了拥有现实的世界之外，还拥有另一个更为浩瀚也更为丰富的世界。现实的世界是人人都有的，而后一个世界却为读书人所独有。由此我想，那些失去或不能阅读的人是多么的不幸，他们的丧失是不可补偿的。世间有诸多的不平等，财富的不平等，权力的不平等，而阅读能力的拥有或丧失却体现为精神的不平等。

一个人的一生，只能经历自己拥有的那一份欣悦，那一份苦难，也许再加上他亲自闻知的那一些关于自身以外的经历和经验。然而，人们通过阅读，却能进入不同时空的诸多他人的世界。这样，具有阅读能力的人，无形间获得了超越有限生命的无限可能性。阅读不仅使他多识了草木虫鱼之名，而且可以上溯远古下及未来，饱览存在的与非存在的奇风异俗。

更为重要的是，读书加惠于人们的不仅是知识的增广，而且还在于精神的感化与陶冶。人们从读书学做人，从那些往哲先贤以及当代才俊的著述中学得他们的人格。人们从《论语》中学得智慧的思考，从《史记》中学得严肃的历史精神，从《正气歌》中学得人格的刚烈，从马克思学得入世的激情，从鲁迅学得批判精神，从托尔斯泰学得道德的执着。歌德的诗句刻写着睿智的人生，拜伦的诗句呼唤着奋斗的热情。一个读书人，一个有机会拥有超乎个人生命体验的幸运人。

节选自谢冕《读书人是幸福人》

13 号作品

一个大问题一直盘踞在我脑袋里：

世界杯怎么会有如此巨大的吸引力？除去足球本身的魅力之外，还有什么超乎其上而更伟大的东西？

近来观看世界杯，忽然从中得到了答案：是由于一种无上崇高的精神情感——国家荣誉感！

地球上的人都会有国家的概念，但未必时时都有国家的感情。往往人到异国，思念家乡，心怀故国，这国家概念就变得有血有肉，爱国之情来得非常具体。而现代社会，科技昌达，信息快捷，事事上网，世界真是太小太小，国家的界限似乎也不那么清晰了。再说足球正在快速世界化，平日里各国球员频繁转会，往来随意，致使越来越多的国家联赛都具有国际的因素。球员们不论国籍，只效力于自己的俱乐部，他们比赛时的激情中完全没有爱国主义的因子。

然而，到了世界杯大赛，天下大变。各国球员都回国效力，穿上与光荣的国旗同样色彩的服装。在每一场比赛前，还高唱国歌以宣誓对自己祖国的挚爱与忠诚。一种血缘情感开始在全身的血管里燃烧起来，而且立刻热血沸腾。

在历史时代，国家间经常发生对抗，好男儿戎装卫国。国家的荣誉往往需要以自己的生命去换取。但在和平时代，唯有这种国家之间大规模对抗性的大赛，才可以唤起那种遥远而神圣的情感，那就是：为祖国而战！

节选自冯骥才《国家荣誉感》

14 号作品

夕阳落山不久，西方的天空，还燃烧着一片橘红色的晚霞。大海，也被这霞光染成了红色，而且比天空的景色更要壮观。因为它是活动的，每当一排排波浪涌起的时候，那映照在浪峰上的霞光，又红又亮，简直就像一片片霍霍燃烧着的火焰，闪烁着，消失了。而后面的一排，又闪烁着，滚动着，涌了过来。

天空的霞光渐渐地淡下去了，深红的颜色变成了绯红，绯红又变为浅红。最后，当这一切红光都消失了的时候，那突然显得高而远了的天空，则呈现出一片肃穆的神色。最早出现的启明星，在这蓝色的天幕上闪烁起来了。它是那么大，那么亮，整个广漠的天幕上只有它在那里放射着令人注目的光辉，活像一盏悬挂在高空的明灯。

夜色加浓，苍空中的"明灯"越来越多了。而城市各处的真的灯火也次第亮了起来，

152

尤其是围绕在海港周围山坡上的那一片灯光，从半空倒映在乌蓝的海面上，随着波浪晃动着，闪烁着，像一串流动着的珍珠，和那一片片密布在苍穹里的星斗互相辉映，煞是好看。

在这幽美的夜色中，我踏着软绵绵的沙滩，沿着海边，慢慢地向前走去。海水，轻轻地抚摸着细软的沙滩，发出温柔的刷刷声，晚来的海风，清新而又凉爽。我的心里，有着说不出的兴奋和愉快。

夜风轻飘飘地吹拂着，空气中飘荡着一种大海和田禾相混合的香味儿，柔软的沙滩上还残留着白天太阳炙晒的余温。那些在各个工作岗位上劳动了一天的人们，三三两两地来到这软绵绵的沙滩上，他们浴着凉爽的海风，望着那缀满了星星的夜空，尽情地说笑，尽情地休憩。

节选自峻青《海滨仲夏夜》

15 号作品

生命在海洋里诞生绝不是偶然的，海洋的物理和化学性质，使它成为孕育原始生命的摇篮。

我们知道，水是生物的重要组成部分，许多动物组织的含水量在百分之八十以上，而一些海洋生物的含水量高达百分之九十五。水是新陈代谢的重要媒介，没有它，体内的一系列生理和生物化学反应就无法进行，生命也就停止。因此，在短时期内动物缺水要比缺少食物更加危险。水对今天的生命是如此重要，它对脆弱的原始生命，更是举足轻重了。生命在海洋里诞生，就不会有缺水之忧。

水是一种良好的溶剂。海洋中含有许多生命所必需的无机盐，如氯化钠、氯化钾、碳酸盐、磷酸盐，还有溶解氮，原始生命可以毫不费力地从中吸取它所需要的元素。

水具有很高的热容量，加之海洋浩大，任凭夏季烈日曝晒，冬季寒风扫荡，它的温度变化却比较小。因此，巨大的海洋就像是天然的"温箱"，是孕育原始生命的温床。阳光虽然为生命所必需，但是阳光中的紫外线却有扼杀原始生命的危险。水能有效地吸收紫外线，因而又为原始生命提供了天然的"屏障"。

这一切都是原始生命得以产生和发展的必要条件。

节选自童裳亮《海洋与生命》

16 号作品

读小学的时候，我的外祖母去世了。外祖母生前最疼爱我，我无法排除自己的忧伤，每天在学校的操场上一圈儿又一圈儿地跑着，跑得累倒在地上，扑在草坪上痛哭。

那哀痛的日子，断断续续地持续了很久，爸爸妈妈也不知道如何安慰

我。他们知道与其骗我说外祖母睡着了，还不如对我说实话：外祖母永远不会回来了。

"什么是永远不会回来呢？"我问着。

"所有时间里的事物，都永远不会回来。你的昨天过去，它就永远变成昨天。你不能再回到昨天。爸爸以前也和你一样小，现在也不能回到你这么小的童年了；有一天你会长大，你会像外祖母一样老，有一天你度过了你的时间，就永远不会回来了。"爸爸说。

爸爸等于给我一个谜语，这谜语比课本上的"日历挂在墙壁，一天撕去一页，使我心里着急"和"一寸光阴一寸金，寸金难买寸光阴"还让我感到可怕；也比作文本上的"光阴似箭，日月如梭"更让我觉得有一种说不出的滋味。

时间过得那么飞快，使我的小心眼儿里不只是着急，还有悲伤。有一天我放学回家，看到太阳快落山了，就下决心说："我要比太阳更快地回家。"我狂奔回去，站在庭院前喘气的时候，看到太阳还露着半边脸，我高兴地跳跃起来，那一天我跑赢了太阳。以后我就时常做那样的游戏，有时和太阳赛跑，有时和西北风比快，有时一个暑假才能做完的作业，我十天就做完了；那时我三年级，常常把哥哥五年级的作业拿来做。每一次比赛胜过时间，我就快乐得不知道怎么形容。

如果将来我有什么要教给我的孩子，我会告诉他：假若你一直和时间比赛，你就可以成功！

节选自（台湾）林清玄《和时间赛跑》

17 号作品

假日到河滩上转转，看见许多孩子在放风筝。一根根长长的引线，一头系在天上，一头系在地上，孩子同风筝都在天与地之间悠荡，连心也被悠荡得恍恍惚惚了，好像又回到了童年。

儿时放的风筝，大多是自己的长辈或家人编扎的，几根削得很薄的篾，用细纱线扎成各种鸟兽的造型，糊上雪白的纸片，再用彩笔勾勒出面孔与翅膀的图案。通常扎得最多的是"老雕""美人儿""花蝴蝶"等。

我们家前院就有位叔叔，擅扎风筝，远近闻名。他扎得风筝不只体型好看，色彩艳丽，放飞得高远，还在风筝上绷一叶用蒲苇削成的膜片，经风一吹，发出"嗡嗡"的声响，仿佛是风筝的歌唱，在蓝天下播扬，给开阔的天地增添了无尽的韵味，给驰荡的童心带来几分疯狂。

我们那条胡同的左邻右舍的孩子们放的风筝几乎都是叔叔编扎的。他的风筝不卖钱，谁上门去要，就给谁，他乐意自己贴钱买材料。

后来，这位叔叔去了海外，放风筝也渐与孩子们远离了。不过年年叔叔给家乡写信，总不忘提起儿时的放风筝。香港回归之后，他在家信中说到，他这只被故乡放飞到海外的风筝，尽管飘荡游弋，经沐风雨，可那线头儿一直在故乡和亲人手中牵着，如今飘得太累了，也该要回归到家乡和亲人身边来了。

是的。我想，不光是叔叔，我们每个人都是风筝，在妈妈手中牵着，从小放到大，再从家乡放到祖国最需要的地方去啊！

节选自李恒瑞《风筝畅想曲》

18 号作品

三十年代初，胡适在北京大学任教授。讲课时他常常对白话文大加称赞，引起一些只喜欢文言文而不喜欢白话文的学生的不满。

一次，胡适正讲得得意的时候，一位姓魏的学生突然站了起来，生气地问："胡先生，难道说白话文就毫无缺点吗？"胡适微笑着回答说："没有。"那位学生更加激动了"肯定有！白话文废话太多，打电报用字多，花钱多。"胡适的目光顿时变亮了。轻声地解释说"不一定吧！前几天有位朋友给我打来电报，请我去政府部门工作，我决定不去，就回电拒绝了。复电是用白话写的，看来也很省字。请同学们根据我这个意思，用文言文写一个回电，看看究竟是白话文省字，还是文言文省字？"胡教授刚说完，同学们立刻认真地写了起来。

十五分钟过去，胡适让同学举手，报告用字的数目，然后挑了一份用字最少的文言电报稿，电文是这样写的：

"才疏学浅，恐难胜任，不堪从命。"白话文的意思是：学问不深，恐怕很难担任这个工作，不能服从安排。

胡适说，这份写得确实不错，仅用了十二个字。但我的白话电报却只用了五个字：干不了，谢谢！

胡适又解释说："干不了"就有才疏学浅、恐难胜任的意思；"谢谢"既对朋友的介绍表示感谢，又有拒绝的意思。所以，废话多不多，并不看它是文言文还是白话文，只要注意选用字词，白话文是可以比文言文更省字的。

节选自陈灼主编《实用汉语中级教程》（上）中《胡适的白话电报》

19 号作品

很久以前，在一个漆黑的秋天的夜晚，我泛舟在西伯利亚一条阴森森的河上。船到一个转弯处，只见前面黑黢黢的山峰下面一星火光蓦地一闪。

火光又明又亮，好像就在眼前……

"好啦，谢天谢地！"我高兴地说，"马上就到过夜的地方啦！"

船夫扭头朝身后的火光望了一眼，又不以为然地划起桨来。

"远着呢！"

我不相信他的话，因为火光冲破朦胧的夜色，明明在那儿闪烁。不过船夫是对的，事实上，火光的确还远着呢。

这些黑夜的火光的特点是：驱散黑暗，闪闪发亮，近在眼前，令人神往。乍一看，再划几下就到了……其实却还远着呢！……

我们在漆黑如墨的河上又划了很久。一个个峡谷和悬崖，迎面驶来，又向后移去，仿佛消失在茫茫的远方，而火光却依然停在前头，闪闪发亮，令人神往——依然是这么近，又依然是那么远……

现在，无论是这条被悬崖峭壁的阴影笼罩的漆黑的河流，还是那一星明亮的火光，都经常浮现在我的脑际，在这以前和在这以后，曾有许多火光，似乎近在咫尺，不止使我一人心驰神往。可是生活之河却仍然在那阴森森的两岸之间流着，而火光也依旧非常遥远。因此，必须加劲划桨……

然而，火光啊……毕竟……毕竟就在前头！……

节选自 [俄] 柯罗连科《火光》，张铁夫译

20 号作品

对于一个在北平住惯的人，像我，冬天要是不刮风，便觉得是奇迹；济南的冬天是没有风声的。对于一个刚由伦敦回来的人，像我，冬天要能看得见日光，便觉得是怪事；济南的冬天是响晴的。自然，在热带的地方，日光永远是那么毒，响亮的天气，反有点儿叫人害怕。可是，在北方的冬天，而能有温晴的天气，济南真得算个宝地。

设若单单是有阳光，那也算不了出奇。请闭上眼睛想：一个老城，有山有水，全在天底下晒着阳光，暖和安适地睡着，只等春风来把它们唤醒，这是不是理想的境界？小山把济南围了个圈儿，只有北边缺着点口儿。这一圈小山在冬天特别可爱，好像是把济南放在一个小摇篮里，它们安静不动地低声地说"你们放心吧，这儿准保暖和。"真的，济南的人们在冬天是面上含笑的。他们一看那些小山，心中便觉得有了着落，有了依靠。他们由天上看到山上，便不知不觉地想起：明天也许就是春天了吧？这样的温暖，今天夜里山草也许就绿起来了吧？就是这点儿幻想不能一时实现，他们也并不着急，因为这样慈善的冬天，干什么还希望别的呢！

最妙的是下点儿小雪呀。看吧，山上的矮松越发的青黑，树尖儿上顶着一髻儿白花，好像日本看护妇。山尖儿全白了，给蓝天镶上一道银边。山坡上，有的地方雪厚点儿，有的地方草色还露着；这样，一道儿白，一道儿暗黄，给山们穿上一件带水纹儿的花衣；看着看着，这件花衣好像被风儿吹动，叫你希望看见一点儿更美的山的肌肤。等到快日落的时候，微黄的阳光斜射在山腰上，那点儿薄雪好像忽然害羞，微微露出点儿粉色。就是下小雪吧，济南是受不住大雪的，那些小山太秀气。

节选自老舍《济南的冬天》

21 号作品

纯朴的家乡村边有一条河，曲曲弯弯，河中架一弯石桥，弓样的小桥横跨两岸。

每天，不管是鸡鸣晓月，日丽中天，还是月华泻地，小桥都印下串串足迹，洒落串串汗珠。那是乡亲为了追求多棱的希望，兑现美好的遐想。弯弯小桥，不时荡过轻吟低唱，不时露出舒心的笑容。

因而，我稚小的心灵，曾将心声献给小桥：你是一弯银色的新月，给人间普照光辉；你是一把闪亮的镰刀，割刈着欢笑的花果；你是一根晃悠悠的扁担，挑起了彩色的明天！哦．小桥走进我的梦中。

我在他乡漂泊的岁月，心中总涌动着故乡的河水，梦中总看到弓样的小桥。当我访南疆探北国，眼帘闯进座座雄伟的长桥时，我的梦变得丰满了，增添了赤橙黄绿青蓝紫。

三十多年过去，我带着满头霜花回到故乡，第一紧要的便是去看望小桥。

啊！小桥呢？它躲起来了？河中一道长虹，浴着朝霞熠熠闪光。哦，雄浑的大桥敞开胸怀，汽车的呼啸、摩托的笛音、自行车的叮铃，合奏着进行交响乐；南来的钢筋、花布，北往的柑橙、家禽，绘出交流欢悦图……

啊！蜕变的桥，传递了家乡进步的消息，透露了家乡富裕的声音。时代的春风，美好的追求，我蓦地记起儿时唱给小桥的歌，哦，明艳艳的太阳照耀了，芳香甜蜜的花果捧来了，五彩斑斓的岁月拉开了！

我心中涌动的河水，激荡起甜美的浪花。我仰望一碧蓝天，心底轻声呼喊：家乡的桥啊，我梦中的桥！

节选自郑莹《家乡的桥》

22 号作品

自从传言有人在萨文河畔散步时无意发现了金子后，这里便常有来自四面八方的淘金者。他们都想成为富翁，于是寻遍了整个河床，还在河床上挖出很多大坑，希望借助它们找到更多的金子。的确，有一些人找到了，但另外一些人因为一无所得而只好扫兴归去。

也有不甘心落空的，便驻扎在这里，继续寻找。彼得·弗雷特就是其中一员。他在河床附近买了一块没人要的土地，一个人默默地工作。他为了找金子，已把所有的钱都押在这块土地上。他埋头苦干了几个月，直到土地全变成了坑坑洼洼，他失望了——他翻遍了整块土地，但连一丁点儿金子都没看见。

六个月后，他连买面包的钱都没有了。于是他准备离开这儿到别处去谋生。就在他即将离去的前一个晚上，天下起了倾盆大雨，并且一下就是三天三夜。

雨终于停了，彼得走出小木屋，发现眼前的土地看上去好像和以前不一样：坑坑洼洼

已被大水冲刷平整，松软的土地上长出一层绿茸茸心的小草。

"这里没找到金子，"彼得忽有所悟地说，"但这土地很肥沃，我可以用来种花，并且拿到镇上去卖给那些富人，他们一定会买些花装扮他们华丽的客厅。如果真是这样的话，那么我一定会赚许多钱，有朝一日我也会成为富人……"

于是他留了下来。彼得花了不少精力培育花苗，不久田地里长满了美丽娇艳的各色鲜花。

五年以后，彼得终于实现了他的梦想——成了一个富翁。"我是唯一一个找到真金的人。"他时常不无骄傲地告诉别人，"别人在这儿找不到金子后便远远地离开，而我的'金子'是在这块土地里，只有诚实的人用勤劳才能采集到。"

节选自陶猛译《金子》

23 号作品

我不由得停住了脚步。

从未见过开得这样盛的藤萝，只见一片辉煌的淡紫色，像一条瀑布，从空中垂下，不见其发端，也不见其终极；只是深深浅浅的紫，仿佛在流动，在欢笑，在不停地生长。紫色的大条幅上，泛着点点银光，就像迸溅的水花。仔细看时，才知那是每一朵紫花中的最浅淡的部分，在和阳光互相挑逗。

这里除了光彩，还有淡淡的芳香。香气似乎也是浅紫色的，梦幻一般轻轻地笼罩着我。忽然记起十多年前，家门外也曾有过一大株紫藤萝，它依傍一株枯槐爬得很高，但花朵从来都稀落，东一穗西一串伶仃地挂在树梢，好像在察颜观色，试探什么。后来索性连那稀零的花串也没有了。园中别的紫藤花架也都拆掉，改种了果树。那时的说法是，花和生活腐化有必然关系。我曾遗憾地想：这里再看不见藤萝花了。

过了这么多年，藤萝又开花了，而且开得这样盛，这样密，紫色的瀑布遮住了粗壮的盘蛇卧龙般的枝干，不断地流着，流着，流向人的心底。

花和人都会遇到各种各样的不幸，但是生命的长河是无止境的。我抚摸了一下那小小的紫色的花舱，那里满装了生命的酒酿，它张满了帆，在这闪光的花的河流上航行。它是万花中的一朵，也正是由每一个一朵，组成了万花灿烂的流动的瀑布。

在这浅紫色的光辉和浅紫色的芳香中，我不觉加快了脚步。

节选自宗璞《紫藤萝瀑布》

24 号作品

在一次名人访问中，被问及上个世纪最重要的发明是什么时，有人说是电脑，有人说是汽车，等等。但新加坡的一位知名人士却说是冷气机。

他解释，如果没有冷气，热带地区如东南亚国家，就不可能有很高的生产力，就不可能达到今天的生活水准。他的回答实事求是，有理有据。

看了上述报道，我突发奇想：为什么没有记者问："二十世纪最糟糕的发明是什么？"其实二〇〇二年十月中旬，英国的一家报纸就评出了"人类最糟糕的发明"。获此"殊荣"的，就是人们每天大量使用的塑料袋。

诞生于上个世纪三十年代的塑料袋，其家族包括用塑料制成的快餐饭盒、包装纸、餐用杯盘、饮料瓶、酸奶杯、雪糕杯等等。这些废弃物形成的垃圾，数量多、体积大、重量轻、不降解，给治理工作带来很多技术难题和社会问题。

比如，散落在田间、路边及草丛中的塑料餐盒，一旦被牲畜吞食，就会危及健康甚至导致死亡。填埋废弃塑料袋、塑料餐盒的土地，不能生长庄稼和树木，造成土地板结，而焚烧处理这些塑料垃圾，则会释放出多种化学有毒气体，其中一种称为二噁英的化合物，毒性极大。

此外，在生产塑料袋、塑料餐盒的过程中使用的氟利昂，对人体免疫系统和生态环境造成的破坏也极为严重。

节选自林光如《最糟糕的发明》

25 号作品

不管我的梦想能否成为事实，说出来总是好玩儿的：

春天，我将要住在杭州。二十年前，旧历的二月初，在西湖我看见了嫩柳与菜花，碧浪与翠竹。由我看到的那点儿春光，已经可以断定，杭州的春天必定会教人整天生活在诗与图画之中。所以，春天我的家应当是在杭州。

夏天，我想青城山应当算作最理想的地方。在那里，我虽然只住过十天，可是它的幽静已拴住了我的心灵。在我所看见过的山水中，只有这里没有使我失望。到处都是绿，目之所及，那片淡而光润的绿色都在轻轻地颤动，仿佛要流入空中与心中似的。这个绿色会像音乐，涤清了心中的万虑。

秋天一定要住北平。天堂是什么样子，我不知道，但是从我的生活经验去判断，北平之秋便是天堂。论天气，不冷不热。论吃的，苹果、梨、柿子、枣儿、葡萄，每样都有若干种。论花草，菊花种类之多，花式之奇，可以甲天下。西山有红叶可见，北海可以划船——虽然荷花已残，荷叶可还有一片清香。衣食住行，在北平的秋天，是没有一项不使人满意的。

冬天，我还没有打好主意，成都或者相当的合适，虽然并不怎样暖和，可是为了水仙，素心腊梅，各色的茶花，仿佛就受一点儿寒冷，也颇值得去了。昆明的花也多，而且天气比成都好，可是旧书铺与精美而便宜的小吃远不及成都那么多。好吧，就暂这么规定：冬天不住成都便住昆明吧。

在抗战中，我没能发国难财。我想，抗战胜利以后，我必能阔起来。那时候，假若飞机减价，一二百元就能买一架的话，我就自备一架，择黄道吉日慢慢地飞行。

节选自老舍《住的梦》

26 号作品

对于中国的牛，我有着一种特别尊敬的感情。

留给我印象最深的，要算在田垄上的一次"相遇"。

一群朋友郊游，我领头在狭窄的阡陌上走，怎料迎面来了几头耕牛，狭道容不下人和牛，终有一方要让路。它们还没有走近，我们已经预计斗不过畜牲，恐怕难免踩到田地泥水里，弄得鞋袜又泥又湿了。正在踟蹰的时候，带头的一头牛，在离我们不远的地方停下来，抬起头看看，稍迟疑一下，就自动走下田去。一队耕牛，全跟着它离开阡陌，从我们身边经过。

我们都呆了，回过头来，看着深褐色的牛队，在路的尽头消失，忽然觉得自己受了很大的恩惠。

中国的牛，永远沉默地为人做着沉重的工作。在大地上，在晨光或烈日下，它拖着沉重的犁，低头一步又一步，拖出了身后一列又一列松土，好让人们下种。等到满地金黄或农闲时候，它可能还得担当搬运负重的工作；或终日绕着石磨，朝同一方向、走不计程的路。

在它沉默的劳动中，人便得到应得的收成。

那时候，也许，它可以松一肩重担，站在树下，吃几口嫩草。偶尔摇摇尾巴，摆摆耳朵，赶走飞附身上的苍蝇，已经算是它最闲适的生活了。

中国的牛，没有成群奔跑的习惯，永远沉沉实实的，默默地工作，平心静气。这就是中国的牛！

节选自小思《中国的牛》

27 号作品

中国的第一大岛、台湾省的主岛台湾，位于中国大陆架的东南方，地处东海和南海之间，隔着台湾海峡和大陆相望。天气晴朗的时候，站在福建沿海较高的地方，就可以隐隐约约地望见岛上的高山和云朵。

台湾岛形状狭长，从东到西，最宽处只有一百四十多公里；由南至北，最长的地方约有三百九十多公里。地形像一个纺织用的梭子。

台湾岛上的山脉纵贯南北，中间的中央山脉犹如全岛的脊梁。西部为海拔近四千米的玉山山脉，是中国东部的最高峰。全岛约有三分之一的地方是平地，其余为山地。岛内有缎带般的瀑布，蓝宝石似的湖泊，四季常青的森林和果园，自然景色十分优美。西南部的阿里山和日月潭，台北市郊的大屯山风景区．都是闻名世界的游览胜地。

台湾岛地处热带和温带之间，四面环海，雨水充足，气温受到海洋的调剂，冬暖夏凉，四季如春，这给水稻和果木生长提供了优越的条件。水稻、甘蔗、樟脑是台湾的"三宝"。岛上还盛产鲜果和鱼虾。

台湾岛还是一个闻名世界的"蝴蝶王国"。岛上的蝴蝶共有四百多个品种，其中有不少是世界稀有的珍贵品种。岛上还有不少鸟语花香的蝴蝶谷，岛上居民利用蝴蝶制作的标本和艺术品，远销许多国家。

节选自《中国的宝岛——台湾》

28 号作品

人活着，最要紧的是寻觅到那片代表着生命绿色和人类希望的丛林，然后选一高高的枝头站在那里观览人生，消化痛苦，孕育歌声，愉悦世界！

这可真是一种潇洒的人生态度，这可真是一种心境爽明的情感风貌。

站在历史的枝头微笑，可以减免许多烦恼。在那里，你可以从众生相所包含的甜酸苦辣、百味人生中寻找你自己；你境遇中的那点儿苦痛，也许相比之下，再也难以占据一席之地；你会较容易地获得从不悦中解脱灵魂的力量，使之不致变得灰暗。

人站得高些，不但能有幸早些领略到希望的曙光，还能有幸发现生命的立体的诗篇。每一个人的人生，都是这诗篇中的一个词、一个句子或者一个标点。你可能没有成为一个美丽的词，一个引人注目的句子，一个惊叹号，但你依然是这生命的立体诗篇中的一个音节、一个停顿、一个必不可少的组成部分。这足以使你放弃前嫌，萌生为人类孕育新的歌声的兴致，为世界带来更多的诗意。

最可怕的人生见解，是把多维的生存图景看成平面。因为那平面上刻下的大多是凝固了的历史——过去的遗址；但活着的人们，活得却是充满着新生智慧的，由不断逝去的"现在"组成的未来。人生不能像某些鱼类躺着游，人生也不能像某些兽类爬着走，而应该站着向前行，这才是人类应有的生存姿态。

节选自 [美] 本杰明·拉什《站在历史的枝头微笑》

29 号作品

有一次，苏东坡的朋友张鹗拿着一张宣纸来求他写一幅字，而且希望他写一点儿关于养生方面的内容。苏东坡思索了一会儿，点点头说："我得到了一个养生长寿古方，药只有四味，今天就赠给你吧。"于是，东坡的狼毫在纸上挥洒起来，上面写着："一曰无事以当贵，二曰早寝以当富，三曰安步以当车，四曰晚食以当肉。"

这哪里有药？张鹤一脸茫然地问。苏东坡笑着解释说，养生长寿的要诀，全在这四句

里面。

所谓"无事以当贵",是指人不要对功名利禄、荣辱过失考虑得太多,如能在情志上潇洒大度,随遇而安,无事以求,这比富贵更能使人终其天年。

"早寝以当富",指吃好穿好、财货充足,并非就能使你长寿。对老年人来说,养成良好的起居习惯,尤其是早睡早起,比获得任何财富更加宝贵。

"安步以当车",指人不要过于讲求安逸,肢体不劳,而应多以步行来替代骑马乘车,多运动才可以强健体魄,通畅气血。

"晚食以当肉",意思是人应该用已饥方食、未饱先止代替对美味佳肴的贪吃无厌。他进一步解释,饿了以后才进食,虽然是粗茶淡饭,但其香甜可口会胜过山珍;如果饱了还要勉强吃,即使美味佳肴摆在眼前也难以下咽。

苏东坡的四味"长寿药",实际上是强调了情志、睡眠、运动、饮食四个方面对养生长寿的重要性,这种养生观点即使在今天仍然值得借鉴。

节选自蒲昭和《赠你四味长寿药》

30 号作品

在繁华的巴黎大街的路旁,站着一个衣衫褴褛、头发斑白、双目失明的老人。

他不像其他乞丐那样伸手向过路行人乞讨,而是在身旁立一块木牌,上面写着:"我什么也看不见!"街上过往的行人很多,看了木牌上的字都无动于衷,有的还淡淡一笑,便姗姗而去了。

这天中午,法国著名诗人让·彼浩勒也经过这里。他看看木牌上的字,问盲老人:"老人家,今天上午有人给你钱吗?"

盲老人叹息着回答:"我,我什么也没有得到。"说着,脸上的神情非常悲伤。

让·彼浩勒听了,拿起笔悄悄地在那行字的前面添上了"春天到了,可是我什么也看不见!"几个字,就匆匆地离开了。

晚上,让·彼浩勒又经过这里,问那个盲老人下午的情况。盲老人笑着回答说:"先生,不知为什么,下午给我钱的人多极了!"让·彼浩勒听了,摸着胡子满意地笑了。

"春天到了,可是我什么也看不见!"这富有诗意的语言,产生这么大的作用,就在于它有非常浓厚的感情色彩。是的,春天是美好的.那蓝天白云,那绿树红花,那莺歌燕舞,那流水人家,怎么不叫人陶醉呢? 但这良辰美景,对于一个双目失明的人来说,只是一片漆黑。当人们想到这个盲老人,一生中竟连万紫千红的春天都不曾看到,怎能不对他产生同情之心呢?

节选自小学《语文》第六册中《语言的魅力》

31 号作品

小学的时候，有一次我们去海边远足，妈妈没有做便饭，给了我十块钱买午餐。好像走了很久、很久，终于到海边了，大家坐下来便吃饭，荒凉的海边没有商店，我一个人跑到防风林外面去，班主任老师要大家把吃剩的饭菜分给我一点儿。有两三个男生留下一点儿给我，还有一个女生，她的米饭拌了酱油，很香。我吃完的时候，她笑眯眯地看着我，短头发，脸圆圆的。

她的名字叫翁香玉。

每天放学的时候，她走的是经过我们家的一条小路，带着一位比她小的男孩儿，可能是弟弟。小路边是一条清澈见底的小溪，两旁竹荫覆盖，我总是远远地跟在她后面，夏日的午后特别炎热，走到半路她会停下来，拿手帕在溪水里浸湿，为小男孩儿擦脸。我也在后面停下来，把肮脏的手帕弄湿了擦脸，再一路远远跟着她回家。

后来我们家搬到镇上去了，过几年我也上了中学。有一天放学回家，在火车上，看见斜对面一位短头发、圆圆脸的女孩儿，一身素净的白衣黑裙。我想她一定不认识我了。火车很快到站了，我随着人群挤向门口，她也走近了，叫我的名字。这是她第一次和我说话。

她笑眯眯的，和我一起走过月台。以后就没有再见过她了。

这篇文章收在我出版的《少年心事》这本书里。

书出版后半年，有一天我忽然收到出版社转来的一封信，信封上是陌生的字迹，但清楚地写着我的本名。

信里面说她看到了这篇文章心里非常激动，没想到在离开家乡，漂泊异地这么久之后，会看见自己仍然在一个人的记忆里，她自己也深深记得这其中的每一幕，只是没想到越过遥远的时空，竟然另一个人也深深记得。

节选自苦伶《永远的记忆》

32 号作品

有个塌鼻子的小男孩儿，因为两岁时得过脑炎，智力受损，学习起来很吃力。打个比方，别人写作文能写二三百字，他却只能写三五行。但即便这样的作文，他同样能写得很动人。

那是一次作文课，题目是《愿望》。他极其认真地想了半天，然后极认真地写，那作文极短。只有三句话：我有两个愿望，第一个是，妈妈天天笑眯眯地看着我说："你真聪明。"第二个是，老师天天笑眯眯地看着我说："你一点儿也不笨。"

于是，就是这篇作文，深深地打动了他的老师，那位妈妈式的老师不仅给了他最高分，在班上带感情地朗读了这篇作文，还一笔一画地批道：你很聪明，你的作文写得非常感人，请放心，妈妈肯定会格外喜欢你的，老师肯定会格外喜欢你的，大家肯定会格外喜欢你的。

捧着作文本，他笑了，蹦蹦跳跳地回家了，像只喜鹊。但他并没有把作文本拿给妈妈看，他是在等待，等待着一个美好的时刻。

那个时刻终于到了，是妈妈的生日——一个阳光灿烂的星期天：那天，他起得特别早，把作文本装在一个亲手做的美丽的大信封里，等着妈妈醒来。妈妈刚刚睁眼醒来，他就笑眯眯地走到妈妈跟前说："妈妈，今天是您的生日，我要送给您一件礼物。"

果然，看着这篇作文，妈妈甜甜地涌出了两行热泪，一把搂住小男孩儿，搂得很紧很紧。

是的，智力可以受损，但爱永远不会。

节选自张玉庭《一个美丽的故事》

33 号作品

著名教育家班杰明曾经接到一个青年人的求救电话，并与那个向往成功、渴望指点的青年人约好了见面的时间和地点。

待那个青年如约而至时，班杰明的房门敞开着，眼前的景象却令青年人颇感意外——班杰明的房间里乱七八糟、狼藉一片。

没等青年人开口，班杰明就招呼道："你看我这房间，太不整洁了，请你在门外等候一分钟，我收拾一下，你再进来吧。"一边说着，班杰明就轻轻地关上了房门。

不到一分钟的时间，班杰明就又打开了房门并热情地把青年人让进客厅。这时，青年人的眼前展现出另一番景象——房间内的一切已变得井然有序，而且有两杯刚刚倒好的红酒，在淡淡的香水气息里还漾着微波。

可是，没等青年人把满腹的有关人生和事业的疑难问题向班杰明讲出来，班杰明就非常客气地说道："干杯。你可以走了。"

青年人手持酒杯一下子愣住了，既尴尬又非常遗憾地说："可是，我……我还没向您请教呢……"

"这些……难道还不够吗？"班杰明一边微笑着，一边扫视着自己的房间，轻言细语地说，"你进来又有一分钟了。"

"一分钟……一分钟……"青年人若有所思也说："我懂了，您让我明白了一分钟的时间可以做许多事情，可以改变许多事情的深刻道理。"

班杰明舒心地笑了。青年人把杯里的红酒一饮而尽。向班杰明连连道谢后，开心地走了。

其实，只要把握好生命的每一分钟，也就把握了理想的人生。

节选自纪广洋《一分钟》

34 号作品

有这样一个故事。

有人问：世界上什么东西的气力最大？回答纷纭得很，有的说"象"，有的说"狮"，有人开玩笑似的说：是"金刚"，金刚有多少气力，当然大家全不知道。

结果，这一切答案完全不对，世界上气力最大的，是植物的种子。一粒种子所可以显现出来的力，简直是超越一切。

人的头盖骨，结合得非常致密与坚固，生理学家和解剖学者用尽了一切的方法，要把它完整地分出来，都没有这种力气。后来忽然有人发明了一个方法，就是把一些植物的种子放在要剖析的头盖骨里，给它以温度与湿度，使它发芽。一发芽，这些种子便以可怕的力量，将一切机械力所不能分开的骨骼，完整地分开了。植物种子力量之大，如此如此。

这，也许特殊了一点儿，常人不容易理解。那么，你看见过笋的成长吗？你看见过被压在瓦砾和石块下面的一棵小草的生长吗？它为着向往阳光，为着达成它的生之意志，不管上面的石块如何重，石与石之间如何狭，它必定要曲曲折折地，但是顽强不屈地透到地面上来。它的根往土壤钻，它的芽往地面挺，这是一种不可抗拒的力，阻止它的石块，结果也被它掀翻，一粒种子的力量之大，如此如此。

没有一个人将小草叫做"大力士"，但是它的力量之大，的确是世界无比。这种力是一般人看不见的生命力。只要生命存在，这种力就要显现。上面的石块，丝毫不足以阻挡。因为它是一种"长期抗战"的力；有弹性，能屈能伸的力；有韧性，不达目的不止的力。

节选自夏衍《野草》

35 号作品

我们的船渐渐地逼近榕树了。我有机会看清它的真面目：是一棵大树，有数不清的丫枝，枝上又生根，有许多根一直垂到地上，伸进泥土里。一部分树枝垂到水面，从远处看，就像一棵大树斜躺在水面上一样。

现在正是枝繁叶茂的时节。这棵榕树好像在把它的全部生命力展示给我们看。那么多的绿叶，一簇堆在另一簇的上面，不留一点儿缝隙。翠绿的颜色明亮地在我们的眼前闪耀，似乎每一片树叶上都有一个新的生命在颤动，这美丽的南国的树！

船在树下泊了片刻，岸上很湿，我们没有上去。朋友说这里是"鸟的天堂"，有许多鸟在这棵树上做窝，农民不许人去捉它们。我仿佛听见几只鸟扑翅的声音，但是等到我的眼睛注意地看那里时，我却看不见一只鸟的影子，只有无数的树根立在地上，像许多根木桩。地是湿的，大概涨潮时河水常常冲上岸去。"鸟的天堂"里没有一只鸟，我这样想到。船开了，一个朋友拨着船，缓缓地流到河中间去。

第二天，我们划着船到一个朋友的家乡去，就是那个有山有塔的地方。从学校出发，我们又经过那"鸟的天堂"。

这一次是在早晨，阳光照在水面上，也照在树梢上。一切都显得非常光明。我们的船也在树下泊了片刻。

起初四周围非常清静。后来忽然起了一声鸟叫。我们把手一拍，便看见一只大鸟飞了起来，接着又看见第二只、第三只。我们继续拍掌，很快地这个树林就变得很热闹了。到处都是鸟声，到处都是鸟影。大的，小的，花的，黑的，有的站在枝上叫，有的飞起来，在扑翅膀。

节选自巴金《鸟的天堂》

36 号作品

在湾仔香港最热闹的地方，有一棵榕树，它是最贵的一棵树，不光在香港，在全世界，都是最贵的。

树，活的树，又不卖，何言其贵？ 只因它老，它粗，是香港百年沧桑的活见证，香港人不忍看着它被砍伐，或者被移走，便跟要占用这片山坡的建筑者谈条件：可以在这儿建大楼盖商厦，但一不准砍树，二不准挪树，必须把它原地精心养起来，成为香港闹市中的一景。太古大厦的建设者最后签了合同，占用这个大山坡建豪华商厦的先决条件是同意保护这棵老树。

树长在半山坡上，计划将树下面的成千上万吨山石全部掏空取走，腾出地方来盖楼，把树架在大楼上面，仿佛它原本是长在楼顶上似的。建设者就地造了一个直径十八米、深十米的大花盆，先固定好这棵老树，再在大花盆底下盖楼。光这一项就花了两千三百八十九万港币，堪称是最昂贵的保护措施了。

太古大厦落成之后，人们可以乘滚动扶梯一次到位，来到太古大厦的顶层。出后门，那儿是一片自然景色。一棵大树出现在人们面前，树干有一米半粗，树冠直径足有二十多米，独木成林，非常壮观，形成一座以它为中心的小公园，取名叫"榕圃"，树前面插着铜牌，说明缘由。此情此景，如不看铜牌的说明，绝对想不到巨树根底下还有一座宏伟的现代大楼。

节选自舒乙《香港：最贵的一棵树》

37 号作品

高兴，这是一种具体的被看得到摸得着的事物所唤起的情绪。它是心理的更是生理的。它容易来也容易去，谁也不应该对它视而不见失之交臂，谁也不应该总是做那些使自己不高兴也使旁人不高兴的事。让我们说一件最容易做也最令人高兴的事吧，尊重你自己，也尊重别人，这是每一个人的权利，我还要说这是每一个人的义务。

快乐，它是一种富有概括性的生存状态、工作状态。它几乎是先验的，它来自生命本身的活力，来自宇宙、地球和人间的吸引，它是世界的丰富、绚丽、阔大、悠久的体现。快乐还是一种力量，是埋在地下的根脉。消灭一个人的快乐比挖掘掉一棵大树的根要难得多。

欢欣，这是一种青春的、诗意的情感。它来自面向着未来伸开双臂奔跑的冲力，它来自一种轻松而又神秘、朦胧而又隐秘的激动，它是激情即将到来的预兆，它又是大雨过后的比下雨还要美妙得多也久远得多的回味……

喜悦，它是一种带有形而上色彩的修养和境界。与其说它是一种情绪，不如说它是一种智慧、一种超拔、一种悲天悯人的宽容和理解，一种饱经沧桑的充实和自信，一种光明的理性，一种坚定的成熟，一种战胜了烦恼和庸俗的清明澄澈。它是一潭清水，它是一抹朝霞，它是无边的平原，它是沉默的地平线。多一点儿，再多一点儿喜悦吧，它是翅膀，也是归巢。它是一杯美酒，也是一朵永远开不败的莲花。

节选自王蒙《喜悦》

38 号作品

中国西部我们通常是指黄河与秦岭相连一线以西，包括西北和西南的十二个省、市、自治区。这块广袤的土地面积为五百四十六万平方公里，占国土总面积的百分之五十七；人口二点八亿，占全国总人口的百分之二十三。

西部是华夏文明的源头。华夏祖先的脚步是顺着水边走的：长江上游出土过元谋人牙齿化石，距今约一百七十万年；黄河中游出土过蓝田人头盖骨，距今约七十万年。这两种古人类都比距今约五十万年的北京猿人资格更老。

西部地区是华夏文明的重要发源地。秦皇汉武以后，东西方文化在这里交汇融合，从而有了丝绸之路的驼铃声，佛院深寺的暮鼓晨钟。敦煌莫高窟是世界文化史上的一个奇迹，它在继承汉晋艺术传统的基础上，形成了自己兼收并蓄的恢宏气度、展现出精美绝伦的艺术形式和博大精深的文化内涵。秦始皇兵马俑、西夏王陵、楼兰古国、布达拉宫、三星堆、大足石刻等历史文化遗产，同样为世界所瞩目，成为中华文化重要的象征。

西部地区又是少数民族及其文化的集萃地，几乎包括了我国所有的少数民族。在一些偏远的少数民族地区，仍保留了一些久远时代的艺术品种，成为珍贵的"活化石"，如纳西古乐、戏曲、剪纸、刺绣、岩画等民间艺术和宗教艺术。特色鲜明、丰富多彩，犹如一个巨大的民族民间文化艺术宝库。

我们要充分重视和利用这些得天独厚的资源优势，建立良好的民族民间文化生态环境，为西部大开发做出贡献。

节选自《中考语文课外阅读试题精选》中《西部文化和西部开发》

39 号作品

　　我为什么非要教书不可？是因为我喜欢当教师的时间安排表和生活节奏。七、八、九三个月给我提供了进行回顾、研究、写作的良机，并将三者有机融合，而善于回顾、研究和总结正是优秀教师素质中不可缺少的成分。

　　干这行给了我多种多样的"甘泉"去品尝，找优秀的书籍去研读，到"象牙塔"和实际世界里去发现。教学工作给我提供了继续学习的时间保证，以及多种途径、机遇和挑战。

　　然而，我爱这一行的真正原因，是爱我的学生。学生们在我的眼前成长、变化。当教师意味着亲历"创造"过程的发生——恰似亲手赋予一团泥土以生命，没有什么比目睹它开始呼吸更激动人心的了。

　　权利我也有了：我有权利去启发诱导，去激发智慧的火花，去问费心思考的问题，去赞扬回答的尝试，去推荐书籍，去指点迷津。还有什么别的权利能与之相比呢？

　　而且，教书还给我金钱和权利之外的东西，那就是爱心。不仅有对学生的爱，对书籍的爱，对知识的爱，还有教师才能感受到的对"特别"学生的爱。这些学生，有如冥顽不灵的泥块，由于接受了老师的炽爱才勃发了生机。

　　所以，我爱教书，还因为，在那些勃发生机的"特别"学生身上，我有时发现自己和他们呼吸相通，忧乐与共。

节选自 [美]彼得·基·贝得勒《我为什么当教师》

40 号作品

　　生活对于任何人都非易事，我们必须有坚韧不拔的精神。最要紧的，还是我们自己要有信心。我们必须相信，我们对每一件事情都具有天赋的才能，并且，无论付出任何代价，都要把这件事完成。当事情结束的时候，你要能问心无愧地说："我已经尽我所能了。"

　　有一年的春天，我因病被迫在家里休息数周。我注视着我的女儿们所养的蚕正在结茧，这使我很感兴趣。望着这些蚕执著地、勤奋地工作，我感到我和它们非常相似。像它们一样，我总是耐心地把自己的努力集中在一个目标上。我之所以如此。或许是因为有某种力量在鞭策着我——正如蚕被鞭策着去结茧一般。

　　近五十年来，我致力于科学研究，而研究，就是对真理的探讨。我有许多美好快乐的记忆。少女时期我在巴黎大学，孤独地过着求学的岁月；在后来献身科学的整个时期，我丈夫和我专心致志，像在梦幻中一般，坐在简陋的书房里艰辛地研究。后来我们就在那里发现了镭。

　　我永远追求安静的工作和简单的家庭生活。为了实现这个理想，我竭力保持宁静的环境，以免受人事的干扰和盛名的拖累。

我深信，在科学方面我们有对事业而不是对财富的兴趣。我的唯一奢望是在一个自由国家中，以一个自由学者的身份从事研究工作。

我一直沉醉于世界的优美之中，我所热爱的科学也不断增加它崭新的远景。我认定科学本身就具有伟大的美。

节选自 [波兰] 玛丽·居里《我的信念》，剑捷译

41 号作品

记得我十三岁时，和母亲住在法国东南部的耐斯城。母亲没有丈夫，且没有亲戚，够清苦的，但她经常能拿出令人吃惊的东西，摆在我面前。她从来不吃肉，一再说自己是素食者。然而有一天，我发现母亲正仔细地用一小块碎面包擦那给我煎牛排用的油锅。我明白了她称自己为素食者的真正原因。

我十六岁时，母亲成了耐斯市美蒙旅馆的女经理。这时，她更忙碌了。一天，她瘫在椅子上，脸色苍白，嘴唇发灰。马上找来医生，做出诊断：她摄取了过多的胰岛素。直到这时我才知道母亲多年一直对我隐瞒的疾痛——糖尿病。

她的头歪向枕头一边，痛苦地用手抓挠胸口。床架上方，则挂着一枚我一九三二年赢得耐斯市少年乒乓球冠军的银质奖章。

啊，是对我的美好前途的憧憬支撑着她活下去，为了给她那荒唐的梦至少加一点真实的色彩，我只能继续努力，与时间竞争，直至一九三八年我被征入空军。巴黎很快失陷，我辗转调到英国皇家空军。刚到英国就接到了母亲的来信。这些信是由在瑞士的一个朋友秘密地转到伦敦，送到我手中的。

现在我要回家了，胸前佩带着醒目的绿黑两色的解放十字绶带，上面挂着五六枚我终身难忘的勋章，肩上还佩带着军官肩章。到达旅馆时，没有一个人跟我打招呼。原来，我母亲在三年半以前就已经离开人间了。

在她死前的几天中，她写了近二百五十封信，把这些信交给她在瑞士的朋友，请这个朋友定时寄给我。就这样，在母亲死后的三年半的时间里，我一直从她身上吸取着力量和勇气。

节选自 [法] 罗曼·加里《我的母亲独一无二》

42 号作品

在里约热内卢的一个贫民窟里，有一个男孩子，他非常喜欢足球，可是又买不起。于是就踢塑料盒，踢汽水瓶，踢从垃圾箱里捡来的椰子壳。他在胡同里踢，在能找到的任何一片空地上踢。

有一天，当他在一处干涸的水塘里猛踢一个猪膀胱时，被一位足球教

练看见了。他发现这个男孩儿踢得很像是那么回事，就主动提出要送给他一个足球。小男孩儿得到足球后踢得更卖劲了。不久，他就能准确地把球踢进远处随意摆放的一个水桶里。

圣诞节到了，孩子的妈妈说："我们没有钱买圣诞礼物送给我们的恩人，就让我们为他祈祷吧。"

小男孩儿跟随妈妈祈祷完毕，向妈妈要了一把铲子便跑了出去。他来到一座别墅前的花园里，开始挖坑。

就在他快要挖好坑的时候，从别墅里走出一个人来，问小孩儿在干什么，孩子抬起满是汗珠的脸蛋儿，说："教练，圣诞节到了，我没有礼物送给您，我愿给您的圣诞树挖一个树坑。"

教练把小男孩儿从树坑里拉上来，说，我今天得到了世界上最好的礼物。明天你就到我的训练场去吧。

三年后，这位十七岁的男孩儿在第六届世界杯足球锦标赛上独进二十一球，为巴西第一次捧回了金杯。一个原来不为世人所知的名字——贝利，随之传遍世界。

节选自刘燕敏《天才的造就》

43 号作品

享受幸福是需要学习的，当它即将来临的时刻需要提醒。人可以自然而然地学会感官的享乐，却无法天生地掌握幸福的韵律。灵魂的快意同器官的舒适像一对孪生兄弟，时而相傍相依，时而南辕北辙。

幸福是一种心灵的震颤。它像会倾听音乐的耳朵一样，需要不断地训练。

简而言之，幸福就是没有痛苦的时刻。它出现的频率并不像我们想象的那样少。人们常常只是在幸福的金马车已经驶过去很远时，才拣起地上的金鬃毛说，原来我见过它。

人们喜爱回味幸福的标本，却忽略它披着露水散发清香的时刻。那时候我们往往步履匆匆，瞻前顾后不知在忙着什么。

世上有预报台风的，有预报蝗灾的，有预报瘟疫的，有预报地震的。没有人预报幸福。

其实幸福和世界万物一样，有它的征兆。

幸福常常是朦胧的，很有节制地向我们喷洒甘霖。你不要总希望轰轰烈烈的幸福，它多半只是悄悄地扑面而来。你也不要企图把水龙头拧得更大，那样它会很快地流失。你需要静静地以平和之心，体验它的真谛。

幸福绝大多数是朴素的。它不会像信号弹似的，在很高的天际闪烁红色的光芒。它披着本色的外衣，亲切温暖地包裹起我们。

幸福不喜欢喧嚣浮华，它常常在暗淡中降临。贫困中相濡以沫的一块糕饼，患难中心心相印的一个眼神，父亲一次粗糙的抚摸，女友一张温馨的字条……这都是千金难买的幸福啊。像一粒粒缀在旧绸子上的红宝石，在凄凉中愈发熠熠夺目。

节选自毕淑敏《提醒幸福》

44 号作品

育才小学校长陶行知在校园看到学生王友用泥块砸自己班上的同学，陶行知当即喝止了他，并令他放学后到校长室去。无疑，陶行知是要好好教育这个"顽皮"的学生。那么他是如何教育的呢？

放学后，陶行知来到校长室，王友已经等在门口准备挨训了。可一见面，陶行知却掏出一块糖果送给王友，并说："这是奖给你的，因为你按时来到这里，而我却迟到了。"王友惊疑地接过糖果。

随后，陶行知又掏出一块糖果放到他手里，说："这第二块糖果也是奖给你的，因为当我不让你再打人时，你立即就住手了，这说明你很尊重我，我应该奖你。"王友更惊疑了，他眼睛睁得大大的。

陶行知又掏出第三块糖果塞到王友手里，说："我调查过了，你用泥块砸那些男生，是因为他们不守游戏规则，欺负女生；你砸他们，说明你很正直善良，且有批评不良行为的勇气，应该奖励你啊！"王友感动极了。他流着眼泪后悔地喊道："陶……陶校长你打我两下吧！我砸的不是坏人，而是自己的同学啊……"

陶行知满意地笑了，他随即掏出第四块糖果递给王友，说："为你正确地认识错误，我再奖给你一块糖果，只可惜我只有这一块糖果了。我的糖果没有了，我看我们的谈话也该结束了吧！"说完，就走出了校长室。

节选自《教师博览·百期精华》中《陶行知的"四块糖果"》

45 号作品

泰山极顶的日出，历来被描绘成十分壮观的奇景。有人说：登泰山而看不到日出，就像一出大戏没有戏眼，味儿终究有点寡淡。

我去爬山那天，正赶上个难得的好天，万里长空，云彩丝儿都不见。素常，烟雾腾腾的山头，显得眉目分明。同伴们都欣喜地说："明儿早晨准可以看见日出了。"我也是抱着这种想头，爬上山去。

一路从山脚往上爬，细看山景，我觉得挂在眼前的不是五岳独尊的泰山，却像一幅规模惊人的青绿山水画，从下面倒展开来。在画卷中最先露出的是山根底那座明朝建筑岱宗坊，慢慢地便现出三母池、斗母官、经石峪。山是一层比一层深，一叠比一叠奇，层层叠叠，不知还会有多深多奇，万山丛中，时而点染着极其工细的人物。王母池旁的吕祖殿里有不少尊明塑，塑着吕洞宾等一些人，姿态神情是那样有生气，你看了，不禁会脱口赞叹说："活啦。"

画卷继续展开，绿荫森森的柏洞露面不太久，便来到对松山。两面奇峰对峙着，满山峰都是奇形怪状的老松，年纪怕都有上千岁了，颜色竟那么浓，浓得好像要流下来似的。来到这儿，你不妨权当一次画里的写意人物，坐在路旁的对松亭里，看看山色，听听流水和松涛。

一时间，我又觉得自己不仅是在看画卷，却又像是在零零乱乱翻着一卷历史稿本。

节选自杨朔《泰山极顶》

46 号作品

一位访美中国女作家，在纽约遇到一位卖花的老太太。老太太穿着破旧，身体虚弱，但脸上的神情却是那样祥和兴奋。女作家挑了一朵花说："看起来，你很高兴。"老太太面带微笑地说："是的，一切都这么美好，我为什么不高兴呢？""对烦恼，你倒真能看得开。"女作家又说了一句。没料到，老太太的回答更令女作家大吃一惊："耶稣在星期五被钉上十字架时，是全世界最糟糕的一天，可三天后就是复活节。所以，当我遇到不幸时，就会等待三天，这样一切就恢复正常了。"

"等待三天"，多么富于哲理的话语，多么乐观的生活方式。它把烦恼和痛苦抛下，全力去收获快乐。

沈从文在"文革"期间，陷入了非人的境地。可他毫不在意，他在咸宁时给他的表侄、画家黄永玉写信说："这里的荷花真好！你若来……"身陷苦难却仍为荷花的盛开欣喜赞叹不已，这是一种趋于澄明的境界，一种旷达洒脱的胸襟，一种面临磨难坦荡从容的气度，一种对生活童子般的热爱和对美好事物无限向往的生命情感。

由此可见。影响一个人快乐的，有时并不是困境及磨难，而是一个人的心态。如果把自己浸泡在积极、乐观、向上的心态中，快乐必然会占据你的每一天。

节选自《态度创造快乐》

47 号作品

我国的建筑，从古代的宫殿到近代的一般住房，绝大部分是对称的，左边怎么样，右边怎么样。苏州园林可绝不讲究对称，好像故意避免似的。东边有了一个亭子或者一道回廊，西边决不会来一个同样的亭子或者一道同样的回廊。这是为什么？我想，用图画来比方，对称的建筑是图案画，不是美术画，而园林是美术画，美术画要求自然之趣，是不讲究对称的。

苏州园林里都有假山和池沼。

假山的堆叠，可以说是一项艺术而不仅是技术。或者是重峦叠嶂，或者是几座小山配合着竹子花木，全在乎设计者和匠师们生平多阅历，胸中有丘壑，才能使游览者攀登的时候忘却苏州城市，只觉得身在山间。

至于池沼，大多引用活水。有些园林池沼宽敞，就把池沼作为全园的中心，其他景物配合着布置。水面假如成河道模样，往往安排桥梁。假如安排两座以上的桥梁，那就一座一个样，决不雷同。

池沼或河道的边沿很少砌齐整的石岸，总是高低屈曲任其自然。还在那儿布置几块玲珑的石头，或者种些花草。这也是为了取得从各个角度看都成一幅画的效果。池沼里养着金鱼或各色鲤鱼，夏秋季节荷花或睡莲开放，游览者看"鱼戏莲叶间"又是入画的一景。

节选自叶圣陶《苏州园林》

48 号作品

我在俄国见到的景物再没有比托尔斯泰墓更宏伟、更感人的。

完全按照托尔斯泰的愿望，他的坟墓成了世间最美的，给人印象最深刻的坟墓。它只是树林中的一个小小的长方形土丘，上面开满鲜花——没有十字架，没有墓碑，没有墓志铭，连托尔斯泰这个名字也没有。

这位比谁都感到受自己的声名所累的伟人，却像偶尔被发现的流浪汉，不为人知的士兵，不留名姓地被人埋葬了。谁都可以踏进他最后的安息地，围在四周稀疏的木栅栏是不关闭的——保护列夫·托尔斯泰得以安息的没有任何别的东西，唯有人们的敬意；而通常，人们却总是怀着好奇，去破坏伟人墓地的宁静。

这里，逼人的朴素禁锢住任何一种观赏的闲情，并且不容许你大声说话。风儿俯临，在这座无名者之墓的树木之间飒飒响着，和暖的阳光在坟头嬉戏；冬天，白雪温柔地覆盖这片幽暗的土地。无论你在夏天或冬天经过这儿，你都想象不到，这个小小的、隆起的长方体里安放着一位当代最伟大的人物。

然而，恰恰是这座不留姓名的坟墓，比所有挖空心思用大理石和奢华装饰建造的坟墓更扣人心弦。在今天这个特殊的日子里，到他的安息地来的成百上千人中间，没有一个有勇气，哪怕仅仅从这幽暗的土丘上摘下一朵花留作纪念。人们重新感到，世界上再没有比托尔斯泰最后留下的、这座纪念碑式的朴素坟墓，更打动人心的了。

节选自 [奥] 茨威格《世间最美的坟墓》，张厚仁译

49 号作品

地球上是否真的存在"无底洞"？按说地球是圆的，由地壳、地幔和地核三层组成，真正的"无底洞"是不应存在的，我们所看到的各种山洞、裂口、裂缝，甚至火山口也都只是地壳浅部的一种现象。然而中国一些古籍却多次提到海外有个深奥莫测的无底洞。事实上地球上确实有这样一个"无底洞"。

它位于希腊亚各斯古城的海滨。由于濒临大海，大涨潮时，汹涌的海水便会排山倒海

般地涌入洞中，形成一股湍湍的急流。据测，每天流入洞内的海水量达三万多吨。奇怪的是，如此大量的海水灌入洞中，却从来没有把洞灌满。曾有人怀疑，这个"无底洞"会不会就像石灰岩地区的漏斗、竖井、落水洞一类的地形。然而从二十世纪三十年代以来，人们就做了多种努力企图寻找它的出口，却都是枉费心机。

为了揭开这个秘密，一九五八年美国地理学会派出一支考察队，他们把一种经久不变的带色染料溶解在海水中，观察染料是如何随着海水一起沉下去。接着又察看了附近海面以及岛上的各条河、湖，满怀希望地寻找这种带颜色的水，结果令人失望。难道是海水量太大把有色水稀释得太淡，以致无法发现？

至今谁也不知道为什么这里的海水会没完没了地"漏"下去，这个"无底洞"的出口又在哪里，每天大量的海水究竟都流到哪里去了？

节选自罗伯特·罗威尔《神秘的"无底洞"》

50 号作品

我们在田野散步：我，我的母亲，我的妻子和儿子。

母亲本不愿出来的。她老了，身体不好，走远一点儿就觉得很累。我说，正因为如此，才应该多走走。母亲信服地点点头，便去拿外套。她现在很听我的话，就像我小时候很听她的话一样。

这南方初春的田野，大块小块的新绿随意地铺着，有的浓，有的淡，树上的嫩芽也密了，田里的冬水也咕咕地起着水泡。这一切都使人想着一样东西——生命。

我和母亲走在前面，我的妻子和儿子走在后面。小家伙突然叫起来："前面是妈妈和儿子，后面也是妈妈和儿子。"我们都笑了。

后来发生了分歧：母亲要走大路，大路平顺；我的儿子要走小路，小路有意思。不过，一切都取决于我。我的母亲老了，她早已习惯听从她强壮的儿子；我的儿子还小，他还习惯听从他高大的父亲；妻子呢，在外面，她总是听我的。一霎时，我感到了责任的重大。我想找一个两全的办法，找不出；我想拆散一家人，分成两路，各得其所，终不愿意。我决定委屈儿子，因为我伴同他的时日还长。我说："走大路。"

但是母亲摸摸孙儿的小脑瓜，变了主意："还是走小路吧。"她的眼随小路望去：那里有金色的菜花，两行整齐的桑树，尽头一口水波粼粼的鱼塘。"我走不过去的地方，你就背着我。"母亲对我说。

这样，我们在阳光下，向着那菜花、桑树和鱼塘走去。到了一处，我蹲下来，背起了母亲；妻子也蹲下来，背起了儿子。我和妻子都是慢慢地，稳稳地，走得很仔细，好像我背上的同她背上的加起来，就是整个世界。

节选自莫怀戚《散步》

51 号作品

朋友即将远行。

暮春时节，又邀了几位朋友在家小聚。虽然都是极熟的朋友，却是终年难得一见，偶尔电话里相遇，也无非是几句寻常话。一锅小米稀饭，一碟大头菜，一盘自家酿制的泡菜，一只巷口买回的烤鸭，简简单单，不像请客，倒像家人团聚。

其实，友情也好，爱情也好，久而久之都会转化为亲情。

说也奇怪，和新朋友会谈文学、谈哲学、谈人生道理等，和老朋友却只话家常，柴米油盐，细细碎碎，种种琐事。很多时候，心灵的契合已经不需要太多的言语来表达。

朋友新烫了个头，不敢回家见母亲，恐怕惊骇了老人家，却欢天喜地来见我们，老朋友颇能以一种趣味性的眼光欣赏这个改变。

年少的时候，我们差不多都在为别人而活，为苦口婆心的父母活，为循循善诱的师长活，为许多观念，许多传统的约束力而活。年岁逐增渐渐挣脱外在的限制与束缚，开始懂得为自己活，照自己的方式做一些自己喜欢的事，不在乎别人的批评意见，不在乎别人的诋毁流言，只在乎那一份随心所欲的舒坦自然。偶尔，也能够纵容自己放浪一下，并且有一种恶作剧的窃喜。

就让生命顺其自然，水到渠成吧，犹如窗前的乌桕，自生自落之间，自有一份圆融丰满的喜悦。春雨轻轻落着，没有诗，没有酒，有的只是一份相知相属的自在自得。

夜色在笑语中渐渐沉落，朋友起身告辞，没有挽留，没有送别，甚至也没有问归期。

已经过了大喜大悲的岁月，已经过了伤感流泪的年华，知道了聚散原来是这样的自然和顺理成章，懂得这点，便懂得珍惜每一次相聚的温馨，离别便也欢喜。

节选自（台湾）杏林子《朋友和其他》

52 号作品

森林涵养水源，保持水土，防止水旱灾害的作用非常大。据专家测算，一片十万亩面积的森林，相当于一个两百万立方米的水库，这正如农谚所说的："山上多栽树，等于修水库。雨多它能吞，雨少它能吐。"

说起森林的功劳，那还多得很。它除了为人类提供木材及许多种生产、生活的原料之外，在维护生态环境方面也是功劳卓著，它用另一种"能吞能吐"的特殊功能孕育了人类。因为地球在形成之初，大气中的二氧化碳含量很高，氧气很少，气温也高，生物是难以生存的。大约在四亿年之前，陆地才产生了森林。森林慢慢将大气中的二氧化碳吸收，同时吐出新鲜氧气，调节气温；这才具备了人类生存的条件，地球上才最终有了人类。

森林，是地球生态系统的主体，是大自然的总调度室，是地球的绿色之肺。森林维护地球生态环境的这种"能吞能吐"的特殊功能是其他任何物体都不能取代的。然而，由于地球上的燃烧物增多，二氧化碳的排放量急剧增加，使得地球生态环境急剧恶化，主要表现为全球气候变暖，水分蒸发加快，改变了气流的循环，使气候变化加剧，从而引发热浪、飓风、暴雨、洪涝及干旱。

为了使地球的这个"能吞能吐"的绿色之肺恢复健壮，以改善生态环境，抑制全球变暖，减少水量等自然灾害，我们应该大力造林、护林，使每一座荒山都绿起来。

节选自《中考语文课外阅读试题精选》中《"能吞能吐"的森林》

53 号作品

其实你在很久以前并不喜欢牡丹，因为它总被人作为富贵膜拜。后来你目睹了一次牡丹的落花，你相信所有的人都会为之感动：一阵清风徐来，娇艳鲜嫩的盛期牡丹忽然整朵整朵地坠落，铺撒一地绚丽的花瓣。那花瓣落地时依然鲜艳夺目，如同一只奉上祭坛的大鸟脱落的羽毛，低吟着壮烈的悲歌离去。

牡丹没有花谢花败之时，要么烁于枝头，要么归于泥土，它跨越萎顿和衰老，由青春而死亡，由美丽而消遁。它虽美却不吝惜生命，即使告别也要展示给人最后一次的惊心动魄。

所以在这阴冷的四月里，奇迹不会发生。任凭游人扫兴和诅咒，牡丹依然安之若素。它不苟且、不俯就、不妥协、不媚俗，甘愿自己冷落自己。它遵循自己的花期自己的规律，它有权利为自己选择每年一度的盛大节日。它为什么不拒绝寒冷？

天南海北的看花人，依然络绎不绝地涌入洛阳城。人们不会因牡丹的拒绝而拒绝它的美。如果它再被贬谪十次，也许它就会繁衍出十个洛阳牡丹城。

于是你在无言的遗憾中感悟到，富贵与高贵只是一字之差。同人一样，花儿也是有灵性的，更有品位之高低。品位这东西为气为魂为筋骨为神韵，只可意会。你叹服牡丹卓尔不群之姿，方知品位是多么容易被世人忽略或是漠视的美。

节选自张抗抗《牡丹的拒绝》

54 号作品

在浩瀚无垠的沙漠里，有一片美丽的绿洲，绿洲里藏着一颗闪光的珍珠。这颗珍珠就是敦煌莫高窟。它坐落在我国甘肃省敦煌市三危山和鸣沙山的怀抱中。

鸣沙山东麓是平均高度为十七米的崖壁。在一千六百多米长的崖壁上，凿有大小洞窟七百余个，形成了规模宏伟的石窟群。其中四百九十二个洞窟中，共有彩色塑像两千一百余尊，各种壁画共四万五千多平方米。莫高窟是我国古代无数艺术匠师留给人类的珍贵文化遗产。

莫高窟的彩塑，每一尊都是一件精美的艺术品。最大的有九层楼那么高，最小的还不如一个手掌大。这些彩塑个性鲜明，神态各异。有慈眉善目的菩萨，有威风凛凛的天王，还有强壮勇猛的力士……

莫高窟壁画的内容丰富多彩，有的是描绘古代劳动人民打猎、捕鱼、耕田、收割的情景，有的是描绘人们奏乐、舞蹈、演杂技的场面，还有的是描绘大自然的美丽风光。其中最引人注目的是飞天。壁画上的飞天，有的臂挎花篮，采摘鲜花；有的反弹琵琶，轻拨银弦；有的倒悬身子，自天而降；有的彩带飘拂，漫天遨游；有的舒展着双臂，翩翩起舞。看着这些精美动人的壁画，就像走进了灿烂辉煌的艺术殿堂。

莫高窟里还有一个面积不大的洞窟——藏经洞。洞里曾藏有我国古代的各种经卷、文书、帛画、刺绣、铜像等共六万多件。由于清朝政府腐败无能，大量珍贵的文物被外国强盗掠走。仅存的部分经卷，现在陈列于北京故宫等处。

莫高窟是举世闻名的艺术宝库。这里的每一尊彩塑、每一幅壁画、每一件文物，都是中国古代人民智慧的结晶。

节选自小学《语文》第六册中《莫高窟》

55 号作品

那年我六岁。离我家仅一箭之遥的小山坡旁，有一个早已被废弃的采石场，双亲从来不准我去那儿，其实那儿风景十分迷人。

一个夏季的下午，我随着一群小伙伴偷偷上那儿去了。就在我们穿越了一条孤寂的小路后，他们却把我一个人留在原地，然后奔向"更危险的地带"了。

等他们走后，我惊慌失措地发现，再也找不到要回家的那条孤寂的小道了。像只无头的苍蝇，我到处乱钻，衣裤上挂满了芒刺。太阳已经落山，而此时此刻，家里一定开始吃晚餐了，双亲正盼着我回家……想着想着，我不由得背靠着一棵树，伤心地呜呜大哭起来……

突然，不远处传来了声声柳笛。我像找到了救星，急忙循声走去。一条小道边的树桩上坐着一位吹笛人，手里还正削着什么。走近细看，他不就是被大家称为"乡巴佬儿"的卡廷吗？

"你好，小家伙儿，"卡廷说，"看天气多美，你是出来散步的吧？"

我怯生生地点点头，答道："我要回家了。"

"请耐心等上几分钟，"卡廷说，"瞧，我正在削一支柳笛，差不多就要做好了，完工后就送给你吧！"

卡廷边削边不时把尚未成形的柳笛放在嘴里试吹一下。没过多久，一支柳笛便递到我手中。我俩在一阵阵清脆悦耳的笛音中，踏上了归途……

当时，我心中只充满感激，而今天，当我自己也成了祖父时，却突然领悟到他用心之良苦！那天当他听到我的哭声时，便判定我一定迷了路，但他并不想在孩子面前扮演"救星"的角色，于是吹响柳笛以便让我能发现他，并跟着他走出困境！就这样，卡廷先生以乡下人的纯朴，保护了一个小男孩儿强烈的自尊。

节选自唐若水译《迷途笛音》

56 号作品

我打猎归来，沿着花园的林荫路走着。狗跑在我前边。

突然，狗放慢脚步，蹑足潜行，好像嗅到了前边有什么野物。

我顺着林路望去，看见了一只嘴边还带黄色、头上生着柔毛的小麻雀。风猛烈地吹打着林荫路上的白桦树，麻雀从巢里跌落下来，呆呆地伏在地上，孤立无援地张开两只羽毛还未丰满的小翅膀。

我的狗慢慢向它靠近。忽然，从附近一棵树上飞下一只黑胸脯的老麻雀，像一颗石子似的落到狗的跟前。老麻雀全身倒竖着羽毛，惊恐万状，发出绝望、凄惨的叫声，接着向露出牙齿、大张着的狗嘴扑去。

老麻雀是猛扑下来救护幼雀的。它用身体掩护着自己的幼儿……但它整个小小的身体因恐怖而战栗着，它小小的声音也变得粗暴嘶哑，它在牺牲自己！

在它看来，狗该是多么庞大的怪物啊！然而，它还是不能站在自己高高的、安全的树枝上……一种比它的理智更强烈的力量，使它从那儿扑下身来。

我的狗站住了，向后退了退……看来，它也感到了这种力量。

我赶紧唤住惊慌失措的狗，然后我怀着崇敬的心情，走开了。

是啊，请不要见笑。我崇敬那只小小的、英勇的鸟儿，我崇敬它那种爱的冲动和力量。

爱，我想，比死和死的恐惧更强大。只有依靠它，依靠这种爱，生命才能维持下去，发展下去。

节选自 [俄] 屠格涅夫《麻雀》，巴金译

57 号作品

我们家的后园有半亩空地，母亲说："让它荒着怪可惜的，你们那么爱吃花生，就开辟出来种花生吧。"我们姐弟几个都很高兴，买种，翻地，播种，浇水，没过几个月，居然收获了。

母亲说："今晚我们过一个收获节，请你们父亲也来尝尝。我们的新花生，好不好？"我们都说好。母亲把花生做成了好几样食品，还吩咐就在后院的茅亭里过这个节。

晚上天色不太好，可是父亲也来了，实在很难得。

父亲说："你们爱吃花生吗？"

我们争着答应："爱！"

"谁能把花生的好处说出来？"

姐姐说："花生的味美。"

哥哥说："花生可以榨油。"

我说："花生的价钱便宜，谁都可以买来吃，都喜欢吃。这就是它的好处。"

父亲说："花生的好处很多，有一样最可贵：它的果实埋在地里，不像桃子、石榴、苹果那样，把鲜红嫩绿的果实高高地挂在枝头上，使人一见就生爱慕之心。你们看它矮矮地长在地上，等到成熟了，也不能立刻分辨出来它有没有果实，必须挖出来才知道。"

我们都说是，母亲也点点头。

父亲接下去说："所以你们要像花生，它虽然不好看，可是很有用，不是外表好看而没有实用的东西。"

我说："那么，人要做有用的人，不要做只讲体面，而对别人没有好处的人了。"

父亲说："对。这是我对你们的希望。"

我们谈到夜深才散。花生做的食品都吃完了，父亲的话却深深地印在我的心上。

节选自许地山《落花生》

58 号作品

梅雨潭闪闪的绿色招引着我们，我们开始追捉她那离合的神光了。揪着草，攀着乱石，小心探身下去，又鞠躬过了一个石穹门，便到了汪汪一碧的潭边了。

瀑布在襟袖之间，但是我的心中已没有瀑布了。我的心随潭水的绿而摇荡。那醉人的绿呀！仿佛一张极大极大的荷叶铺着，满是奇异的绿呀。我想张开两臂抱住她，但这是怎样一个妄想啊。

站在水边，望到那面，居然觉着有些远呢！这平铺着、厚积着的绿，着实可爱。她松松地皱缬着，像少妇拖着的裙幅；她滑滑的明亮着，像涂了"明油"一般，有鸡蛋清那样软，那样嫩；她又不杂些尘滓，宛然一块温润的碧玉，只清清的一色——但你却看不透她！

我曾见过北京什刹海拂地的绿杨，脱不了鹅黄的底子，似乎太淡了。我又曾见过杭州虎跑寺近旁高峻而深密的"绿壁"，丛叠着无穷的碧草与绿叶的，那又似乎太浓了。其余呢，西湖的波太明了，秦淮河的也太暗了。可爱的，我将什么来比拟你呢？我怎么比拟得出呢？大约潭是很深的，故能蕴蓄着这样奇异的绿；仿佛蔚蓝的天融了一块在里面似的，这才这般的鲜润啊。

那醉人的绿呀！我若能裁你以为带，我将赠给那轻盈舞女，她必能临风飘举了。我若能把你以为眼，我将赠给那善歌的盲妹，她必明眸善睐了。我舍不得你，我怎舍得你呢？我用手拍着你，抚摩着你，如同一个十二三岁的小姑娘。我又掬你入口，便是吻着她了。我送你一个名字，我从此叫你"女儿绿"，好吗？

第二次到仙岩的时候，我不禁惊诧于梅雨潭的绿了。

节选自朱自清《绿》

59 号作品

纽约的冬天常有大风雪，扑面的雪花不但令人难以睁开眼睛，甚至呼吸都会吸入冰冷的雪花。有时前一天晚上还是一片晴朗，第二天拉开窗帘，却已经积雪盈尺，连门都推不开了。

遇到这样的情况，公司、商店常会停止上班，学校也通过广播，宣布停课。但令人不解的是，唯有公立小学，仍然开放。只见黄色的校车，艰难地在路边接孩子，老师则一大早就口中喷着热气，铲去车子前后的积雪，小心翼翼地开车去学校。

据统计，十年来纽约的公立小学只因为超级暴风雪停过七次课。这是多么令人惊讶的事。犯得着在大人都无须上班的时候让孩子去学校吗？小学的老师也太倒霉了吧？

于是，每逢大雪而小学不停课时，都有家长打电话去骂。妙的是，每个打电话的人，反应全一样——先是怒气冲冲地责问，然后满口道歉，最后笑容满面地挂上电话。原因是，学校告诉家长：

在纽约有许多百万富翁，但也有不少贫困的家庭。后者白天开不起暖气，供不起午餐，孩子的营养全靠学校里免费的中饭，甚至可以多拿些回家当晚餐。学校停课一天，穷孩子就受一天冻，挨一天饿，所以老师们宁愿自己苦一点儿，也不能停课。

或许有家长会说：何不让富裕的孩子在家里，让贫穷的孩子去学校享受暖气和营养午餐呢？

学校的答复是：我们不愿让那些穷苦的孩子感到他们是在接受救济，因为施舍的最高原则是保持受施者的尊严。

节选自（台湾）刘墉《课不能停》

60 号作品

十年，在历史上不过是一瞬间。只要稍加注意，人们就会发现：在这一瞬间里，各种事物都悄悄经历了自己的千变万化。

这次重新访日，我处处感到亲切和熟悉，也在许多方面发觉了日本的变化。就拿奈良的一个角落来说吧，我重游了为之感受很深的唐招提寺，在寺内各处匆匆走了一遍，庭院依旧，但意想不到还看到了一些新的东西。其中之一，是近几年从中国移植来的"友谊之莲"。

在存放鉴真遗像的那个院子里，几株中国莲昂然挺立，翠绿的宽大荷叶正迎风而舞，显得十分愉快。开花的季节已过，荷花朵朵已变为莲蓬累累。莲子的颜色正在由青转紫，看来已经成熟了。

我禁不住想："因"已转化为"果"。

中国的莲花开在日本，日本的樱花开在中国，这不是偶然。我希望这样一种盛况延续不衰。可能有人不欣赏花，但决不会有人欣赏落在自己面前的炮弹。

在这些日子里，我看到了不少多年不见的老朋友，又结识了一些新朋友。大家喜欢涉及的话题之一，就是古长安和古奈良。那还用得着问吗，朋友们缅怀过去，正是瞩望未来。瞩目于未来的人们必将获得未来。

我不例外，也希望一个美好的未来。

为了中日人民之间的友谊，我将不浪费今后生命的每一瞬间。

节选自严文井《莲花和樱花》

知识风暴十　说话训练

要点梳理一：说话的概述

一、说话的定义

所谓说话，就是用语言表达一定的意思，即说话者通过零碎的或者成段的话语传递自己的思想感情。听者则通过说话者的话语来理解、判断、接收且作出反馈。说话是人们日常社会活动中信息传递、感情交流和事务性活动开展的重要手段之一，也是一项最基本的语言技能。从语言学方面看，说话属于言语范畴，是对语言的具体运用；从语体方面看，说话属于口语语体，与书面语有很大的区别；从信息论方面看，说话具有编码、发送、接受、解码、反馈这样一个复杂的动态过程。总之，说话就是心理、生理、物理活动的整合，是说话者语言能力、知识积淀、心理素质、社会经验的综合表现。

二、说话的类型

说话的类型很多。基本类型有：复述、解说、演讲、交谈、辩论等。

1. 复述

复述，简单地说，就是重复叙述。即把读过、看过、听过的语言材料通过口头语言重新叙述一遍。它的类型又分为详细复述、简要复述、创造性复述。

2. 解说

解说，就是对事物进行说明、对事理进行解释的一种口头表达方式。从不同的角度可将"解说"分为不同类型。按解说对象的差异，可将"解说"分为影视解说、事物图片解说、专题展览解说、产品用途解说、科学现象解说等；按解说方式的差异，可将"解说"分为科学解说和艺术解说等。

3. 演讲

演讲又叫演说，是指在公众场合，说话者面对听众，借助口语阐述观点、抒发情感。介绍认识，以此影响观众态度和行为的一种社会活动，演讲按内容可分为政治演讲、学术演讲、生活演讲、商业演讲等。

4. 交谈

交谈是两个或两个以上的人有明确目的或无目的而进行的相互交流口头信息的活动。交谈从形式上可以分为单方讲话的交谈和双方听说兼有的交谈等。

5. 辩论

辩论是观点对立或相反的双方围绕同一问题，力求证明自己观点的正确而说服或驳倒对方的一种口语争论形式。辩论按照社会功能和目的可分为法庭辩论、外交辩论、决策辩论等；按照性质和逻辑方法可分为证明性辩论和反驳性辩论；按照形式可分为标准式辩论、盘问式辩论、解决问题式辩论等。

要点梳理二："说话"测试应试技巧

普通话水平测试中的"说话"是考查应试者在没有文字凭借的情况下，说普通话的能力和所能达到的规范程度。它是单向说话，不仅要考查说话人声、韵、调、音变发音的规范程度，还要考查语速、停连、重音、句调等语调技巧的使用，要求表达自然流畅。同时，在词汇、语法方面，要求使用规范，合乎现代汉语口语的规范要求。而潜在的是对说话人心理素质、思维水平、知识储备、实践经验的考查。由于说话人在这种情境下往往只注意言语内容的组织，因此，常常会暴露出许多在单字、双音节词、多音节词、朗读方面可能会被掩盖的发音失误，应试者在说话时所反映出来的普通话状况就更真实，更能反映其真实的水平。

一、普通话水平测试"说话"的基本特征

1. 从测试的话题来看，"说话"的内容大都和日常生活有关，涉及工作、学习、娱乐、社会现象、人生经历等方面，属于日常会话范畴。

2. 从应试者事先知道所有的测试话题，并且有准备的情况来看，它属于有提纲、有不完全准备的即兴发言。

3. 从其说话的目的是为了通过成段的表达检测普通话水平并得到一定的分值来看，带有很明显的针对性和功利性。

4. 从测试主要是采用单向说话的情况来看，应试者的表达带有很强的独白性。

5. 从测试规则对说话的语音、词汇、语法、自然流畅程度、切题的要求及测试的时间限制、话题限制、操作程序来看，它不同于一般的说话，呈现出很强的规约性。

6. 从应试者在表达中所调动的各种因素来看，它是发音能力、思维能力、应变能力、心理承受能力、知识再现能力的一种整合，带有很明显的综合性。

由此可以看出，普通话水平测试中的"说话"既具有说话的一般性特征，又呈现出交叉、融合的色彩。我们要充分认识它的个性特点，把普通话水平测试中的"说话"和日常生活中的会话、朗诵、演讲等表达形式区分开来，采用合乎要求的表达方式来组织话语，有效地平衡语音语调、词汇语法、思维方式、心理素质等各个系统，发挥其综合效应。

二、普通话水平测试"说话"的基本要求

1. 测试目的

测查应试者在无文字凭借的情况下说普通话的水平，重点测查语音标准程度、词汇语法规范程度和自然流畅程度。

2. 制题要求

话题从《普通话水平测试用话题》中选取，由应试者从给出的两个话题中选定一个话题，连续说一段话。应试者单向说话。

3. 评分标准

此项成绩占总分的40%，即40分。其中，语音标准程度占25分，分六档；词汇语法规

范程度占 10 分，分三档；自然流畅程度占 5 分，分三档。缺时最少扣 1 分，最多扣 40 分。

（1）语音规范程度

一档：语音标准或有极少的失误，可扣 0 分、0.5 分、1 分。

二档：语音错误在 10 次以下，有方音但不明显，可扣 3 分、4 分。

三档：语音错误在 10 次以下，但方音较明显，或语音错误在 10~15 次之间，有方音但不明显，可扣 5 分、6 分。

四档：语音错误在 10~15 次之间，方音比较明显，可扣 7 分、8 分。

五档：语音错误超过 15 次，方音明显，可扣 9 分、10 分、11 分。

六档：语音错误多，方音重，可扣 12 分、13 分、14 分。

（2）词汇语法规范程度

一档：词汇语法规范，扣 0 分。

二档：词汇语法偶有不规范的情况，可扣 0.5 分、1 分、2 分。

三档：词汇语法屡有不规范的情况，扣 3 分、4 分。

（3）自然流畅程度

一档：语言自然流畅，扣 0 分。

二档：语言基本流畅，口语化较差，有背稿子的表现，扣 0.5 分、1 分。

三档：语言不连贯，语调生硬，扣 2 分、3 分。

（4）缺时扣分

说话不足 3 分钟的，酌情扣分。缺时 1 分钟以内（含 1 分钟），扣 1 分、2 分、3 分；缺时 1 分钟以上，扣 4 分、5 分、6 分；说话不满 30 秒（含 30 秒）的，本测试项成绩为 0。

（5）朗读文本

视程度扣 0.5 分、1 分、2 分。

（6）无效话语

无效话语累计占时过多，提供的有效信息过少，严重影响了语义的表达，视程度酌情扣 1 分、2 分；有效话语不满 30 秒（含 30 秒），本测试项成绩为 0。

（7）离题

始终围绕所选话题组织话语，不扣分。如背离所选话题进行表述，视程度扣 0.5 分、1 分。

三、"说话"测试中常出现的问题原因

"说话"要求应试人抽取题目后经过几分钟准备，进行 3~4 分钟独立的单向口头表达，因此说话不仅是对应试人的语言水平进行考查，同时也是对应试人的心理素质、思维能力、知识水平、应变能力等方面进行考查。应试者在"说话"测试中存在诸多问题，究其原因，主要有以下几点：

1. 心理素质差

这是应试者在测试过程中容易出现的问题，也是"说话"测试中存在的普遍问题。应试者过于强调自己的被考身份，认为测试老师水平高，自己水平不够、信心不足，从而怀疑自己的实力。这就会导致应试者产生提心吊胆，生怕出错的心理，严重者还会在说话过程中出现声音发颤、忽高忽低、忽快忽慢、怪声怪调甚至颠三倒四的现象。

2. 日常训练有偏差

在测试过程中，不少应试者在单音节字词、多音节字词及朗读测试中能做到字正腔圆、抑扬顿挫、自然流畅，但一到"说话"项就出现结结巴巴、词不达意、语音失误等诸多问题，这在某种程度上反映了这些应试者在培训过程中有重语音基础训练、轻语言运用能力培养的现象。重复性的普通话基础 ABC 的训练占据了相当多的有限教学时段，成了教学的主要内容，这就造成了教学资源的浪费，弱化了教学效果，忽视了普通话交流与表达能力的培养，即"说话"的培训。

3. 思维障碍大

语言是交流的工具，同时也是思维的工具。"说话"的过程实际上就是把思维过程表达出来的过程。不少应试者来自方言区，平常很少说普通话，其语言模式受本土方言土话影响较重。在应试中，应试者要从自己原来非常熟悉的语言模式转向另一种不太熟悉的语言模式，既要考虑语音、词汇、语法的规范，又要考虑说话的内容。在此情况下，语言和思维能力明显不够，这时往往就会出现想一句说一句，甚至较长时间说不出话来的现象。

4. "背稿" 代替 "说话"

有的应试者投机取巧，为了掩饰语音失误、方言语调以及不规范的词汇和语法等现象，在测试前先拟好稿子，死抠字音，将稿子背熟，待到测试时就尽力地背出来，提供虚假的语言面貌。这尽管是一种固定腔调的背稿模式，咬文嚼字，表达单调生硬，但其结果比即兴发挥的"说话"扣分要少得多。然而这也使"说话"一项失去了口语的色彩，变成了书面化的口头测试。而书面语言标准并不能真正代表普通话整体水平，于是便出现了普通话测试中的"高分低能"现象。

5. 偏题现象严重

一些应试者对说话内容的认识不够、提炼不够、分析不够、构思不够，导致说话时不知该讲什么、怎么讲，而说话时间又在 3~4 分钟之间。为了避免在考试的时候出现一言不发的情况，这些应试者便事先准备好一个或几个话题，考试时生搬硬套地套用混用，以不变应万变。在测试中，主考老师常常会听到不同应试者的同一话题千篇一律，他们的结尾、开头一模一样。这些应试者认为，哪怕文不对题，只要没有什么失误，只要一两句沾上边，照样可以得高分，使得话题和抽签流于形式，千人一面、万人一声，这就背离了普通话水平测试通过"说话"项目测试应试人整体语言面貌和真实水平的初衷。

6. 说话时间不足

在规定的 3、4 分钟内，不少应试者由于紧张、准备不充分、态度不认真等原因，在规定时间内不能完成对话题内容的表达。而一些应试者在抽到"我的父亲""我的母亲"一类的话题时，由于所述内容过于伤感或悲情，常常会泣不成声，以至于也完成不了 3~4 分钟的"说话"。

7. 语音、词汇、语法屡有失误

"说话"的第一个要求就是语音正确、规范，"说话"中的语音错误有相当一部分是习惯性误读。另外，方言语调、方言词汇、方言语法也有相当高的出现频率，应试者在这些方面失分也较严重。

四、解决"说话"测试中常见问题解决措施

1. 领会"说话"实质

"说话"其实更像谈话，所使用的语言多为交谈式的口语。一般结构较松散、短句较多、通俗流畅、关联词语用得少。它同书面语的"句式整齐、用词准确、语法严谨、修辞精妙"有区别。当然，"说话"比日常生活中的谈话要求高得多，必须围绕一个中心去说，不能随随便便结束；遣词造句必须是规范化的口语，禁用方言词汇和语法；同时还要注重表达的流畅性。

大部分应试者之所以会选择"背稿""套题"等错误的方式，主要是由于他们错误地领会了上述"说话"的实质，并不全是"投机取巧""钻空子"。他们在主观上把"说话"和演讲等同起来，认为"说话"就是考查被测人的口才，所以，才会出现忙于"准备"、疲于"应付"的现象，既耗时又耗力。所以，我们在学习的过程中，一定要好好学习，领会"说话"的实质，不要出现目标偏差，要以正确的、积极向上的态度来参加测试。

2. 培养健康心态

克服心理障碍、具备良好的心理素质是说话的前提条件，心理障碍是影响说话水平的一个重要因素。在测试中，我们常常可以看到胆怯者目光游移，语无伦次；自卑者满脸通红，声音发颤；自傲者夸夸其谈，不着边际；只有自信者才是胸有成竹，字正腔圆。

由此可见，只有自信才是语言突破的基石。语言的自信是讲出来、练出来的，交流的基础是说话，说话的前提是自信，语言自信的建立是对心理障碍的突破。

在学习过程中，我们要清楚不良心态给测试者所带来的负面影响，正确认识和评价自己，摆正自己在"说话"过程中的位置。在测试前准备要充分，要保持平衡良好的心态和较为振奋的情绪，通过自我鼓励、自我安慰、深呼吸或面带笑容与测试员打招呼等来稳定自己的情绪，做到从容不迫、游刃有余。这样有利于说话水平的正常或超常发挥。

3. 抓好基本功训练

"说话"一项的测试，是为了考查应试者在没有文字材料依托的情况下，说话时在语音、词汇、语法方面的规范程度及自然、流畅水平。因此，在说话训练时，从语言的三要素入手，抓好基本功训练是非常有必要的。应试者不仅要注意训练语音的自然度，而且要注意训练用词、造句以及快速思维的能力。

（1）语音自然

所谓"自然"，指的是能按照日常口语的语音语调来说话，不要带着朗诵或背诵的腔调。照常理说，这是一个不成问题的问题。谁会在日常生活中对着自己的亲朋好友朗诵呢？问题的产生是由于方言区不少人在日常生活中是讲地方话的，只在背书、读报时用普通话。许多人都是用朗诵来作为学习普通话的主要手段。再加上方言区的人大多没有机会听到规范的日常口语，久而久之，就把戏剧、朗诵的发音当作楷模来仿效。这就造成了不少人在说话时的"朗诵腔"。

（2）用词恰当

用词恰当首先是要用词规范，不用方言词语。例如：有的上海人把"用抹布擦擦桌子"说成"用揩布揩揩台子"，把"自行车"说成"脚踏车"，这就是用词不规范。除此以外，还有两点是应该注意的：

1）多用口语词，少用书面语。

在说话时，应该尽可能多地用口语词，少用"之乎者也"之类的古语词或"基本上""一般说来"之类的书面语、公文用语。汉语书面语中保留了许多古汉语中的词语。这些词语很文雅，很精练，使用这些古语词可以使语言有庄重的色彩，但同时也会使语句减少了几分生动和亲切。因此，不适合在说话时使用。例如："诸如"常用在公文里，口头上说的话，不妨改为"比方说……"。"无须乎"也不如"不必"来得生动自然。"午后二时许"与"下午两点多钟"的意思虽然一样，但用在小型联欢会上，就不如"下午两点多钟"更为活泼。运用口语词可以使话语显得生动。

2）不用时髦语。

社会上常常流行一种"时髦语"。前些年从北方传来"没治了""震了""盖了帽儿了""毙了"（都是"好极了"的时髦说法）。这些年又从港台传来"做骚"（表演）、"挂眯"（告别舞台）、"发烧友"（歌迷）等词语。上海地区又土生土长了"不要忒（＝太）""淘粗糊""巴子"等时髦说法。这些时髦语虽然可以风靡一时，但它们是不规范的，因而也是没有生命力的。满口时髦语不但会削弱语言的表现力，而且只能暴露出说话人素质的低下。

3）语句流畅

在口语表达中，语句流畅与否，对表达效果影响很大。语句流畅的，好像行云流水，听起来非常容易理解，而且很有吸引力，也不易使听者产生听觉疲劳。语句不流畅的，听上去断断续续，不但不容易让人领会，而且容易使听者感觉疲劳或烦躁，效果就很差了。要使语句流畅，应该注意以下几点：

①多用短句，多用单句。

在口语中，人们接收信息不像看书一样可以一目十行，句子长一点也可以一眼扫到。听话时语音信号是按线性次序连贯进入耳朵的。如果句子长了，或者结构复杂了，那么当句子末尾进入听话者脑海中时，听话人对句子的开头或许已经印象不深了。在听话人的脑子中，句子便不完整。所以，口语中的句子千万不要太长。

②冗余适当，避免口头禅。

口语表达时，有时为了强调某个意思，加深听众的印象，可以有目的地进行重复。例如：我们现在还可以从孙中山先生的讲话录音中听到，他在一次演讲中为了强调国人必须觉醒而一连重复了四次"醒、醒、醒、醒！"这是有计划、有目的重复，并不是啰嗦。

有些人在说话时会出现机械的无意义的重复现象。例如：有的人老是重复一句话的末尾几个音节，甚至不管这几个音节是不是一个词。这种重复时间长了，就会令人生厌；如果再加上"嗯""啊"，就成了官腔。特别是夹在句子中间的"这个""的话""就是说"等口头禅更是一种毫无积极作用的冗余成分，会使语句断断续续，使听众感到语句很不流畅。听众听这种讲话不但得不到美的享受，反而有一种受折磨的感觉。因此，这种口头禅是讲话时应该避免的。

③思路清晰，符合逻辑。

语句的流畅与否在很大程度上取决于思路是否清晰。说话者说不清楚常常是因为想不清楚。当人们从思维（也有人称之为"内部语言"）转换为语句（也有人称之为"外部语言"）时，正确的程序应该是：

第一步，确定说话的中心。

第二步，确定最关键的词语。

第三步，选定句式。

第四步，选定第一句所使用的词语。

当然，第二步与第三步有时次序会互换。但根据心理学家的研究，确定中心和层次肯定在选定第一句所使用的词语之前。也就是说，人们在开口说第一句话之前，心中应该有一个讲话大纲。因此，第一句话、第一个词就有了依据，后面的词和句也就有了基调。这时，说话的人便可以"胸有成竹""出口成章"了。如果说话的人没有按照这个程序行事，而是边想边说，并且没有一个确定的中心，"脚踩西瓜皮，滑到哪里是哪里"，那就会出现各种各样的思维障碍。这些障碍如不能排除，就会造成说话的中断。即使最后能够排除，也会严重地影响听感，造成语句不流畅的感觉。这是我们应该尽量避免的。

4. 谋篇得法

口头表达的效果，除了语音自然、用词恰当、语句流畅之外，谋篇得法也是重要的一点。因为既然是表达，就必然有审题、选材、结构方面的问题。审题不当、跑题偏题、无的放矢是不可能说好话的。剪裁不当、当详不详就会表达不清，当简不简又会显得啰嗦。结构不完整不行，结构混乱也不符合要求。在谋篇方面，需注意以下三点：

（1）审题准备。

我们可以把每段话题加以分类，找出它们的类型来。总的来说，可以把话题分为记叙和议论两大类。在各类中又可以按所记、所议的对象不同，分为记人、记事、记生活、记所爱的四种"记"，以及论人、论事、论物的三种"论"。

由于题目的类型不同，它们的要求也不相同。例如：记叙，它要求中心突出、交代清楚、信息丰富。记人的，要有外貌的描述，也要有精神的描述。写事的，时间、地点、事件的发生、发展和结局要交代清楚。议论的讲话要求立论明确、发挥充分、结构完整，不能有头无尾或者虎头蛇尾。无论是立论还是驳论，都不能中途偷换话题。

（2）剪裁合理。

在讲话时，应该选取适量的材料，所选的材料应该紧扣中心。要避免拉拉杂杂、离题万里，也要防止无话可说。我们常常听到有的人说话善于组织材料，能做到从容不迫、有条不紊；而有的人则不善于选取材料，说起话来不得要领。例如：有的学生讲自己最尊敬的老师，结果把这位老师的优点、缺点一股脑儿全讲了。讲到后来这位同学自己也犯糊涂了，说："这位老师的许多看法我也不同意……"听他讲话的同学也糊涂了，不知道他是尊敬这位老师还是反对这位老师。这就是取材冗杂造成的后果。还有许多同学则相反，他们不善发挥，三两句话后就觉得该说的都说完了。有位学生讲《商品质量和我》，翻来覆去就是"商品质量就是企业的生命……"教师启发他说"我"，他就说"商品质量就是企业的生命，这就是我的看法呀"。其实联系到"我"可以讲培养人才、商品质量不达标则后患无穷，也可以讲述自己遭假冒伪劣产品之害的故事。这就是剪裁材料时的"贫乏"。

（3）结构完整。

无论是记叙还是议论，讲话还要考虑的就是结构问题。一篇讲话要结构完整，才能给人留下深刻的印象，否则就会使人感到残缺不全，影响表达效果。

　　结构与话题有关，不同的话题有不同的结构。大体说来，议论性的讲话多少有点儿像即席演讲。它应该有一个小小的开场白，讲话者在开场白中讲清自己所讲的话题，然后进入主体。讲话者在讲话的主体部分应该摆出自己的观点。结论部分应该用简洁的语言总结，并把自己的观点强调一下以使听众留下深刻的印象。例如：一位学生谈自然现象，她选择了"雨"这个话题，从雨谈到水，说话时在解题部分从自然界的奥秘谈到自然的变化无穷。她接着话锋一转，谈到自然界中最平常、变化很大、对生命影响极大的水，这就引入了正题。主体部分详述水的各种姿态：上天入地、雨雪云露，水与人类生活的密切关联，她甚至谈到了相关的人生哲理。结论部分她谈到自己受到水的启示，想到要在自己的性格中学习水的能方能圆的灵活性；还要学习水的宽容性、包容性，这是讲话结构较为成功的例子。

　　记叙性的讲话也要解题，自然地引入了主体后，要详细地交代人物、事件的来龙去脉。信息要丰富，条理要清楚，结语部分可以用总结方式，也可以用感情交流的方式。

知识链接

●说话的题目

　　《普通话水平测试大纲》对说话题目进行了适当的调整：一是数量上减少了，由原来的 50 篇减少到现在的 30 篇；二是在内容上进行了归类调整。题目如下所示。

1. 我的愿望（或理想）

2. 我的学习生活

3. 我尊敬的人

4. 我喜欢的动物（或植物）

5. 童年的记忆

6. 我喜爱的职业

7. 难忘的旅行

8. 我的朋友

9. 我喜爱的文学（或其他）艺术形式

10. 谈谈卫生与健康

11. 我的业余生活

12. 我喜爱的季节（或天气）

13. 学习普通话的体会

14. 谈谈服饰

15. 我的假日生活

16. 我的成长之路

17. 谈谈科技发展与社会生活

18. 我知道的风俗

19. 我和体育

20. 我的家乡（或熟悉的地方）

21. 谈谈美食

22. 我喜欢的节日

23. 我所在的集体

24. 谈谈社会公德（或职业道德）

25. 谈谈个人修养

26. 我喜欢的明星（或其他知名人士）

27. 我喜爱的书刊

28. 谈谈对环境保护的认识

29. 我向往的地方

30. 购物（消费）的感受

普通话测试说话 30 篇例文

1 号作文

我的理想

每个人都拥有自己的理想，有人想当老师，有人想当科学家，有人想当艺术家。而我的理想是成为一个明星。也许，有些人会取笑我的想法，但我不会太在意别人的看法，不管别人怎么说，我都不会动摇！

每当我看一部连续剧时，我都会很专注地看，镜头里的演员伤心的时候，眼泪一下子就从眼眶里涌了出来，我都会想，他们是怎么演出来的呢，眼泪怎么可以想流就流？原来，他们演一部戏，是那么的辛苦，导演让你笑就笑，让你哭就哭。唉，演员们想要一部戏是要通过刻苦的练习才会演到那种地步。这可真应了这么一句：台上三分钟，台下十年功！我想：我一定要当一名演员。

有一次，我在电脑上看到了一个电视花絮的视频，每当到了搞笑场面，演员们也会忍不住哈哈大笑起来！正是这欢乐之声，使我也情不自禁地笑了！演员们的生活可真是丰富多彩呀！

在家，我一有空闲的时间，就会不由自主对着镜子，发起神经来——"演戏"。

也许，我的梦想太不切实际了，但是，我真的很想当一名演员。只要我朝着这条路前进，不管这条路多长、多远、多险，我这棵小苗，一定能变成一棵参天大树！

2 号作文

我的学习生活

我的学习生活是多姿多彩的，它给我带来无穷的乐趣。

在课堂上的学习，是有老师跟我们一起进行的。课堂气氛非常活跃，给我的学习生活增添了色彩。

除了课堂上的学习，在课外时间我的学习生活也是丰富多彩的。比如在宿舍，宿舍既是休息的地方，也是读书的好场所，尤其是午休前的时间。每天吃完午饭，同室舍友一个个像变戏法般翻出各种各样的书来读，有从图书馆借来的，有从书屋租来的，有自己花钱买来的，可谓来源广泛。这些书中，有教人如何维护自尊的《简·爱》，有描述刘项二人夺权争霸的《西楚霸王》，有展现一代女皇风采的《武则天》……世界名著固然精彩，包罗万象的杂志也令人爱不释手，我们看属于自己的《女友》，看描写我们的《金色年华》，还看已经与我们擦肩而过的《少男少女》；心情不佳时去寻觅《知青》，与人交往受挫时找《做人与处世》；在《大众电影》中目睹心中偶像的风采，在《科幻世界》中创造未来。

一本好书在手，一切烦恼都抛于脑后。因为有书，午休看，晚睡也看，曾无数次打手电筒躲在被窝里看，甚至不惜冒险点起蜡烛也要看，也经常因此遭到宿舍检查人员三番五次地敲门警告。读了一本好书，总是希望有人与你分享。每天晚上的"卧谈"时间，我们谈得最多的也是书。我们评中国四大名著的文学价值，论柯林斯的成名之作《白衣女人》，辩《黄埔将帅》，析《红与黑》在文学史上的地位……连作品中的主人公我们也要品头论足一番。我们谈吴三桂，评林黛玉、薛宝钗，赞武则天，骂慈禧太后，我们各抒己见，侃侃而谈，神采飞扬。

古语说：书中自有黄金屋，书中自有颜如玉。但我们读书既不求黄金屋，也不为颜如玉，我们求的是知识，一种在课堂上学不到的知识，用它来开拓我们的视野，武装我们的头脑，充实我们的精神世界。

3 号作文

我尊敬的人

在生活中我发现一个有趣的现象，大多数人在给家里人打电话的时候，首先就是打给自己的妈妈，回到家也是先找妈妈，偶尔先看到爸爸也是要问妈妈在哪儿。而我却和大多数人不同，我遇事先想的是我爸爸，心中最依赖、最尊敬的人也是我的爸爸。

我的爸爸是一个地地道道的农民，因为常年干活，风吹日晒，所以皮肤显得略黑。一米七几的个头，不胖不瘦，身材正好。爸爸给我的感觉就是安全可靠，他为人和善，在我的认知里，爸爸和全村人都相处得很好，几乎没有得罪过别人。他不喜欢抽烟，也不爱喝酒，但是在必要的场合会吸会喝，因为不愿落人面子，但我从小到大都没见他喝醉过，非常懂得分寸。

爸爸对我不严厉，却也不溺爱。而且他做事非常认真细心，每次开学离家，都是爸爸提醒我不要忘记带什么东西，都是我自己还没想到，他就已经替我想到了。

爸爸对我影响很大，我的性格，为人处世的方法大多学习自爸爸，爸爸是我人生的导师，学习的榜样，是我最尊敬的人。

4 号作文

我最喜欢的植物

我最喜欢的植物就是家乡的樱桃树。但是自从上了大学，离开家乡之后，就再也看不到它四季的变化了。

在我们北方，樱桃可以说是最早成熟的水果了。小的时候，我和小伙伴们最开心的便是在樱桃还未成熟的时候，漫山遍野地去寻找那些藏在绿叶下面微微泛红的樱桃了。我们每个人会拿着一个小瓶，跑到朝阳的地方去寻找我们心心念念的小樱桃，后来经验丰富了，就知道红樱桃一般都藏在浓密的树叶下边，把叶子往上一翻，就能发现，每找到一颗都如获珍宝。现在想想，小时候那么爱它，应该就是把它当成可以跟我捉迷藏的小伙伴一样，可以快乐地玩耍。

现在长大了，我更喜欢它们了，因为它们可以给家乡带来经济效益。每年樱花开放的季节，漫山遍野的绚丽樱花吸引了无数的游客前来赏花，而每年五一一过，樱桃树上就结满了红红的大樱桃，味道鲜美的大樱桃从家乡销往全国各地，成为家乡农民最重要的经济来源。因为这些樱桃树，我的家乡彻底改变了从前那种落后的面貌，乡亲们也都过上了小康生活。

这就是我最喜欢的植物，来自我家乡的樱桃树。它的花虽然不够艳丽，但它像我的乡亲一样朴实，它的果虽然不大，但味道一级棒。如果有机会，希望大家到我的家乡来，和我一起共赏它的美好，相信你们也会和我一样地爱上它。

5 号作文

童年的记忆

在我成长的过程中，有许多有趣的事，让我现在想起来都忍俊不禁。

我三岁的时候，刚刚上幼儿园，最愿意干的事情就是学大人一样干家务，因为每次做完都可以得到大人的表扬。其实我所谓的干活也不过就是拿着抹布在桌子上乱擦，有时候还会把桌子上摆放的东西给弄掉了。还有就是拿着笤帚在地上乱划乱扫，有时也会把地上的灰尘都扬起来。但是无论我做得怎么样，大人总会夸我说："真是爱劳动的好孩子，果然很中用。"这样的表扬让我很快乐。

那时候，爷爷总会骑着三轮车带我去小卖部买酒喝，顺便给我也买一包 QQ 糖，这包糖又会让我高兴很久。回到家之后，我就会帮爷爷奶奶递拖鞋、端茶水，当我把这些东西送到爷爷奶奶面前时，爷爷总会笑眯眯的夸我一句："不错，真是比咱家的小狗强多了！"听到这个夸奖，我骄傲极了，小狗会看门，能防小偷，本领很大的，我比它还强，那我得有多厉害啊！那时的我觉得这简直是大人对我的最高评价了。

后来，我们家来客人的时候，客人一进门，我就拉着他们，让他们坐在客厅的沙发上，然后学着妈妈的样子一手拿着水壶，一手端着水杯倒水。妈妈看到吓了一跳，急忙跑过来接过我手里的水壶说："这孩子总想干做不了的事。"我不服气："我能做得好的！"客人就会笑着摸摸我的头说："这孩子真招人喜欢，长大了一定有出息。"我听到夸奖便更得意了，骄傲地说："就是，我长大了肯定比小狗还厉害！"话音一落，客厅里面笑声一片，我也不明就里地跟着大笑。

现在长大了，再想起这些往事，真怀念那个蠢萌蠢萌的自己。

6号作文

我喜爱的职业

我喜爱的职业是考古。也许很多人都会对此不解，认为这是个又苦又累又不能发财的职业。每日东奔西跑，还要日晒雨淋，被蚊虫叮咬，整日和破瓷烂瓦或者人畜尸骸相伴，即便发现宝贝，也不能纳入自己囊中。在有些人眼里，这着实不是件好差事。

然而我却并不这样认为。首先，考古这个专业是个冷门，竞争不会那么激烈；其次，它可以让我见识到许多奇珍异宝，令我大开眼界。我可以从地下陪葬品的数量以及规格中猜出墓主的身份、地位、爱好，甚至其死前发生了什么突发事件，从而证明史书记载的真实性。

或许有人会问，史书上记载的东西还会有假吗？当然，所谓"伴君如伴虎"，那些史官们既要记录下何时何地发生了何等重大事件，又要注意不能完全真实地记录，以防遭到杀身之祸。故而在编纂史书时，他们有时就会将真相隐去。了解中国历史的人会发现，除司马迁的《史记》外，再没有第二个编书人敢编纂当时皇帝的史书。因而，证明史书记载的真实性，也是为了更好地还原历史面貌，揭去其神秘面纱。

最后，我喜欢考古还有一个原因，试想：一个在现场发掘的考古人员，让一件件珍贵的文物重见天日，那将是怎样激动的一种心情。如果挖掘出了一两件极有价值的文物，它们虽经岁月侵蚀，早已破损不堪，然而考古人员通过努力将它们修复完整，使其重现当年的光彩那又将是怎样的心情！这大概只有考古人员才能说出那种兴奋与激动吧。

我是个性格内向的人，寡言少语，喜欢历史和文学。以上便是我喜欢考古这个职业的原因。是的，我热爱考古，我立志要为实现这个志向而努力。

7号作文

难忘的旅行

我最难忘的一次旅行是新密凤凰山之旅。这次旅行让我真真切切地感受到了人与大自然的亲近。行走于青山绿水间，我的心得到了陶冶，心灵与大自然融合在一起。

五一期间，哥哥开车带着我和姐姐一起去新密凤凰山。凤凰山到底是什么样的？难道有凤凰吗？我心里充满了向往。那天天气有点热，天空没有云朵，一片蓝色，阳光洒满大地，景物显得特别清晰。不一会儿，我们就到了凤凰山脚下。紧接着，我们需要经过像盘山公路似的路，车子左一拐右一拐，有点吓人。我望着窗外，啊！幽谷呀，这样一个似乎与世隔绝的山谷中，还住着十几户人家，真是不可思议。

到了凤凰山，首先映入眼帘的是一家农家小餐馆，里面挤满了人，也许是游客累了来休息吧，饭馆的门口有几个人在叫卖山鸡。我们又往前走，来到了一条小河边，河水很浅，有一群人在不远处戏水。他们的脸上都洋溢着笑容，你追我赶，有的人向别人洒水，还有的人在水中捉鱼虾，小孩们也互相打闹戏水，笑声融入大山中。

看到清澈的河水，我也有一种跃跃欲试的感觉，于是我和哥哥姐姐脱掉鞋子，跳入水中，和他们玩起来。即使有阳光，即使很热，我们也不在乎，因为每个人都太高兴了，融入到大自然的怀抱中了。这里的水很清，水中的鱼虾清晰可见，水浅的地方还露出几块大石头，我想这大概是为那些玩累了的游客准备的吧。

凤凰山有很多旅游景点，比如：凤凰台、莲花峰、五彩池，等等。虽然没有爬到山顶，但一路上的欣赏和玩耍足以让我们感受到美丽的自然风情，大自然的美深深地留在了我的心中。

难忘的旅行之所以难忘，不是因为浏览了多少个景点，而是从中明白了什么、感受了什么。这次游玩，我感受到了大自然的美，希望人与自然能更和谐地相处。

8 号作文

我的朋友

说起"朋友"这个词，相信大家都不陌生，每个人一生中都会有几个特别的朋友。下面呢，我就来说说我的一个好朋友。

她有一张圆圆的脸，一双大大的眼睛，最特别的是，她有一头乌黑的长发。她性格开朗，为人正直，活泼可爱，偶尔也不缺乏幽默感，有积极乐观的心态，是一个乐观主义者。在她的身上，似乎可以看到她有着中国人的精神，勤奋、憨厚、勇敢、乐观。

有时我就觉得我是一个幸运儿，让我遇到了这么一个好朋友，陪伴我走过了高中三年。高中三年的学习生活是很枯燥的，但是，有了这个朋友的陪伴，我过得很充实、很快乐。

俗话说：人生得一知己，足矣。

我们两个经常在一起学习，一起探讨，一起神侃，一起放松……当遇到困难时，我们总是在一起分析研究，并去解决、克服困难。我们在一起无话不谈，从天上谈到地下，从古代谈到现代，从过去谈到未来，从人生谈到宇宙……总之，我们在一起，总是有说不完的话。

高中三年，是让人成长、成熟的三年，有快乐、有悲伤，成功过，失败过，失落过，沮丧过……在经历过许多事情之后，我们两个更加珍惜彼此，更加喜欢对方。

这就是我的朋友——一个值得信赖一生的朋友。

9 号作文

我喜欢的一种文学艺术形式

我喜欢的文学艺术形式是小说。

初中的时候，在老师的影响下，我开始看一些名著。其中当然少不了四大名著，古人精妙的文笔隔了这么多年还是深深地影响着我。但我当时最爱的是鲁迅先生的《呐喊》，我喜欢鲁迅先生犀利的语言，他的文字像是一把尖刀，深深地刺穿了麻木的国民的心。到了高中，我又渐渐喜欢上了一些哀婉的文字，那些"80后"作家们的笔下流露出的点点哀伤，准确地点出了我们内心的脆弱，让我心生共鸣。而到了大学，空闲的时间骤然增多，也许是成长带来的改变，渐渐地，我喜欢上了更多种类型的小说。无论是中国的，还是外国的，只要好看我都会借来看。其中包括夏洛蒂·勃朗特的《简·爱》，老舍的《骆驼祥子》，司汤达的《红与黑》等。但到目前为止，我最喜欢的一本书是《汤姆叔叔的小屋》。它是第一本让我有那么多感动的书，我不禁赞叹女性作家情感的细腻。

小说伴随着我成长，给了我无尽的乐趣，小说一直是我最喜爱的文学艺术形式，我相信它会一直伴随着我，陪我成长。

10 号作文

谈谈卫生与健康

卫生与健康是紧密相连的，这里所指的卫生主要包括两大类：一是个人卫生，一是公共卫生。

个人卫生又包括饮食卫生、心理卫生及个人环境卫生。

民以食为天，食以安为先，食品安全直接决定着人们的身体健康状况。这就要求我们注意饮食卫生，合理膳食，使自身营养搭配平衡，养成良好的饮食习惯，如不吃不清洁的食物、饭前便后要洗手等。

心理卫生也尤为重要，所以我们要保证良好的心理卫生，培养健康的心态，该"君子之腹"时决不用"小人之心"，那么心理健康也就有了保障。

注重个人环境卫生，保持个人清洁卫生。如勤换洗衣物、勤洗澡、勤剪指甲、饭前便后要洗手，经常打扫环境卫生，以及适当参加体育锻炼，以增强身体免疫力。

公共环境卫生也影响着人们的身体健康状况，良好的环境为人们提供了清新的空气和舒适的生活。但随着工业的发展，环境污染日益严重。机器运转的巨大声响是自然界优美旋律中一个最不和谐的噪音，它充斥着人们的耳朵。废水、废渣与废气连同产品一起出厂……于是，花草失去了笑容，河水不再清澈，花香为烟雾冲淡，鸟鸣被噪声淹没，人们健康的身体变得病弱，愉快的心情变得烦躁……所以在发展经济的同时，不能以牺牲环境为代价，要做到可持续发展，让保护环境、争取建设和谐社会成为人类拥护的热点，大家必须携起手来共同保护人类生存的环境。

作为一个人，要有自身的健康体魄，那么作为一个公民、一个有社会责任感的高素质的青年，我们也要注意公共卫生，走出家门，进入社会，自觉维护并以实际行动搞好公共卫生，将社会健康形象淋漓尽致地展现在世人面前。为了我们自身的健康考虑，要做好个人卫生和公共卫生的协调统一，把二者结合起来，创造一个良好的生活条件。

这就是我对卫生与健康的认识。

11 号作文

我的业余生活

我的业余生活非常丰富，主要是我的爱好很多，另外，多种爱好令我的生活变得充实而有意义。

　　我喜欢爬山，因为高山幽深、稳健，我喜欢站在山顶上俯首眺望一切，山下风景尽收眼底。我喜欢站在空旷的山顶上聆听自己声音的回旋，喜欢顶着苍穹尽情发挥想象，喜欢那种欲飞的感觉……绿水青山是多么迷人呀！

　　我喜欢看各种各样对自己有益的书，美容、健身、时尚杂志等我都爱看，书是知识的海洋，能令我进入一个忘我的天地，让我受益无穷。

　　我喜欢音乐，让美妙的音乐从心田流过。开心时听音乐，令自己全身沸腾；不开心时听一听哀伤的音乐，仿佛一个人在与自己共鸣。

　　喜欢冲上一杯咖啡，躺在沙发上摊开一本心爱的书，任目光流连于文字之间，在温暖的灯光下，柔美的音乐缓缓弥漫在我的小房间里。此刻的我像是没有云的天空，思绪在无边的幻想里安静地流连。我渴求的，正是心里那份永恒的美丽与宁静！

　　我喜欢与朋友聊天，聊人生，聊各自的经历，各抒己见。寂寞时读一段故事，忧伤时送上一首老歌，快乐彼此分享。精神上的互动、心灵的交流，令我沐浴着他们的关爱，让我的生活中总是充满阳光。

　　我喜欢各种运动，特别喜欢健身和跳舞，在强劲的节奏里让身体每个细胞都动起来，热情奔放，展示自我，拥有自信。

　　我是一个平凡也很随和的人，生活上力求平淡，感情上力求简单，穿着上力求随意，饮食上力求清淡，处事上力求泰然，工作上力求最好。我希望自己在有生之年多做善事，帮助需要帮助的人，予人快乐，才能让自己更快乐。

　　我不是一个完美的人，但我会不断努力，不断完善自己，只要对我身心有益的东西，我都会努力去学。也许人生是一个不求尽善尽美、只求全力以赴的过程，有时结果不一定是最重要的，重要的是过程的精彩。

　　上天给了我一个完整无缺的身体，我就要好好把握，在有生之年多培养各种爱好，这也是自我增值的一种方式。生命是有限的，令自己的生活充满美感和音乐，才能充分享受属于自己的真正人生，才能令人生充满无限浪漫色彩。

12 号作文

我喜欢的季节

　　春天万物复苏，是一个可爱的季节。因此，我最喜欢可爱的春天。春天来了，天空中飘着蓝蓝的白云，春风一吹，气候变得暖和，桃花开了，小草绿了，燕子从南方飞回，老树也吐出了新芽，冬眠的动物苏醒过来了，到处一片生机勃勃的景象。春天真是一幅多彩的画！

　　我喜欢春天，因为气候温和，可以除去厚厚的棉衣，到户外活动的感觉真好。

　　春天，百花齐放，争奇斗艳，是一个多彩的季节。

　　春天，到处都披上了绿色的新装，是一个希望的季节。

春天，万物复苏，所有的动物都苏醒过来了，是一个热闹的季节。

我最喜欢春天的细雨。天下起了牛毛般的细雨，它甜润了花朵，滋润了小草。这春雨，令万物苏醒；这春雨，替春天洗了一个白净净的澡；这春雨，令春天增添了许多的生机。春天是一个浪漫的季节。

我最喜欢春天的风。春天的风是微微的、舒服的、温柔的，不像秋风那么凉爽，不像冬风那么凛冽。只有春风是温和的，是让人心旷神怡的。春天是一个温柔的季节。

我最喜欢春天的雾。它随时都会在山村、城市、河流、田野出现，但无人可以知道它的"下一站"。它像一位诡秘的魔术师，把春天的景物都遮蔽了，但却遮蔽不了我对春天的喜爱。这位魔术师把春天可爱的一面遮盖了，让景物若隐若现，充满神秘感。但我却喜欢这种神秘的感觉。春天是一个梦幻的季节。

我最喜欢春天，因为春天那美景实在迷人。谁能不被春天的美景所陶醉呢？我喜欢春天，不仅是因为春天是绿色的，是美丽的，更因为春天是一年之首，只有在春天播撒希望的种子，秋天才能收获。

13 号作文

学习普通话的体会

普通话是我国的通用语言，是我们日常交流沟通的工具。它是感情的纽带，是沟通的桥梁。普通话作为现代汉民族的共同语言，在全国范围内进行推广。作为一名学生，我有义务有责任完成这一使命。

说普通话吐字清晰，听起来文雅，也给人一种有涵养的感觉，更符合我们的学生身份。学生学习普通话是非常必要的，这能体现一个人的素质与文明，也能体现一个人的身份。但是要学好普通话，没有一个努力的过程是不可能学好的。在学习普通话的过程中，我也有了深深的体会。

首先，要重视普通话的学习。不论做任何事，我们都要百分之百用心，不能"三天打鱼两天晒网"，这样不仅不能学好，反而会养成坏的习惯。重视普通话的学习，时间也是一个重要因素，每天抽一点点时间来学习，坚持不懈，这样就会取得事半功倍的效果；另外，要勤于向现代汉语老师请教，遇到不懂和难以纠正的问题及时向老师咨询，也可以向老师请教更多更好的学习方法。

其次，要多动口，多动手。学习普通话最重要的就是练习，尤其是口语练习，要敢于开口，敢于尝试，不断坚持，这样原本害羞和胆怯的感觉，就会消失得无影无踪。多动手就是要多查字典，遇到那些多音、多义的词千万不要模棱两可，一定要区别清楚，以免以后犯同样的错误。

最后，在公共场合要敢于讲普通话。在日常生活中，普通话随时随地都可以出现，衣食住行方面涉及的问题，我们要学会用普通话交流。有的时候，我们已经习惯说方言却要改说普通话时，常常会觉得害羞，不敢开口．但是语言取决于环境，在一个大家都说普通话的环境中耳濡目染，一定能练好普通话。

说好普通话是我们学习的一个重要任务，对我们以后的学习和生活会有很大的帮助。当你学会说普通话时，在别人面前就会觉得更自信，更有魅力。

让我们一起共同努力，学好普通话。

14 号作文

谈谈服饰

服饰是人类社会生活中一个亘古不变的话题，不同的服饰，体现的民族文化和风俗习惯也不同。在川流不息的人群中，我们能看到各异的服饰，它是性格、年龄、品位、追求的体现。

穿衣打扮也是一种学问。首先我们要了解自己的体型肤色以及性格等因素，然后选择符合自己的样式、颜色以及风格。每个人都有自己的穿法，因为每个人的气质、审美观都不一样。随着潮流的变化，穿衣不只是为了防寒御暖，更是张扬个性、追求独特的一种表现方式。现在的年轻人眼光迥异，比如乞丐服，一个个洞与补丁的结合，不再是贫穷落后的象征，而是代表了随性与时尚。

我们当然也要知道什么样的场合穿什么样的衣服。适当的衣服不但能让别人看着赏心悦目，而且也能使自己的身心愉悦。在家里，穿着家居服，就会觉得很轻松；在正式场合，穿着合身的套装时，你就有了信心，能为成功做好铺垫；闲暇时，穿着清爽亮丽的运动装时，那将是青春与活力的一道亮丽风景线。

穿着打扮不一定要追求名牌、求时尚、随大流，而是要张扬自己的个性与特点。衣服与气质的完美结合，便是穿衣艺术的一种境界．漂亮的时装可以让你神采奕奕、气度非凡。同样，优雅的风度、高贵的气质，也可以赋予普通衣服以特别的魅力。因此，在选择服饰之外，更应该培养自身的气质。

我相信，选择适当的服饰永远都是爱美的人心中孜孜不倦的追求。

15 号作文

我的假日生活

时间总是过得很快，一转眼，我就已经由当初那个不懂事的黄毛丫头变成了一名真正的大学生，在很多事情上都有了自己新的看法。就拿我的假日生活来说吧。

小时候的我，最喜欢的就是放假了，因为放假就可以睡懒觉啦，用妈妈的话说我就是一个"小懒虫"。那个时候的假日，只要每天按时完成作业，就可以看看电视，和小朋友们玩游戏，很单调但是很开心。

而现在的我，忽然就变得安静起来了，不再追求那些轻松自在的享受，而要追求一种精神的愉悦。每逢假日，我就会帮爸爸妈妈分担一些自己力所能及的家务，因为我在长大，他们却在慢慢变老。

闲暇时，读书便成了我的主旋律，书成了我的好朋友，我可以从中看到很多自己不了解的知识，对着书笑，对着书哭，把自己融入书的世界。听到这儿，你可千万别以为我是个书呆子啊，其实我还是个很活泼开朗的女孩子。无聊的时候，我会逗逗我的小金鱼，绣上几针十字绣，再陪弟弟下下棋、打打牌，别提有多快乐了。

此外呢，我还喜欢看电视。当然，我已经不再热衷于看泡沫剧了，因为我已经长大了。我还喜欢去上网、查查资料，再和好朋友聊聊天，说说最近身边发生的事儿，顿时心情变得大好。

偶尔我还会去爬爬山，呼吸一下新鲜空气，与大自然来个亲密接触，让我感觉生活是如此美好，每一天都值得珍惜！

这就是我的假日生活，虽然并不是那么丰富多彩，却让我每一天都过得很充实。

16 号作文

我的成长之路

每个人都在成长，无论身体或是思想都会随着时间的推移而慢慢成长。回顾我的成长之路，却发现那不是我一个人走出来的路。一路上周围许多人的帮助、环境的变化、生活的点滴塑造了一个成长的我，并使我最终蜕变为一个成熟的社会个体。

上学读书几乎是每个人成长的必经之路。我经常对书籍充满感激，因为它们拯救了我。真正开始爱上阅读是在小学三年级的时候，老师给我看一些中学生杂志如《少年文艺》等，书中的一些情节字句至今我仍历历在目。从此我一发不可收拾，阅读成了我生活中不可或缺的一部分。后来我跌入人生低谷——父亲生意失败，全家流落到一个遥远而陌生的农场，我甚至开始自闭和厌世。好在阅读拯救了我，同时家人、老师和朋友的鼓励也使我走出了低谷，我终于再一次开始欢笑，接受生活。

后来又辗转到了最初认识的城市，我上了高三。作为转校生，每年需交一万元的择校费。这对于父母生意仍无着落的家庭而言是难以负担的一笔费用。我决定返回家乡就读，但这也意味着学习环境不会那么优越，并且我要重新适应。但我无从选择。考完高三第一学期的期末考，我以为是最后一次返校，不禁流下泪水。我是来和老师道别的，无论如何我不能一声不吭就走，应该感谢他们曾经的栽培之恩。在寒假，当我准备着回家乡的行李时，却意外地接到老师的电话。原来他们为了让我能继续在良好的环境里接受跨入大学前的教育，为我争取到了免交择校费并免费住宿留校学习的机会。我惊愕得说不出话来，这是怎样的人道主义啊！然而令所有人惊讶的是，我流着感激的泪水拒绝了这份好意，因为我固执地认为要捍卫尊严和自由就不能活在怜悯下。从小以来我最崇敬的哥哥也在一旁劝导，但我仍无动于衷。最后他说："你是害怕肩负不起更重的期望吧？为什么你就这么缺乏自信！"这句话让我思考了整整一个春节假期。扪心自问，我的确是害怕啊！我害怕辜负别人，害怕心理的懦弱和颓废最终会击败来自他人的信任。终于我深呼一口气，提着行李回校，并受到老师和同学的亲切欢迎。他们没有用异样的眼光让我失去自尊，反而更加鼓励我前进。

经过努力和老师同学们的帮助，我虽然没有取得非常优异的成绩，却总算如愿以偿被所报考的xxxx大学录取。2001年的暑假，我收到了通知书，同时也得到了政府资助贫困学生的5 000元助学金。当政府领导发言以表达对我们的厚爱和期望时，当学生代表表达自食其力、不怕艰难的信念时，我的心灵被一种高尚的东西震撼了。原来我离一个有用之才还很遥远，原来作为一个人，不但要爱自己，更要爱他人，而且绝不能缺少一种对国家热爱、对他人关爱的奉献精神。

成长之路是条艰难的路，然而就像某位作家所言：成长是唯一的希望。永不成长的人就不会是个完整的人，成长才是人间正道。毛主席曾经说过"人间正道是沧桑"，无论这"正道"有多少风雨、多少坎坷，到了真正成长的时候就可以收获丰硕的果实。那时候，就可以把所获得的奉献给爱你的人和你所生活的土地，自己也成为一个成熟的社会个体。

17号作文

谈谈科技发展与社会生活

当今社会，科技飞速发展，随着人们物质生活水平的提高，人们对于精神生活的需求自然也是越来越丰富。手机，可以说已经成为我们相互交流的一个不可或缺的工具了。对于一些人来说，手机甚至可以说是自己日常生活中的一个重要元素，充当着重要角色。

手机在人们生活中的地位不断提升，对社会带来的影响是十分深远的。在工作中，人们用手机联系客户、通知事情、分配任务、约定合作、咨询信息等，人们可以足不出户，办完自己要做的联络工作。在学习中，学生们可以利用手机上网查资料、听英语、查单词等，这些都有助于同学们更加轻松、快捷地学习。在生活中，人们用手机联络感情、约定事宜、解除险境、寻求帮助等，无论何时都可以快速解决想要解决的问题。

随着科技水平不断提高，手机的功能也不断增多，从最早的只能接打电话到现在可以上网、听歌、照相、看视频等多元化功能；形状大小也发生了变化，从最大的砖型"大哥大"到现在的超薄超小型；随着手机的普及，价格也降低了许多。手机不断更新，人们的生活也随之变化，现在人们用手机，不仅仅是接听、拨打电话，还可以上网查资料，用手机聊QQ以增加感情，交友谈心，烦躁时可以听听歌，无聊时可以看视频来丰富生活，出去玩时还可以拿手机当相机……这些都使手机真正融入了人们的生活。

手机成为我们生活的重要部分，已成为不可否认的事实，人们更加依赖手机，更加需要手机，生活也会随着手机的更新而变得更加便捷和多彩。

18 号作文

我知道的习俗

中国是由五十六个民族组成的大家庭，而汉族则是其中人口最多的一个民族。在上下五千年的发展历程中，汉族形成并积淀了众多习俗与节日，对人民的生活有着重要影响。

众所周知，春节是我们汉族最重要的节日。盛大而隆重的气氛，彰显着人们对生活的热爱与期望。而如今，不仅在中国，全世界都可以分享这一美好盛大的节日。

除夕，是春节的前一天晚上，也就是农历的最末一天，也称"岁除"。潮汕习俗谓之"过年"。而在除夕前，人们便开始忙碌，张罗备办各式年货了：买鸡、鹅、鸭、鱼肉；添置新衣饰；购置家具、器皿；选购年画、春联等。尤其要买柑橘、青橄榄等水果，作为象征吉祥如意和迎送亲友的佳果。农历十二月二十四日是"神明"上天"述职"之时。从这日起，家家户户大扫除，用物和被帐等都得清洗，这在古时被称为"采囤"。除夕夜，全家在一起吃团圆饭，过年夜守岁的习俗十分普遍。守候新春来临，新年钟声敲响，家家户户鸣放鞭炮，庆祝除旧岁迎新年的美好时刻。

农历正月初一称"元日"，为新年之首。天方拂晓，喜炮声声，家家户户厅中大桌上，红盘盛满大吉，门前张灯结彩，晚辈向长辈敬茶祝福。早餐最好是不吃荤的，早餐后大人和小孩到亲戚家拜年，主客人互相致新年吉语，共享快乐而又难忘的时刻。

可以说，春节在人们心中已经不仅仅是一个习俗了，它更是亲情的传递和精神上的慰藉。

在生活节奏越来越快的今天，春节对于忙碌的人们，意义就更加不同寻常了。

19 号作文

我和体育

说实在的，我从小就不怎么喜欢体育。上学时，我各科成绩都不错，唯独体育成绩一直在及格线上挣扎，可偏偏学校提出"德智体全面发展"的口号，体育不及格还不能当"三好学生"。所以，我为此付出了很多努力。我不胖，体质也不算弱，但不知道为什么体育就是不能达到优秀。我最怕跳高与长跑了，仰卧起坐相对而言好些，但也只是勉强达标。说真的，我打心底里羡慕那些轻而易举在体育课上拿高分的人！我知道他们努力过，但我付出的也不比他们少，甚至远比他们还多！可为什么成效却微乎其微呢？

尽管如此，体育锻炼还是给我带来了许多乐趣。初一时我被老师选中参加篮球比赛，记得那次比赛我们班还赢了呢！如果不是因为怕耽误学习，我就继续练下去了。后来我参加了乒乓球兴趣小组。一番折腾下来还算小有成就，能打两下子。现在觉得羽毛球也不错，有时去打打，技术有点进步。今年又因为世界杯，我对足球大感兴趣。开始爱看球赛，弄清了"点球""越位"等一些术语，真有点后悔上学时怎么没练习踢足球。

其实体育锻炼的结果怎样真的无所谓，我更加看重的是过程。最近，我常常早起晨练、跑步、做操，这对我来说有很多乐趣。同时，我也深深地体会到：没有一个健康的身体，什么都做不成。

这就是苦恼并快乐着的我的体育。

20 号作文

我的家乡

我的家乡有很多值得我骄傲的地方，尤其是历史。河南，是一个拥有厚重的历史积淀的地方。在这里，你可以感受到商王朝古老的历史钟声，也可以看到新兴的城市——绿城郑州的鲜活魅力。

我的家乡就是河南省省会郑州市。作为河南的省会，郑州是河南的政治、经济、文化中心。郑州以前不叫郑州，它在古代被称为"管国"，在隋文帝开皇三年的时候才被改称为"郑州"。郑州位于黄河中游，历史上常常受到黄河水灾的威胁，导致经济发展缓慢。一直到 20 世纪初，陇海铁路和京广铁路建成，才使郑州成了中国东西南北大动脉的纽带，郑州的经济地位才开始快速上升。

在郑州，有着很多悠久历史的证明。在河南省博物馆里面，有着许多历史悠久的文物，最远的文物甚至是新石器时代的。在博物馆里，你可以感受到远古时代的回响，也可以看到黄河文明的产生、发展、崛起。看到这些，相信你一定会为自己是一个中国人、一个河南人而自豪。

我的家乡，是一座古老而又年轻、富有活力的城市。我相信，我的家乡一定会更加繁荣昌盛，而我，也永远会为我的家乡而骄傲、自豪！

21 号作文

谈谈美食

说到美食，就不得不谈谈各地的特色小吃。每个地方都有特色小吃，有些小吃是用来忽悠外地游客的，本地人并不爱吃，可是有些看起来不太上台面的东西，对本地人来说，却是和 Wifi 同样重要的东西。在我们河南郑州，就有一样人人都爱的小吃，那就是胡辣汤。

在郑州，早晨起来，沿着任何一个街道走，肯定都能找到卖胡辣汤的小摊子，大街上到处都飘着胡辣汤佐着油条的香味，尤其是冬天，一阵阵的白雾看着就很暖。点一碗热腾腾的胡辣汤，或者加一点儿豆腐脑做成的两掺儿，里面有羊肉、面筋、木耳、黄花菜……搭配胡辣汤的主食也很多，最常见的是油条、油馍头、水煎包、油饼、糖糕、鸡蛋饼、牛肉馅饼……

说得我直流口水，这么呼噜呼噜地吃下去，辛辣味能提神醒脑，也最能暖身子。吃完以后酣畅淋漓，有一种心火烧的感觉，精神抖擞地就去上学了。真是让人不能不爱，这就是我最爱的河南美食胡辣汤。

22 号作文

我喜欢的节日

我最喜欢的节日是除夕。除夕之夜真是热闹极了！特别是晚上的大餐——年夜饭。饭菜特别丰富，有冷盘、热炒、油炸，还有红烧，摆满了一桌子，一进门，香味就能引出你的口水。吃过晚饭，外面的鞭炮声响起了，我和姐姐就迫不及待地冲出家门，去看夜色中燃放的五彩烟花。随着"呼"的一声，红、橙、黄、绿、青、蓝、紫，五彩缤纷，美丽极了！烟花的形状也各异，有散开菊花状，有蝴蝶飞舞型，还有像金龙一样的能快速冲上云霄。那美丽的"两只蝴蝶"，煽动着彩色的翅膀；"满天星"真像闪闪的小眼睛，好看极了！无数支烟花不断地向天上飞去，点缀着除夕的夜空，真是美不胜收。

看过烟花，伴着淡淡烟花火药味返回家去，我们开始了另一项更加重要的守岁活动，那就是中央电视台每年的春节联欢晚会。这是不能错过的视觉大餐，打开电视，和全家人坐在火炉边，吃着瓜子、花生和甜点，等待着春晚的开始。春晚的节目每年都那么精彩，一首首动听的歌曲、一个个搞笑的小品、一段段精彩的相声、一曲曲醉人的京戏……十二点整，新的一年真正开始，全国人民一起迎接新年的到来，那一刻让人激动极了！

除夕的夜晚让我们大饱口福、眼福，让我们抓住了旧年的尾巴，让我们欢快兴奋。

除夕，我最爱的节日。

23 号作文

我所在的集体

我所在的班集体是一个充满活力、团结互助、温暖快乐的大家庭。

我们班同学大多数来自农村，一样的装束、一样的朴素、一样的乡村风俗，使得我们在一起生活、学习、相处得很融洽。我们之间没有高贵贫贱之分，有的只是平等、互助和友爱。

我们的班集体是团结的，学校每学期都分年级开展体育比赛活动，有篮球赛、排球赛、足球赛、羽毛球赛等。无论是哪项比赛，只要是有我们班参加的，大家都会看到我们班男女同学在赛场旁观看，组成啦啦队。队员们出来休息，马上会有同学递上一杯矿泉水，递上擦汗的毛巾。正是因为场外同学的团结一致鼓舞了赛场上的队员们，每次比赛，我们班的男女队总会获得奖状。男同学还多次拿到了篮球赛的冠军。

当然，比赛的胜利，很大程度上取决于队员们的球技；但如果不能团结一致，赛场内的队员们彼此矛盾，不互相配合，胜利的果实还能得到吗？所以，班级团结的力量是巨大的，而我们班的团结友好是取得每次胜利的一个保障。

团结、和谐、友爱的班级风气，还让每位同学的心里都感到踏实、温暖。哪位同学有自己不能解决的问题，他（她）首先想到的是班集体，找同学们帮助共同解决；哪位同学有了困难，首先向他（她）伸出支持之手的是我们自己班的同学；哪位同学的成绩落后了，班里的同学就组织大家帮他（她）把学习赶上。

总之，我们班是一个充满活力、团结、互爱、互助、温暖、快乐的大家庭。我爱我们的这个大集体。

24 号作文

谈谈社会公德

社会公德是最起码、最简单的公共生活准则，随着经济建设的迅速发展、精神文明建设的不断加强，以及整个社会教育水平的普遍提高，广大公民的道德意识已有了很大提高，但是一些不良现象仍然存在，比如破坏环境、破坏公物、破坏公共秩序等。

就拿电视上经常播放的一则公益广告来说吧。这则广告的内容是这样的：在一辆公共汽车上，有一位乘客漫不经心地将喝完饮料的饮料瓶扔在车厢里。车上的乘务员看见了，就赶忙走上前去，拿起饮料瓶怒气冲冲地说："这里是公共场所，你怎么乱扔东西呀？"然后不假思索地把饮料瓶往车窗外一扔。每次看到这则滑稽的广告，我都忍不住要笑起来。难道车外的公路就不是公共场所吗？可见，我们生活中有些人的环境保护意识是极其狭隘的。

还有许多破坏公共秩序、破坏公物的不良行为也是屡禁不止。我们常常会看到：有公共设施遭到破坏或被盗走；在公交车上给老弱病残孕让座的人也并不多见；乱扔垃圾、随地吐痰的现象更是随处可见。我们的社会需要一个更加良好的秩序，我们的生活呼唤一个更加和谐的环境，我们中的很多人越来越深刻地感觉到：倡导和履行社会公德刻不容缓。

只有加大社会公德的宣传力度，大力开展道德教育，不断增强人们的道德意识，让每一个公民都能自觉遵守社会公德，大家才能共同创造我们美好的家园。

25 号作文

谈谈个人修养

修养是个人魅力的基础，是一个人综合素质的全面体现，它在我们的生活中扮演着重要的角色。

做一个文明的大学生是学校和社会对我们的基本要求。但是在当今社会里，修养不高的人却比比皆是，这无疑给社会发展带来了阻力。有些人乱扔垃圾、随地吐痰，全然将个人修养抛于脑后。还有些人竟然脏话连篇，不注意语言文明。这些行为都使自身的形象大打折扣。

一个人想要获得别人的赞赏和尊重，提高自身的修养是极其重要的。为什么有些人举手投足、一个微笑或者一声问候，甚至接听电话都能给人一种很舒服的感觉，而有些人则恰恰相反？这就是一个人的修养的体现。一个有修养的人可以博得更多的信赖和支持，会吸引更多的人与他做朋友，而他便可用更加优良的言行影响其他人。

有时，优雅和礼貌并不是做给别人看的，其实从内心深处，我们每个人都很欣赏这种美。一个人并不一定长得很美、很帅，并不一定拥有一副好嗓音，或者拥有名牌衣物，但只要稍加注意自己的言谈举止和待人接物的礼仪，我们就可以从人群中脱颖而出，这就是个人修养的最好体现了。

俊朗的外表、姣好的面容仅仅是父母给的；优雅的言谈、礼貌的行为则是后天的获得。许多时候，后天的努力是可以弥补先天不足的。

因此，我们在提高经济水平的同时必须提高自己的修养，只有每个人的修养得到了提高，整个社会才算得上是真正发展。

26 号作文

我喜欢的明星

在现在这个信息大爆炸的时代，人们开始疯狂追星，"EXO""少女时代"等韩星充斥着中国年轻人的精神世界。然而，我喜欢的明星却不是他们，她像一朵皎皎的木兰花，清新、淡雅，她是《步步惊心》中的若曦，《仙剑奇侠传三》中的龙葵，她就是刘诗诗，娱乐圈的一股清流，人亦如诗，名如其人。

作为一名演员，刘诗诗认真敬业，得到诸多导演和同行的称赞。张纪中导演评价她是"拼命三娘"，拍打戏不用替身，威亚戏高难度动作一遍过。跟她搭戏的演员蒋劲夫说过："在拍摄《轩辕剑》的时候，要拍一场她从空中摔下来的戏，桌子上的钉子都外翻了，她看到了都没吭声，我在旁边吓得心惊胆战，突然觉得自己好娇气。"这种拼命的架势，也让她得到了"诗爷"的绰号。

现在的刘诗诗，每年都有作品，保持着一定的曝光量，远离各种五光十色的综艺节目，低调谦和，不炒作，在喧嚣热闹的娱乐圈，她那不加修饰的淡雅恬静实在难得。我觉得刘诗诗真的很美，袅袅婷婷，气质干净，不作不闹不博眼球，安安静静拍戏，认认真真生活。作为她的粉丝，我真希望这样的好女孩可以越来越美，拥有属于自己的幸福人生。

27 号作文

我最喜爱的书刊

高尔基曾说过："书籍是人类进步的阶梯。"

作为一个尚未登上人生顶峰的学生，我只有努力不懈地多读书，不断充实自己，才能让自己不断进步。

从小时候读过的《一千零一夜》《格林童话》，到上学以后读过的期刊《少年文艺》，这些都是我所爱的书刊。

初中时，我读到了《哈利波特》，这套来自英国的神奇作品让我首次领略了长篇小说的魅力，开启了我阅读的崭新体验。

到了高中时代，我开始接触到更为经典的文学作品，我读完了《西游记》《镜花缘》《基督山伯爵》《鲁宾逊漂流记》等中外名著。书中玄妙又惊险刺激的故事令我赞叹，作者出神入化的文笔使我折服，徜徉书海成为我业余生活中最美妙的时光。

现在，小说已经不能满足我的好奇心，我开始阅读《明朝那些事儿》《人类简史》等文史类的读物。书中的史实增长了我的见识，作者新颖的观点让我茅塞顿开，进入新的人生境界。

我喜欢阅读，阅读能给我的生活带来快乐，给我打开一扇通往更广阔天地的窗户。

28 号作文

谈谈对环境保护的认识

环境保护对我们来说已不是一个完全陌生的概念，从国家的中央文件到我们身边的千家万户，我们好像无时无刻不接触着这样的一个词语——环保。

环境保护这个问题在现今这个经济快速发展的时代，已经越来越受到人们关注，也越来越敏感。环境问题是人类不合理地开发和利用自然资源所造成的，触目惊心的环境问题主要有大气污染、水质污染、噪声污染、食品污染、不适当的开发利用自然资源这五类。这些看似很抽象的概念，其实在我们身边都可以找到例子。并且，每天都发生在我们的生活中，只是有时我们浑然不知罢了。

每天走在大街上，身边到处都是随风飘飞的塑料袋和大小成堆的垃圾，还有严重的车尾气排放、工厂乱排放的污水、烟囱里冒着的浓浓黑烟。一个个铁一样的事实告诉我们：它们像恶魔一般无情地吞噬着人类美好的生存环境。曾经澄澈的蓝天已不再蔚蓝，变得灰暗无比，到处都被乌烟瘴气笼罩，简直让人窒息。

我们到底应该为保护环境做些什么呢？当环境问题一步步逼近我们的时候，我们应该意识到：不能让这些破坏地球生态环境的行为再进行下去了！我们每天都可以看到电视上呼吁环境保护的标语，还有各种各样的公益广告，大大小小的口号，比比皆是。可是，真正检验我们对环境保护的贡献的不是言辞，而应该是切实的行动。

保护环境，人人参与。从身边一点一滴的小事做起：杜绝身边破坏环境的事情发生，禁止乱砍伐树木，减少一次性木筷的使用，植树造林，增加绿化面积，调节空气质量……保护环境应该是每个地球公民的义务，也是留给我们子孙后代的福祉，这样才能促进人类社会的可持续发展。

举手之劳，我们能做的还有很多。让我们用自己微小但不渺小的力量为环境保护贡献一份力量吧！未来，天空一定是碧蓝的，水是清澈的，绿树成荫，鲜花遍地，鸟语花香。这样一个充满自然气息的人类家园定会在我们手中重现！

29 号作文

我最向往的地方

我最向往的地方是素有"世界屋脊"之称的青藏高原。那里没有繁华都市的喧嚣，没有灯红酒绿的绚烂，没有车水马龙的拥堵，有的只是无际的湛蓝、满眼的青绿。

溪水潺潺，骏马驰骋。每当想到这些，心中便会无比的平静。它宛如一缕春风，吹散了心头的阴霾，吹开了紧锁的双眉，而生活中的压抑、现实的不尽如人意，此刻也都烟消云散了。傍晚，伫立在窗前，眺望祖国的西南角，那里有我的梦想，有我心驰神往的追寻。我期望着在未来的某一天，可以站在那一望无际的草原上，倾听风的吟唱，目睹"风吹草低见牛羊"的美丽。骑着白色的骏马，肆意奔跑、欢笑，做着童话般的美梦。累了，依河而坐，让疲累的双脚感受自然的清凉。如此的一切，好似梦境一般，常会让我想到陶潜的田园诗："晨兴理荒秽，带月荷锄归。"那恬静自得、与世无争的豁达，似乎可以让心灵的负荷瞬间归零。我喜欢这种宁静，喜欢这种怡然自得的舒适，喜欢闻着浓浓的土地青草气息在草原嬉戏；抑或躺在翠绿的青毯上看着蔚蓝的天空，看它演绎着怎样的云卷云舒；或者在肥沃的草地间，席地而坐，倾听放牛儿欢快的歌谣。

我就是这样的喜欢着，喜欢站在窗前，带上耳机，听着苏打绿的《无与伦比的美丽》，梦想着我那一心向往的圣地——青藏高原。

30 号作文

购物的感受

看到这个题目，我首先想到一个词：购物狂。而女人呢，又常被称为天生的购物狂。当然，也不能说全部，譬如我就不喜欢漫无目的地去购物。我不常购物，因为我觉得没任何目的的瞎逛简直是浪费时间。

但有些人认为购物是一种乐趣。走走看看，哪里有了新超市、哪个专柜上了新款、哪个蛋糕房几点后打半价……这些让她们觉得很快乐。或者看看周围的人，发生了哪些有趣的事，又是一番快乐滋味在心头啊！一天逛下来，她们或许感觉不到累，甚至全然是快乐的，因为在这样的休闲中她们认为收获了很多，因为这是她们喜欢做的事。

尤其是我们 00 后，买东西上万能的某宝已经是下意识的反应了。在我们来看，没有什么东西是不能网购的，没有什么交易是不能在网络上完成的。支付宝已经如空气一般进入到我们生活的每个角落。

如今，在信息发达的今天，很多人开始慢慢习惯网上购物。网购时尚、快捷，又很方便。人们足不出户就能货比三家，买到超值又新鲜的物品。很多商品在自己生活中很难买到，可是在网上，无论哪里的什么东西，都可以轻松买到，还能享受到送货上门的服务。真可谓一举多得——何乐而不为呢？

模拟测试题

普 通 话 水 平 测 试 卷 一

一、读单音节字词（100 个音节，共 10 分，限时 3.5 分钟）

酒	核	春	温	抢	瞎	兼	脏	灭	垮
楼	尾	测	连	阿	宗	蕊	请	擦	则
当	甚	山	撇	创	更	说	米	肥	量
爪	航	倒	好	曲	绝	忍	蚕	滨	宽
调	准	桥	抬	猛	尺	体	洽	酿	赞
躁	风	信	复	流	除	似	熬	怒	惧
畜	旋	轰	般	劲	拽	格	归	算	水
别	紫	佛	测	却	同	定	胡	况	渺
扭	训	甜	胚	硬	拐	捐	凶	蹲	骗
棒	戳	赖	装	某	止	遗	改	络	示

二、读多音节词语（100 个音节，共 20 分，限时 2.5 分钟）

东欧	肆无忌惮	差别	懊恼	平均	惨死
涅桑	柔软	福气	红外线	疲倦	侵略
职工	顺手	波长	骆驼	干脆	小瓮儿
专门	两边	决心	不快	盗贼	幼儿园
仍旧	花样儿	开会	下去	僧尼	明年
嘟囔	英雄	鬼子	钢铁	状况	舞女
佛经	窈窕	深海	抓获	逗乐儿	贫穷
尊重	亏损	合群儿	吃饭	魅力	国家

三、朗读短文（400 个音节，共 30 分，限时 4 分钟）

6 号作品

四、命题说话（请在下列话题中任选一个，限时 3 分钟，共 40 分）

1. 谈谈美食

2. 我知道的风俗

普通话水平测试卷二

一、读单音节字词（100个音节，共10分，限时3.5分钟）

直	填	标	从	劝	乘	空	折	斋	筏
根	应	丝	一	扔	越	史	渍	咧	揪
脓	床	觉	若	花	奴	腿	满	感	患
篇	队	亩	瓮	观	小	熊	旗	幸	穷
量	抹	太	瓶	帆	翠	块	辨	嗤	滨
爪	拽	幅	躺	吕	薄	顶	水	求	损
赠	蹿	落	中	奏	讲	瓦	乎	单	扎
广	德	每	丢	理	非	切	磷	刚	航
选	娘	朵	好	秦	价	一	即	筐	续
篆	云	门	收	春	屯	夏	塞	超	冯

二、读多音节词语（100个音节，共20分，限时2.5分钟）

贴切	蚕丝	挑拨	祛除	梯子	眉开眼笑
笼统	休眠	羽毛球	略微	苦果	对偶
娘家	人均	存放	窘迫	增生	尊称
针鼻儿	贫穷	汇编	血管	退缩	现代化
赶快	丝绒	只管	伪装	血脉	大娘
支撑	人才	抽查	灵魂	责备	夹击
率领	犬齿	种群	跑腿儿	描画	仿佛
设防	大伙儿	半道儿	凉爽	精灵	主管

三、朗读短文（400个音节，共30分，限时4分钟）

3号作品

四、命题说话（请在下列话题中任选一个，限时3分钟，共40分）

1. 难忘的旅行

2. 我喜爱的书刊

参考文献

［1］国家语委普通话培训测试中心.普通话水平测试实施纲要.北京：商务印书馆，2004.

［2］李继军.普通话水平测试与训练教程.上海：上海交通大学出版社，2016.

［3］段汧霞.普通话语音与发声（第二版）.郑州：郑州大学出版社，2012.

［4］曾志华，吴洁茹，熊征宇等.普通话训练教程.北京：中国传媒大学出版社，2012.

［5］《普通话训练与测试专用教材》编委会.普通话训练与测试专用教材.北京：中国传媒大学出版社，2014.

［6］曲明鑫.新编普通话学习与水平测试教程（第2版）.北京：北京交通大学出版社，2014.

［7］夏新建，黄秋瑞.普通话教程.西安：西北工业大学，2016.

［8］刘宏元，刘芳芳.普通话口语训练教程.上海：同济大学出版社，2017.

［9］付成波.普通话教程.北京：北京邮电大学出版社，2016.